国际乡村发展与减贫研究系列成果
INTERNATIONAL RURAL DEVELOPMENT AND
POVERTY REDUCTION RESEARCH SERIES

中国大扶贫工作经验

谭卫平　侯军岐　主　编

徐丽萍　副主编

中国农业出版社

北　京

图书在版编目（CIP）数据

中国大扶贫工作经验／谭卫平，侯军岐主编 . —北京：中国农业出版社，2021.7
ISBN 978 - 7 - 109 - 28558 - 3

Ⅰ.①中…　Ⅱ.①谭…②侯…　Ⅲ.①扶贫－工作经验—中国　Ⅳ.①F126

中国版本图书馆 CIP 数据核字（2021）第 144793 号

中国农业出版社出版

地址：北京市朝阳区麦子店街 18 号楼
邮编：100125
责任编辑：赵　刚
版式设计：王　晨　　责任校对：刘丽香
印刷：北京中兴印刷有限公司
版次：2021 年 7 月第 1 版
印次：2021 年 7 月北京第 1 次印刷
发行：新华书店北京发行所
开本：700mm×1000mm　1/16
印张：18
字数：260 千字
定价：78.00 元

主　编：

谭卫平　侯军岐

副主编：

徐丽萍

成　员：

郭　燕　贺胜年　权菊娥　郑会艳　黄珊珊

郑盼盼　杨艳丹　张宇航　王思阳

课题主持人：

侯军岐　谭卫平

课题组成员：

郭　燕　权菊娥　徐怡帆　郑会艳　黄珊珊

郑盼盼　杨艳丹　张宇航　王思阳　吴鼎文

祝　静　何歆媛　王惠玉

本研究受以下项目资助：

比尔及梅琳达·盖茨基金项目——中国大扶贫工作经验总结

北京信息科技大学促进学科分类发展项目——工商管理一级学科建设

前　言

消除贫困，是人类面临的共同问题。人类的发展历史就是一部与贫困斗争的历史。人类在征服自然、改造自然的减贫历史长河中，实践着自己的减贫思想，凝结了许多减贫智慧，总结出了不少的扶贫经验与减贫理论。

作为全球最大的发展中国家，扶贫减贫一直是中国经济社会发展进程中必须有效应对的重要问题，也是衡量经济社会发展与进步的重要标志。中国政府历来高度重视扶贫减贫工作。新中国成立特别是改革开放四十多年来，中国共产党带领全国人民矢志不渝、接力奋斗，走出了一条中国特色的扶贫减贫道路，形成了贫困治理的"中国理论"和"中国方案"。

随着综合国力的不断提升，中国共产党和中国政府不断向贫困宣战，尤其是党的十八大后，举全国之力扶贫减贫，形成多主体、全方位、多要素、全过程、立体化的大扶贫工作格局，构建起目标有序、领导有力、政府有为、市场有效、社会有助、兜底有方、对象有应、人人有责、退出有标、政策有续的大扶贫体系，实施了人类历史上规模最大的扶贫减贫行动，并取得实质性成果。2020年底，832个贫困县全部摘帽，实现了现行标准下的农村贫困人口全部脱贫，消除了绝对贫困和区域性整体贫困，为世界减贫事业做出了中国贡献。

大扶贫格局或体系，是相对于以往局部、单一、孤立、短期的扶贫减贫政策、方法等格局或体系而言的，是一个复杂系统工程，其运行有自身规律和特点。系统全面总结和研究中国大扶贫格局或体系工作经验，对于打赢脱贫攻坚战进而全面实现小康社会，持续巩固扶贫减贫成果和有序实施乡村振兴战略，具有重要的理论价值和实践意义。若将其有效推广到其他发展中国家，也可以为世界减贫事业贡献"中国智慧"、"中国方案"和"中国经验"。

贫困问题极其复杂，致贫原因千差万别。在扶贫减贫过程中，简单化的线性扶贫减贫思维一定是不可取的。认真研究致贫的复杂原因，结合本国或区域资源禀赋、社会制度、顶层设计、减贫模式等实际，是一国或区域贫困治理和推动全球减贫事业持续发展的唯一正确选择。

基于以上背景，近几年，北京信息科技大学中国信息化与乡村振兴研究院，在全国选择贵州、广西、甘肃、河北、陕西、吉林、湖南、山西、江苏、新疆等近20个省区，100多个贫困县、1万多个贫困户进行调研，以期能掌握扶贫工作的第一手资料，总结大扶贫工作格局或体系，凝练大扶贫工作经验，为全球减贫事业提供可行、管用的"中国智慧"、"中国方案"和"中国经验"。

本书是"比尔及梅琳达·盖茨基金项目——中国大扶贫工作经验总结"项目的直接研究成果。侯军岐、谭卫平负责整个项目。权菊娥、郭燕、徐怡帆、郑会艳、黄珊珊、郑盼盼、杨艳丹、张宇航、王思阳、吴鼎文、祝静、何歆媛和王惠玉等分别参与了部分调研工作。郑会艳主笔完成第一章（中国扶贫减贫历程与贡献）和第八章（国际扶贫减贫经验比较）；侯军岐、徐怡帆主笔完成第二章（中国大扶贫体系形成及其运行机制）；杨艳丹主笔完成第三章（政府推动大扶贫的主要做法与经验）；郑盼盼主笔完成第四章（市场拉动大扶贫的主要做法与经验）；王思阳主笔完成第五章（社会联动大扶贫的主要做法与经验）；张宇航主笔完成第六章（兜底保障大扶贫的主要做法与经验）；黄珊珊、吴鼎文主笔完成第七章（激发内生动力与能力建设大扶贫的主要做法与经验），黄珊珊主笔完成第九章（中国大扶贫减贫经验国际分享）。侯军岐反复对整合后的研究报告进行规划与修改。

　　在项目申报和调研过程中，中国国际扶贫中心徐丽萍处长、贺胜年博士等提供指导与帮助，调研所在省区、县乡和贫困户也提供了支持与帮助。中国国际扶贫中心谭卫平主任多次组织研讨会、论证会，多位专家、学者进行评论，提出修改意见。在出版过程中，中国农业出版社农经分社赵刚社长对出版稿件进行认真审定，并提出修改意见。

　　对他们付出的辛劳和帮助，一并表示衷心感谢！

　　在项目完成过程中，我们还参阅并引用了大量的有关文献，恕不能一一列举，在此也向各位作者表示感谢。

　　最后，还需要特别感谢比尔及梅琳达·盖茨基金会对课题研究的资助，感谢比尔及梅琳达·盖茨基金会北京代表处对课题成果出版的支持。

　　尽管在研究中我们做了最大努力，但由于水平所限，书中可能存在许多不妥之处，甚至错误，敬请读者批评指正。

编　者

2021 年 6 月

摘　　要

　　本书是对中国大扶贫格局工作经验的系统总结，对世界减贫事业可提供一定的借鉴作用。全书共分为九章，其具体内容分别是：

　　第一章，中国扶贫减贫历程与贡献。自新中国成立七十年来，随着经济社会的快速发展，中国的减贫事业取得了举世瞩目的成就，并为全球贫困减缓和千年发展目标的实现做出了卓越的贡献。中国扶贫减贫历程可以划分为计划经济体制下的广义扶贫减贫阶段、体制主导的开发式扶贫减贫阶段、解决温饱的开发式扶贫减贫阶段、巩固温饱的开发式扶贫减贫阶段和建设全面小康社会的具有大扶贫格局的精准扶贫阶段。中国扶贫减贫尤其是十八大后的扶贫减贫贡献主要体现在扶贫减贫的直接影响、间接影响、溢出效应和国际贡献。2020 年底，中国现行标准下农村贫困人口实现全部脱贫，贫困县全部摘帽，成功解决区域性整体贫困。中国在减贫道路上的不断探索，为全球扶贫减贫事业贡献中国方案、中国智慧。

　　第二章，中国大扶贫体系形成及其运行机制。对扶贫减贫目的全面、深刻认识，才能准确理解中国政府提出的"一个不能少"的"全面小康"对中国社会经济发展的积极意义。政府、市场和社会是一个国家主要扶贫减贫主体。它们利用政策、资金、技术、人才等要素，通过开发式扶贫、可持续生计和社会救助等来实现扶贫减贫。扶贫减贫是一个扶持者和被扶持者双向互动的过程。大扶贫格局是大扶贫体系表现及结果的现状描述，大扶贫体系不仅包含大扶贫格局，还包含大扶贫格局结构及其发展。改革开放后，大扶贫体系形成与发展经历四个阶段。十个方面或要点相辅相成，共同构成了中国大扶贫体系新格局、新框架。扶贫减贫目标的动态科学调整机制、多元主体功能的科学定位机制、始终保持活力的多元主体领导激励机制、多种扶贫减贫方式的合理搭配机制、体现各地资源禀赋特点的扶贫减贫模式选择机制、将调动贫困户内生动力和能力建设贯穿始终的长效机制、对特殊群体坚持底线思维的兜底保障机制、有基本刚性要求的减贫退出机制、保障体系有效运行的协调机制和持续保持定力的监督考核机制，是维护大扶贫体系有效运行的基本保证。

第三章，政府推动大扶贫的主要做法与经验。从公正的角度去讲，政府对其社会成员扶贫减贫负有无限责任，并起主导作用。对中国这样一个贫困人口众多、贫困面大的发展中国家来说，扶贫减贫效果与中央政府、省级政府、县级政府和乡镇政府等各级政府的努力是分不开的。政府是扶贫政策的制定者，扶贫减贫行为的发起者、领导者和协调者，注重供给型、需求型和环境型三种政策的科学搭配，形成扶贫减贫合力，取得扶贫减贫协同效应。如何协调扶贫减贫的中央统筹、省负总责、市县抓落实的工作机制，怎么做到政府对扶贫减贫工作的主导而不过度干预，如何通过政策引导和体制机制建设，为市场拉动、社会联动和政府最终兜底扶贫减贫营造环境，协调专项扶贫、行业扶贫、社会扶贫，体现扶贫减贫领域有为政府的主导作用，是政府推动大扶贫格局的重点与难点。

第四章，市场拉动大扶贫的主要做法与经验。不论是以政府推动、市场拉动、社会联动为主体力量，还是以行业扶贫、专项扶贫和社会扶贫为表现形式的大扶贫格局，市场拉动扶贫减贫始终将起基础性、关键性和持续性的作用。市场主体通过配置资源，构建产业链、价值链，融合农村一、二、三产业，将贫困地区、贫困村、贫困户等群体的产品、生产要素、闲暇时间，甚至劳动力本身，裹挟到市场主体构建的产业链、价值链中，参与市场活动，获取相应的回报，达到扶贫减贫目的。市场拉动扶贫减贫方式多样，领域广泛。每一种方式针对一定群体，适合一定资源禀赋和发展环境，表现出各自的扶贫减贫特点。整体去看，市场拉动扶贫减贫具有资源配置效率高、贫困户长期受益大、可持续性强、贫困群体参与度高和需要承担市场风险等特点。与贫困群体能否一起形成有效市场，是市场拉动大扶贫体系的核心与难点。

第五章，社会联动大扶贫的主要做法与经验。政府主导式的大扶贫体系可能会存在缺乏弹性、扶贫信息不对称和针对性不强等问题。随着中国扶贫工作的逐步开展，扶贫难度越来越大，贫困人口也呈现出整体集中度下降和边缘化程度上升、共同性致贫因素弱化、多元性致贫因素显著等特征。社会扶贫作为一种区别于政府推动、市场拉动的扶贫模式，具有行动主体的多元性、分布分散化、内容广泛性以及行动方式灵活性的特点和优势，成为中国大扶贫体系的有机组成部分，是对大扶贫体系扶贫减贫功能的有效补充。本章将社会扶贫分为定点扶贫、东西部协作扶贫、对口支援扶贫、军队和武警部队扶贫、企业扶贫、社会组织扶贫等六种扶贫方式，并结合社会扶贫各类案例，论述社会扶贫的各个主体在参与扶贫的过程中形成的各具特色的经验、特点和问题，总结出具有普遍性、可传递性的显性知识，从而促进扶贫减贫经验的交流与分享。

第六章，兜底保障大扶贫的主要做法与经验。兜底保障扶贫减贫是一个国家扶贫减贫体系的最后一道防线。它通过收入再分配、促进贫困人口重新参与就业、增强贫困人口抗逆力等方式保障了绝对贫困人口的基本生存，对降低绝对贫困程度发挥最直接、最明显的减贫作用。经过四十年来扶贫救助实践和国家财力的持续增长，兜底保障扶贫减贫逐步发展成为以最低生活保障、特困人员供养为核心，以医疗救助、住房救助、教育救助等专项救助为辅助，以临时救助、社会帮扶为补充的覆盖城乡的新型社会救助体系；逐渐形成了包含基本生活救助兜底扶贫、医疗救助兜底扶贫、教育救助兜底扶贫、住房救助兜底扶贫、临时救助兜底扶贫和兜底保障防返贫的兜底保障扶贫减贫体系，并形成自身运行机理。在剖析基本生活救助兜底扶贫、医疗救助兜底扶贫、教育救助兜底扶贫、住房救助兜底扶贫、临时救助兜底扶贫和疫情防控期间临时救助等案例的基础上，总结中国兜底保障扶贫减贫特点、经验、存在问题与分享建议。

第七章，激发内生动力与能力建设大扶贫的主要做法与经验。贫困群体内生动力一直伴随扶贫减贫的全过程，在扶贫减贫的全部环节、要素中，与外部扶贫力量发生偶合反应。没有贫困群体内生动力结合的扶贫大多是一厢情愿，很难持续的。本章以贫困地区贫困户内生动力和能力建设有关政策为背景，分析激发内生动力的现实困境，基于二维视角将贫困户划分为生产资料缺乏型、懒汉型、劳动力缺乏型、陷入型、摆脱型、多维型六种类型，并利用模糊综合评价模型对影响贫困户内生动力的因素进行排序，得出基准层"戴帽"后安于现状的依赖行为因素、次级指标层户主偏向内部意见而忽视外部意见、龙头企业和合作社实际上无法分担风险因素是影响内生动力的关键因素。在介绍激发贫困户内生动力的典型案例的基础上，探讨了贫困户能力建设有关理论及存在问题以及激发内生动力和能力建设经验分享渠道与应注意的问题。

第八章，国际扶贫减贫经验比较。绝对贫困主要发生在发展中国家，相对贫困主要发生在发达国家。目前，虽然全球贫困已大大减少，但它仍然是造成健康不良和健康不平等的根本原因。本章从国际视角，选择印度、墨西哥探索发展中国家如何消除绝对贫困问题；选择俄罗斯、巴西探索中等收入国家如何同时解决绝对贫困和相对贫困两类贫困问题；选择美国、英国和日本探索发达国家如何解决相对贫困问题。不同类型的国家经济发展水平、社会制度等背景存在差异，但在解决贫困问题做法和经验等方面具有共性，如增加社会保障及福利项目,重视教育问题,组合式减贫政策解决区域性贫困,保障基本医疗救助,制定科学的贫困线,不断完善社会保障体系,注重基础教育及职业培训,重视农业技术知识及管理经验的分享和注重收入分配制度的公平性等。这些比较研究,对中国或全球持续解决贫困问题是有所启示和帮助的。

第九章,中国大扶贫减贫经验国际分享。介绍了中国大扶贫减贫的经验及特点,总结了一般性和特殊性经验,并着重分析了经验国际分享的平台、路径、应注意问题和未来展望。在进行经验分享时应从村、户,从行业、区域开始推广,邀请国外官员、技术人才等实地参观以及推动扶贫项目、产业合作帮助贫困人口脱贫致富。经验分享应注意的问题有:扶贫经验的提炼和创新,对外话语体系的构建,经验分享原则和中国故事选取,经验分享的平等性、双向性、适应性和可持续性,以及信息反馈与合作交流。面向未来,在经验分享时要提升中国在参与全球治理中的话语权和影响力,在国际秩序的规则制定中扮演主动塑造者的角色,让国际社会真切感受到中国贡献与智慧,让大数据和人工智能为中国经验分享赋能。

中国扶贫减贫的宏观经验主要包括坚持不断创新,逐步完善的大扶贫减贫思想;坚持党对大扶贫减贫工作领导的制度优势;与时俱进,适时分阶段确定扶贫减贫标准和目标任务;将扶贫减贫工作纳入经济社会发展总体布局的顶层设计;构建政府有为、市场有效、社会有助、对象有应、人人有责的大扶贫体系;创新可供选择的形式多样的减贫方式;将激发贫困群体内生动力贯穿于整个扶贫减贫过程;分层、分类编织与逐步完善的社会减贫保障体系;构建合理有效的大扶贫减贫考核激励机制;逐步形成的阳光扶贫理念与氛围等。

在中国减贫宏观经验的基础上,各地区或行业还根据区域或行业特点,创造性地提出本区域或本行业的典型做法,形成很多好的典型案例。例如，平乡县结合县情实际和产业特色，在绿色、可持续、致富上下工夫、做文章，因地制宜，创建了"一中心、五带动、两预防"扶贫模式。渭源县金鸡产业扶贫模式有效解决了贫困户"无项目、无技术、无资金、无市场"的难题。

上面千条线，下面一根针，政府的扶贫政策绝大多数是通过乡村两级组织来具体落实。例如唐淌村通过政府或社会组织设置一批公益岗位的购买服务式扶贫治理模式。

中国减贫经验特点主要表现为不同参与主体容易形成协同效应的特点，可以获取扶贫减贫规模经济和大国效应的特点，扶贫减贫经验在不同区域、部门之间具有可借鉴、可激励的特点和具有中国特色的共同富裕、协同发展的文化背景的特点等。从中国大扶贫减贫的经验及特点，总结一般性和特殊性经验。中国大扶贫减贫经验的特殊性体现在中国共产党对扶贫工作的全面领导。中国扶贫减贫经验的一般性体现在：组织纲领对组织运行起统领作用；发挥政府主导作用，实现大扶贫体系的协同效应；各种扶贫减贫政策的合理搭配，牢牢守住绝对贫困底线；针对不同类型的贫困群体，采取灵活的扶持工具；将激发内生动力和提升能力建设始终作为扶贫减贫的核心等。

世界银行数据显示，中国减贫对世界减贫贡献率超过70％。在2020年全面脱贫目标完成后，中国将提前10年实现联合国2030年可持续发展议程的减贫目标，有力地推动了全球减贫事业的进程；中国在逐步实现脱贫攻坚目标进程中，不断学习、不断思考、不断总结，谱写了人类减贫历史新篇章，是现代经济社会发展领域中的成功典范之一，为发展中国家提供了有益借鉴，为世界减贫树立成功典范。面向未来，在进行经验分享时应从村、户，从行业、区域开始推广，邀请国外官员、技术人才等实地参观以及推动扶贫项目、产业合作帮助贫困人口脱贫致富；在经验分享时应注意扶贫经验的提炼和创新，对外话语体系的构建，经验分享原则和中国故事选取，经验分享的平等性、双向性、适应性和可持续性，以及信息反馈与合作交流；在经验分享时要提升中国在参与全球治理中的话语权和影响力，在国际秩序的规则制定中扮演主动塑造者的角色，让国际社会真切感受到中国贡献与智慧，让大数据和人工智能为中国经验分享赋能。

目　　录

>>> 第一章　中国扶贫减贫历程与贡献

　　自新中国成立70年来，随着经济社会的快速发展，中国的减贫事业取得了举世瞩目的成就，并为全球贫困减缓和千年发展目标的实现做出了卓越的贡献。中国扶贫减贫历程可以划分为计划经济体制下的广义扶贫减贫阶段、体制主导的开发式扶贫减贫阶段、解决温饱的开发式扶贫减贫阶段、巩固温饱的开发式扶贫减贫阶段和建设全面小康社会的具有大扶贫格局的精准扶贫阶段。中国扶贫减贫尤其是十八大后的扶贫减贫贡献主要体现在扶贫减贫的直接影响、间接影响、溢出效应和国际贡献。截至2020年底，中国现行标准下农村贫困人口实现全部脱贫，贫困县全部摘帽，成功解决区域性整体贫困。中国在减贫道路上的不断探索，为全球扶贫减贫事业贡献中国方案、中国智慧。

第一节　中国减贫现状及贫困标准

一、中国减贫现状

　　摆脱贫困是国家治理的世界性课题，关系到个体的命运和人类的未来。中国取得的成就并不是偶然的，它和中国民众的不懈努力、执政党的初心、奋斗目标、国家治理的体制机制特色和中国的文化传承都有着密切关系。中共十八大以来，中国开启了人类减贫史上的伟大创举，自脱贫攻坚战打响以来，党中央国务院以解决"两不愁三保障"突出问题为导向，以增强贫困人口内生发展动力为目标，在精准识别、贫困户劳动力供给、农业资本产出、人力资本提升、政策和项目可获得性方面持续发力，取得了举世瞩目的脱贫成绩。中国脱贫攻坚目标任务已经完成，据国家统计局全国农村贫困监测调查，按现行国家农村贫困标准测算，在2019年末，全国农村贫困人口551万人，比2018年末减少1 109万人，下降66.8%；

贫困发生率 0.6％，比上年下降 1.1 个百分点。截至 2020 年 11 月，据国务院扶贫办副主任欧青平介绍，全国剩余的 52 个贫困县陆续宣布摘帽，至此，全国 832 个国家贫困县已经全部脱贫摘帽，剩余的贫困人口正在履行退出程序。2020 年是中国打赢脱贫攻坚战的决胜之年，也是对外解读中国脱贫攻坚战实践的关键一年。改革开放 40 多年来，中国已使 7.5 亿民众摆脱绝对贫困，中国对全球减贫的贡献率超 70％，是世界上减贫人口最多的国家，创造了人类历史上大规模减贫的奇迹。联合国的统计数据显示，全世界有 7.83 亿人生活在贫困之中，占全球人口的 11％，其中大部分生活在发展中国家的农村地区。应该说中国的成就给全球减贫事业注入了信心，探索了路径，也为全球减贫与发展事业贡献了中国智慧和中国方案。

现阶段中国贫困人口的收入、就业结构和当地政府的财政支出结构均呈现出新特征：一是劳务输出扶贫成效显著。多数贫困人口经过政府鼓励、支持和培训实现跨地区就业，自主脱贫能力稳步提高，同时对城镇劳动力市场开放性也提出了更高要求。二是基本公共服务不断完善。大规模农田水利、交通等基础设施显著改善，贫困地区基本生产条件、贫困户农业生产规模和农林资源产品收益明显提升。考虑到农业生产边际产出递减、贫困户耕作种类较为单一，亟须补充和完善农业保险政策，以应对贫困户面临的农业生产风险增加的问题。三是贫困群众"两不愁"质量水平明显提升，"三保障"突出问题总体解决。贫困地区基本生产生活条件明显改善，群众出行难、用电难、上学难、看病难、通信难等长期没有解决的老大难问题普遍得到解决，义务教育、基本医疗、住房安全有保障。四是各类扶贫投建项目基本完成。地方财政在基础设施建设、易地搬迁、危房改造、土地整理、安全饮水和文化广场等项目上的支出接近饱和。脱贫攻坚最后一公里有必要对财政支出结构进行优化调整，确保财政支出对贫困户各种来源收入的边际贡献均等化，提高资金使用效率和效益，攻坚克难完成任务，全国各省区市凝心聚力"攻坚脱贫战"，啃下最后的硬骨头。

二、中国历年农村贫困标准

中国现行的贫困标准是"2010 年标准"，即按 2010 年不变价格计算，农民年人均纯收入低于 2 300 元。在"2010 年标准"之前，中国还实施过"1984 年标准"和"2008 年标准"两个贫困标准。从绝对数来说，中国的贫困标准在逐步提高。以可比口径来衡量，"1984 年标准"和"2008 年标准"分别相当于现行贫困标准的 40％和 55％。"1984 年标准""2008 年标准""2010 年标准"三个贫困标准下，每年根据农村物价水平进行调整，各年具体标准如表 1-1 所示。

表 1-1　中国历年来农村贫困标准

单位：元/(人·年)

年份	1984 年标准	2008 年标准	2010 年标准
1984	200		
1985	206		
1986	213		
1987	227		
1988	236		
1989	259		
1990	300		
1992	317		
1994	440		
1995	530		
1997	640		
1998	635		
1999	625		
2000	625		
2001	625	865	
2002	627	869	
2003	637	882	
2004	668	924	
2005	683	944	
2006	693	958	
2007	785	1 067	
2008	895	1 196	
2009		1 196	
2010		1 274	2 300
2011			2 536
2012			2 625

（续）

年份	1984 年标准	2008 年标准	2010 年标准
2013			2 736
2014			2 800
2015			2 855
2016			2 952
2017			2 952
2018			2 995
2019			3 747

数据来源：《中国农村贫困监测报告》。

1984 年标准。20 世纪 80 年代初，为了完成国务院贫困地区经济开发领导小组"在 5 年时间内解决大多数贫困地区人民的温饱问题"的农村扶贫目标，并根据当时的国家经济发展实际承受力，确定了 1984 年不变价格农民人均年纯收入 200 元作为贫困标准。该标准的主要含义是食物支出占比约 85％、可以保障每人每天 2 100 千卡[①]热量，即低水平的温饱标准，与国际 1 美元/（人·天）标准是有距离的。该标准一直沿用到 2007 年。

2008 年标准。2000 年时，国家提出"低收入标准"，按 2000 年不变价格农民人均年纯收入 865 元。该标准的主要含义是食物支出占比约 60％，按此标准能够基本解决吃、穿问题，即基本满足温饱的标准，接近国际 1 美元/（人·天）标准。2008 年起该标准正式作为官方标准，沿用到 2010 年。

2010 年标准。2011 年中国政府制定了 2010 年不变价格农民人均年纯收入 2 300 元的贫困标准。该标准的主要含义是食品支出要满足"适当吃好"，即每人每天消费 1 斤[②]米面、1 斤菜、1 两[③]肉或 1 个鸡蛋，以获取 2 100 千卡热量和 60 克左右的蛋白质，并且食物支出占该标准的比重为 60％，以此保障一定数量的非食品支出。该标准于 2011 年发布使用，一直沿用至今。

---

① 卡为非法定计量单位，1 卡＝4.18 焦耳，下同。
② 斤为非法定计量单位，1 斤＝500 克，下同。
③ 两为非法定计量单位，1 两＝50 克，下同。

三、现行扶贫标准下中国历年减贫情况

党的十八大以来，以习近平同志为核心的党中央把脱贫攻坚摆到治国理政的重要位置，采取超常规的举措，全面打响脱贫攻坚战。2015年11月召开的中央扶贫开发工作会议强调，"十三五"期间脱贫攻坚的目标是到2020年稳定实现农村贫困人口"两不愁、三保障"，即"不愁吃、不愁穿，农村贫困人口义务教育、基本医疗、住房安全有保障"，2019年中国政府集中力量解决"两不愁三保障"的突出问题，按现行扶贫标准，中国贫困人口已从1978年的77 039万人减少到2019的551万人，减少了76 488万人；贫困发生率从1978年的97.5％下降到2019年的0.6％，降低了96.9％，显示出了中国显著的脱贫效果，如表1-2所示。

表1-2　现行扶贫标准下中国历年农村贫困人口与贫困发生率

年份	贫困人口（万人）	贫困发生率（％）
1978	77 039	97.5
1980	76 542	96.2
1985	66 101	78.3
1990	65 849	73.5
1995	55 463	60.5
2000	46 224	49.8
2005	28 662	30.2
2010	16 567	17.2
2015	5 575	5.7
2017	3 046	3.1
2018	1 660	1.7
2019	551	0.6

数据来源：《中国农村贫困监测报告》。

按照世界银行2011年1天1.9美元购买力平价的贫困标准，农村贫困人口从1981年的75 893万人减少到2014年的1 487万人，减少了74 406万人；同期，贫困发生率从95.59％降低到2.39％，降低了93.2百分点（吴国宝，2018）。因此，在取得显著脱贫成就的同时，也应该清醒地看到，中国现行贫困标准仅仅略高于世界银行2011年1天1.9美元购

买力平价的低贫困标准。按世界银行的估计，如果使用适合中低收入国家的 1 天 3.2 美元（2011 年 PPP）的贫困标准，2015 年中国农村还有 12.76% 的常住人口处于贫困状况；如果使用适合中高收入国家 1 天 5.5 美元（2011 年 PPP）的贫困标准，2015 年中国农村还有 43.16% 的常住人口处于贫困状况。

第二节 中国扶贫减贫历程

新中国成立 70 年来，随着经济社会的快速发展，中国的减贫事业取得了举世瞩目的成就。从 1949 年至今，党和政府针对各个时期贫困特点，探索出一系列减贫模式。多位学者将 1978 年以后减贫过程根据不同时期政府的不同减贫行为将其分为四到五个阶段。这里依据这些学者的研究，将新中国的减贫历史划分为五个阶段，其中每个阶段都具有不同的特点，每一阶段都在上个阶段的基础之上将扶贫工作推向新的高度，如图 1-1 所示。

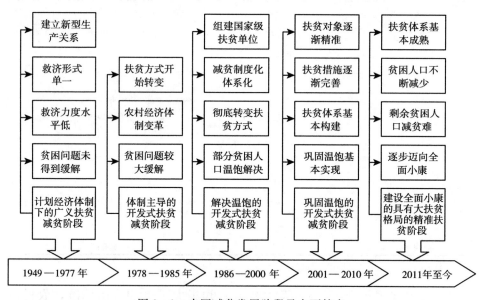

图 1-1 中国减贫发展阶段及主要特点

一、计划经济体制下的广义扶贫减贫阶段

1949—1977 年，主要是完成土地制度改革，确立人民公社集体经济

体制、建立农村财产公有制。并通过在全国范围内开展大规模的基础设施建设，进行农田水利建设，改善农村灌溉设施和交通条件；建立农村科技服务网络，形成基本覆盖全国所有农村乡镇的农业技术推广服务网络系统；建立全国性的农村合作信用体系，改善农村金融服务；发展农村基础教育和农村基本医疗卫生事业；初步建立以社区五保制度和农村特困人口救济为主的农村社会基本保障体系，发展农村生产力，通过这些措施来缓解贫困人口的贫困问题。

这一阶段的主要特点是建立起了新型生产关系，为政府实施农村扶贫政策奠定了制度基础，但没有形成大规模的区域式扶贫减贫战略，救济形式较为单一、救济规模较为分散、救济力度和水平较低。主要是在实行计划经济促进经济发展的同时，通过经济增长的涓滴效应和自上而下的民政救济系统，进行小规模的"输血式"扶贫。这一阶段的土地制度改革在一定程度上缓解了贫困人口的生存危机，但难以实现提高贫困人口发展能力的作用，贫困问题仍未得到缓解。

二、体制主导的开发式扶贫减贫阶段

1978—1985 年，改革开放开始，虽然农村居民普遍贫困，但由于发生了由计划经济时期的"一大二公"的人民公社制度转变为以"包干到户"为主要特征的家庭联产承包责任制的重大变革，农村经济发展进入黄金时期。通过推行以家庭承包经营为基础、统分结合的双层经营体制，实施提高农产品价格、发展农村商品经济等配套改革，使农民重新获得了使用和管理土地、安排自己劳动及投资的权利，激发和调动了广大农民生产积极性，理顺了农业生产机制，推动农业快速发展，生产效率得以大幅提高，农村经济焕发新的活力，农民的生产积极性得到前所未有的提高，城乡收入差距也逐步缩小，帮助大批贫困人口顺利摆脱贫困，贫困发生率显著下降。

同时中国政府自 1980 年开始实施"支援经济不发达地区发展资金"支持贫困地区发展，1982 年开始实施了为期 10 年的"三西"（甘肃定西、河西与宁夏西海固地区）农业建设计划，帮助这些极贫地区治理生态、改善环境和发展农业生产。1984 年中共中央发布《关于帮助贫困地区尽快改变面貌的通知》，这是新中国第一次把扶贫工作作为国家重点任务执行，该文件明确了扶贫理念和思想，由原先救济式的扶贫理念转变为增强地区内部发展动力的扶贫理念。1984 年以来中国政府先后实施了 6 次规模比较大的以工代赈项目，即救济对象通过参加必要的社会工程建设获得赈济金或赈济物，或贫困人口要通过出工投劳来获得救济。以工代赈的项目，改善了贫困地区的基础设施，帮助了贫困地区和贫困人口形成生产条件。

这一阶段的主要特点是原有临时性救济扶贫部分得到转变，一些地区如甘肃等开始实行大规模区域式减贫，农村经济体制的深刻变革，为这一时期中国农村经济的超常规增长和贫困人口的急剧减少提供了强劲动力，贫困问题得到较大的缓解。按照现行贫困标准衡量，贫困人口从 1978 年的 7.7 亿人减少到 1985 年的 6.6 亿人，贫困发生率从 97.5% 下降为 78.3%，人均占有的粮食、棉花、油料、肉类产量分别增长 14%、74%、176% 和 88%。同期，农村绝对贫困人口由 2.5 亿下降到 1.25 亿，年均减少 1 786 万人，农村居民可比人均纯收入从 133.6 元提高到 359.3 元，年均增长率为 15.2%，高于同期城镇居民人均可支配收入增幅。

三、解决温饱的开发式扶贫减贫阶段

1986—2000 年，中国开始第一次有组织、有计划地进行农村扶贫开发。1986 年 4 月，第六届全国人民代表大会第四次会议通过的《中华人民共和国国民经济和社会发展第七个五年计划》，将"老、少、边、穷地区的经济发展"单列一章，划定 18 个集中连片贫困地区和一批国家级、省级贫困县，探索并实施以区域开发带动扶贫为重点的开发式扶贫。一个标志性事件是同年国务院贫困地区经济开发领导小组（1993 年改称为国务院扶贫开发领导小组）组建成立，各级政府也成立了相应的组织机构，专门负责开展扶贫开发相关工作。此外根据贫困程度确定了 331 个国家重点扶持贫困县，对照国家做法，各省份另确定 368 个省级重点贫困县。1987 年，《国务院关于加强贫困地区经济开发工作的通知》针对中国 18 个集中连片贫困带划定了 592 个国家重点贫困县，确立以县级行政单元为地域单元的扶贫标准，并针对贫困县出台了一系列优惠政策，使农村扶贫开发规范化、机构化、制度化。《国家八七扶贫攻坚计划》的出台，明确了当时的扶贫开发目标为解决贫困人口的温饱问题，确定了开发式扶贫战略和贫困县为主的区域瞄准机制，建立了东西部扶贫协作、定点扶贫等广泛参与的社会扶贫机制。通过东西部协作，推行入户项目支持、最低生活救助、劳动力转移、生态移民等综合性扶贫措施，该计划明确要求集中人力、物力、财力，用 7 年左右的时间，基本解决 8 000 万农村贫困人口的温饱问题。明确提出要到村到户，以贫困村为基本单位，以贫困户为主

要工作对象，为扶持贫困户创造稳定解决温饱的条件，以发展种养业为重点，坚持多渠道增加扶贫投入。并明确指出，扶贫开发到村到户的核心是扶贫资金的投放、扶贫项目等各项措施真正落实到贫困乡、贫困村、贫困户。提出扶贫的主要对象和工作重点是贫困农户，三大扶贫项目（扶贫贴息贷款、以工代赈和发展资金）投放的扶贫资金从 1995 年至 1999 年增加了 1.63 倍。

但这一时期农村区域发展不平衡问题开始凸显，表现在农村改革的边际效益不断下降，农民收入的增长幅度低于城市居民，农村内部的收入差距以及农村居民与城市居民的收入差距迅速扩大，基尼系数不断提高。贫困问题从普遍性贫困向分层、分块演化，主要集中分布在"老、少、边、穷"地区。通过以往整体性的制度变革以及"涓流效应"对于缓解贫困的帮助作用没有那么明显，农村经济增长速度减缓，加之剩余贫困人口脱贫难度增加，截止到 1994 年贫困人口下降速度有所减缓，返贫现象有所增加。但是随着"八七扶贫攻坚计划"的出现，中央政府开始大幅度增加扶贫开发投入，明确资金、任务、权利、责任"四个到省"的扶贫工作责任制，加大扶贫开发力度，进行区域式扶贫开发战略，基本解决了贫困人口的温饱问题，使中国农村贫困从普遍性、区域性、绝对性贫困向点状分布和相对贫困发生转变。2000 年中国政府宣布"八七扶贫攻坚计划"确定的战略目标基本实现，全国农村贫困人口的温饱问题已经基本解决。

这一时期的主要特点是中国组建了国家级的扶贫单位，出台相应政策，开始有组织有计划地将原有的临时性救济扶贫转变为区域式扶贫，进一步推动了中国减贫工作的制度化、体系化建设。到 2000 年，贫困人口下降到 4.6 亿人，贫困发生率下降为 49.8%，农村居民人均纯收入从 1985 年的 359.3 元提高到 2000 年的 646.0 元，年均增长率为 4.0%，虽然低于同期城镇居民人均可支配收入增幅，但大部分贫困人口的基本温饱问题得到解决。

四、巩固温饱的开发式扶贫减贫阶段

2001—2010 年，中国政府出台的《中国农村扶贫开发纲要（2001—2010 年）》明确指出，继续实施开发式扶贫战略，将贫困县为主的瞄准机制转换为以贫困村为主的瞄准机制，瞄准对象进一步下移，扶贫的精准度不断提高，实行整村推进战略。在全国中西部地区确定 592 个国家扶贫开发重点县，把贫困瞄准重心下移到村，全国范围内确定了 15 万个贫困村，全面实施以整村推进、产业发展、劳动力转移为重点的扶贫开发措施。2007 年，全面实施农村最低生活保障制度，自此进入扶贫开发政策与最低生活保障制度衔接的"两轮驱动"阶段。同期，中国将产业扶贫、劳动力培训转移作为重点工作，易地扶贫搬迁持续推进，减贫工作取得明显成效。

这一时期由于"八七计划"的顺利完成，农村剩余的贫困人口分布已经相当分散，并且大多分布在生存环境与生产条件十分恶劣的高寒山区、大石山区、缺水干旱区以及边疆少数民族聚居区，有的贫困者还是丧失劳动力或没有劳动能力的残疾人员、孤老、孤儿等，依靠开发式扶贫已经很难使这些贫困群体脱贫。如果继续以贫困县作为扶贫开发的基本单位，就意味着有将近一半的农村贫困人口不能从中央政府的扶贫投资中受益。因此，国家将重心下放到村，以村为单位实施扶贫开发战略。

这一时期的主要特点是减贫对象逐渐精准，减贫措施逐渐完善，扶贫体系已经基本构建，巩固温饱的扶贫开发目标基本实现。到 2010 年，农村贫困人口下降到不足 1.7 亿人，贫困发生率降为 17.2%，这一时期农村居民人均纯收入从 2000 年的 646 元增加到 2010 年的 1 275.1 元，年均增长 7.0%，但增幅仍低于同期城镇居民人均可支配收入增幅。

五、具有大扶贫格局的精准扶贫阶段

2011 年至今，这一时期是建设全面小康的具有大扶贫格局的精准扶贫阶段，国家将扶贫作为国家战略的重点，2011 年，中共中央、国务院颁布实施《中国农村扶贫开发纲要（2011—2020 年）》，提出了新的扶贫目标和扶贫战略，将连片特困地区作为扶贫开发的主战场，扶贫标准提高92%。到 2010 年在 1 196 元的贫困标准线下，中国贫困人口已经减少到 2 688 万，贫困发生率下降到 2.8%。2011 年，中央决定将农民人均纯收入 2 300 元作为新的国家扶贫标准，这一新标准的出台，使得全国贫困人口数量和覆盖面由 2010 年的 2 688 万人扩大到了 1.28 亿人。特别是"十一五"时期，贫困人口从 6 431 万减少到 2 688 万，5 年减少 3 743 万，年均减少 748.6 万；重点贫困县农民人均纯收入从 1 723 元增加到 3 273 元，增长了 1 550 元，年均增长 10.28%，比全国平均水平高了 0.95 个百分点。

2013 年 11 月 3 日，习近平总书记到湘西土家族苗族自治州花垣县排碧乡十八洞村考察时，首次提出"精准扶贫"，并多次对精准扶贫、精准脱贫作出重要指示。习近平总书记指出，精准扶贫，就是要对扶贫对象实行精细化管理，对扶贫资源实行精确化配置，对扶贫对象实行精准化扶持，确保扶贫资源真正用在扶贫对象身上、真正用在贫困地区。强调扶贫开发推进到今天这样的程度，贵在精准，重在精准，成败之举在于精准。因此，在扶贫开发中要做到"扶持对象精准、项目安排精准、资金使用精准、措施到户精准、因村派人精准、脱贫成效精准"。中共十八大以来，以习近平同志为核心的党中央将脱贫攻坚工作放在更高的战略位置，不断完善脱贫攻坚制度和政策设计，实施精准扶贫的基本方略。根据习近平同志的扶贫开发有关指示为指导，2015年中央做出"打赢脱贫攻坚战"的决定，明确"到2020年现行标准下贫困人口全部脱贫，贫困县全部摘帽，解决区域性整体贫困"的目标，全面实施精准扶贫精准脱贫方略。相继出台了《中国农村扶贫开发纲要（2011—2020）》、《关于打赢脱贫攻坚战的决定》和《"十三五"脱贫攻坚规划》，确定了新阶段的扶贫任务，扶贫目标更加多元和多维，重视贫困人口的发展需求。对贫困人口的识别，以其实际生活状况和"两不愁、三保障"为依据，逐步淡化较难测算的人均纯收入标准。这一时期贫困治理不仅具有经济功能，更有社会功能和政治功能。在精准扶贫的背景下，从扶贫对象和目标瞄准、扶贫资源的动员和分配、贫困监测和评估等各个层面，贫困治理结构不断得到完善。扶贫不再仅仅局限于脱贫领域，而是要实现在脱贫基础上的全体人民的同步小康。扶贫治理手段呈现依托市场机制的经济发展、国家主导的扶贫开发与多部门参与的转移性支付混合运行的特点，使得扶贫工作能够超越政府预算约束取得更大的成就。

这一时期大扶贫体系已经成熟，贫困人口整体不断减少，但是剩余贫困人口的减贫难度在不断加大，中共十九大将脱贫攻坚作为全面建成小康社会必须打赢的三大攻坚战之一，举全党全国之力持续推进减贫事业。党的十八大以来，全国农村贫困人口累计减少超过9 000万人。据国家统计局全国农村贫困监测调查，按现行国家农村贫困标准测算，截至2019年末，全国农村贫困人口从2012年末的9 899万人减少至551万人，累计减少9 348万人；贫困发生率从2012年的10.2%下降至0.6%，累计下降9.6个百分点。据国家统计局报告显示，2019年，贫困地区农村居民人均可支配收入11 567元，比上年名义增长11.5%，扣除价格因素，实际增长8.0%；名义增速和实际增速分别比全国农村高1.9和1.8个百分点。

第三节 十八大以来中国扶贫减贫主要贡献

党的十八大以来，以习近平同志为核心的党中央高度重视脱贫攻坚工作，举全党全社会之力，深入推进脱贫攻坚。从而，中国减贫速度不断加快，在剩余贫困人口贫困程度越来越深、脱贫难度越来越大的情况下，中国近几年的减贫人口仍始终保持每年减贫在 1 200 万人以上，在贫困人口存量逐渐减少的情况下，中国的减贫率不断提高，减贫速度不断加快。据国家统计局全国农村贫困监测调查显示，十八大以来，我国贫困人口的下降速度从 2013 年的 16.7% 提高到 2019 年的 66.8%，这样的减贫成效为国内外贡献了许多减贫经验。但中国在脱贫攻坚领域所做出的贡献并不单单体现在贫困人口的减少和贫困率的降低方面，如何将其在减贫方面的巨大贡献讲明白、讲清楚，还有很多值得思考的方面。本部分主要以十八大为时间节点，探讨中国扶贫减贫的直接影响、间接影响、中国式扶贫的溢出效应及中国扶贫减贫的国际贡献，探索可供世界范围内借鉴的中国经验。

一、扶贫减贫的直接影响

中国扶贫攻坚战略在国内做出的最突出的贡献是通过一系列减贫措施，尤其是十八大以来精准扶贫战略的实施，在以习近平同志为核心的党中央坚强领导下，脱贫攻坚的顶层设计基本形成，精准扶贫精准脱贫思想深入人心，五级书记抓扶贫、全党动员促攻坚的良好态势已经形成，各项决策部署得到较好落实，以"两不愁，三保障"为评定标准，走上了一条中国特色的扶贫道路，通过切实提高贫困人口的收入，为全面实现小康社会打下了坚实的基础。

(一)贫困人口显著减少

改革开放 40 多年来，伴随着经济社会的快速发展和扶贫开发的深入推进，中国的减贫事业取得了举世瞩目的成就。党的十八大以来，在人均年收入 2 300 元（2011 年不变价）的现行贫困标准下，中国的农村贫困人口从 2012 年的 9 899 万人减少到 2019 年底的 551 万人，累计减少贫困人口 9 348 万人，贫困发生率也从 2012 年的 10.2% 下降为 2019 年底的 0.6%，绝大多数农村人口摆脱了绝对贫困，生活状况得到大幅度改善。具体如图 1-2 所示。

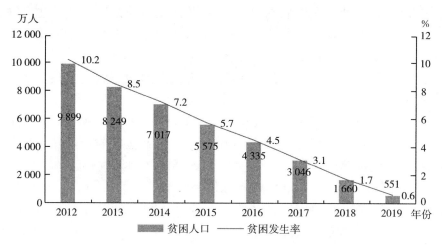

图 1-2　2012—2019 年全国农村贫困人口变化趋势

（二）贫困地区农村居民收入稳步上涨

据国家统计局全国农村贫困监测调查，2019 年全国农村贫困人口继续大幅减少，贫困发生率显著下降，贫困地区农村居民收入增长幅度高于全国农村平均水平。分三大区域看，2019 年末农村贫困人口均减少，减贫速度均超上年。西部地区农村贫困人口 323 万人，比上年减少 593 万人；中部地区农村贫困人口 181 万人，比上年减少 416 万人；东部地区农村贫困人口 47 万人，比上年减少 100 万人。分省看，2019 年各省贫困发生率普遍下降至 2.2% 及以下。其中，贫困发生率在 1%～2.2% 的省份有 7 个，包括广西、贵州、云南、西藏、甘肃、青海、新疆；贫困发生率在 0.5%～1% 的省份有 7 个，包括山西、吉林、河南、湖南、四川、陕西、宁夏。

国家统计局发布 2019 年居民收入和消费支出情况。据统计数据显示，全国农村居民人均消费支出 13 328 元，比上年名义增长 9.9%，扣除价格因素，实际增长 6.5%。国家统计局全国农村贫困监测调查显示，2019 年贫困地区农村居民人均可支配收入 11 567 元，比上年名义增长 11.5%，扣除价格因素，实际增长 8.0%；名义增速和实际增速分别比全国农村高 1.9 个和 1.8 个百分点。工资、转移、财产三项收入增速均快于全国农村居民该项收入增速。2019 年贫困地区农村居民人均工资性收入 4 082 元，增长 12.5%，增速比全国农村高 2.7 个百分点；人均转移净收入 3 163 元，增长 16.3%，增速比全国农村高 3.4 个百分点；人均财产净收入 159 元，增长 16.5%，增速比全国农村高 6.2 个百分点。经营净收入比上年加快增长。2019 年贫困地区农村居民人均经营净收入 4 163 元，增长 7.1%，增速比上年提高 2.7 个百分点。集中连片特困地区农村居民人均可支配收入增速高于全国农村增速。2019 年集中连片特困地区农村居民人均可支配收入 11 443 元，增长 11.5%，比全国农村高 1.9 个百分点。

党的十八大以来，贫困地区农村居民人均可支配收入年均实际增速比全国农村高 2.2 个百分点。2013—2019 年，贫困地区农村居民人均可支配收入增速分别为 16.6%、12.7%、11.7%、10.4%、10.5%、10.6%、11.5%，年均名义增长 12.0%，扣除价格因素，年均实际增长 9.7%，实际增速比全国农村平均增速高 2.2 个百分点。2019 年贫困地区农村居民人均可支配收入是全国农村平均水平的 72.2%，比 2012 年提高 10.1 个百分点，与全国农村平均水平的差距进一步缩小。如图 1-3 所示。

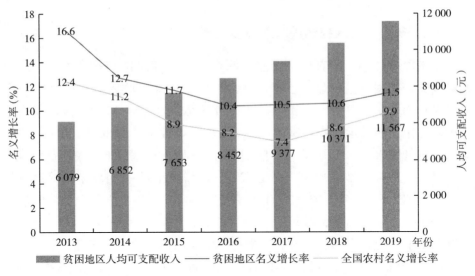

图 1-3 2013—2019 年贫困地区农村居民收入增长情况

资料来源：国家统计局。

（三）农业农村经济发展得到促进

扶贫开发是社会主义的本质要求，是建设社会主义国家的必然要求，也是中国共产党执政的必然要求。大力实施扶贫开发战略之所以能够提升农业农村经济，主要有以下几点原因。一是中国的贫困人口主要集中于农村，中国的减贫措施给予了贫困人口一些政策倾斜，使得农村贫困人口在摆脱贫困、提升可支配收入的同时，提升消费能力促进经济增长。二是由于中国的产业扶贫措施，集中在农村的贫困户在通过产业带动脱离贫困增加收入的同时，产业的发展也给当地经济注入活力，使一些贫困地区充分发挥自身资源优势和后发优势，实现产业发展和转型，促进农村经济的发展。三是中国与农业发展相关的投入要素（如土地）分配较为公平，以农业为生的农村贫困人口能够从农业发展中获利，而产业扶贫政策多数都是鼓励贫困人口通过发展种养业来脱离贫困，通过脱贫政策的支持提高了贫困人口发展农业的热情，如图 1-4 所示，在十八大以后，农林牧渔总产值从 2014 年的 97 822.51 亿元提升到 2019 年的 123 967.9 亿元，其中农业总产值在从 2014 年的 51 851.12 亿元增长到 2019 年的 66 066.45 亿元，产业发展的同时农业农村经济得到一定的提高。

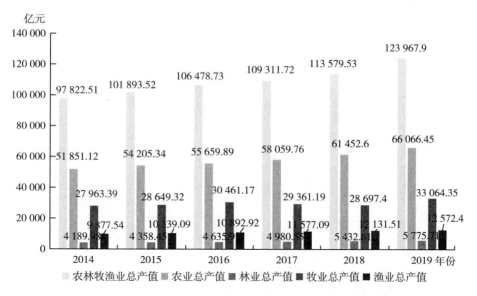

图 1-4　2014—2019 农业经济增长情况

资料来源：国家统计局。

（四）国家经济显著增长

长期高速的经济增长是减少贫困最根本和最重要的力量源泉，同时贫困情况的改善和贫困人口的减少也会反作用于经济发展。党的十八大以来，面对世情、国情的深刻变化，在以习近平同志为核心的党中央坚强领导下，全国各族人民高举中国特色社会主义伟大旗帜，统筹推进"五位一体"总体布局和协调推进"四个全面"战略布局，按照党中央、国务院决策部署，同心戮力，迎难而上，开拓创新，砥砺前行，我国在经济取得快速发展的同时，在减少贫困方面也取得了惊人的成就。按照 1978 年的可比价格计算，中国的 GDP 从 1978 年的 3 678.7 亿元增加到 2019 年的990 865 亿元，与此同时，随着 GDP 的上涨，贫困发生率明显降低，从1978 年的 97.5% 降低为 2019 年的 0.6%。图 1－5 为 1978—2019 年中国人均 GDP 与贫困发生率之间的关系，可以大致反映经济增长对贫困状况的影响。从图中我们可以明显看出以 2010 年左右为节点，GDP 和贫困发生率之间的关系逐渐拉大，随着 GDP 的增长，贫困发生率明显降低，且二者变化速度接近。换句话说，经济增长与贫困发生率之间有显著的负相关关系，即随着人均 GDP 的增长，贫困发生率下降，人均 GDP 增长越高，贫困发生率下降就越快。Ravallion 和 Chen 研究结果得到经济增长的减贫弹性为－2.7，即居民收入增长 1%，全国贫困率下降 2.7%。尤其是在十八大以来精准扶贫战略的实施，使得贫困问题得到缓解，贫困发生率明显降低的同时贫困人口可支配收入提高，贫困地区经济得到发展。根据梯度理论减贫对全国的经济发展有显著的促进作用。

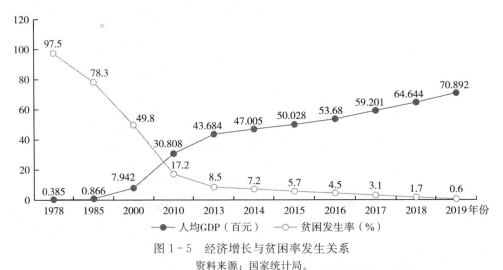

图 1－5　经济增长与贫困率发生关系

资料来源：国家统计局。

（五）减贫的综合社会效益开始显现

精准扶贫精准脱贫方略实施以来，各级干部深入贫困地区帮助贫困群众，促进了干群关系融洽，坚实了党的群众基础和执政基础；社会各界互帮互助，改善了社会风气，促进了社会和谐，巩固了社会稳定；贫困群众高度认可扶贫政策，对扶贫成效满意度高，对党和政府满含感恩之心。在政府主导发挥制度优势，东西部扶贫协作、定点扶贫力度不断加大的同时，民营企业、社会组织和广大公众积极主动参与脱贫攻坚，促进了中华民族扶贫济困传统美德的弘扬，汇聚更大脱贫攻坚合力。全国工商联的数据显示，截至 2020 年 6 月底，全国进入"万企帮万村"精准扶贫行动台账管理的民营企业有 10.95 万家，精准帮扶 12.71 万个村，其中建档立卡贫困村 6.89 万个，累计产业投入 915.92 亿元，公益投入 152.16 亿元，安置就业 79.9 万人，技能培训 116.33 万人，共带动和惠及 1 564.52 万建档立卡贫困人口；大量公益组织积极开展的有关扶贫开发的活动或项目，在生存扶贫、技术扶贫、教育扶贫、幸福工程、人口扶贫、合作扶贫、文化扶贫、实物扶贫以及环境扶贫方面卓有成效。2020 年 11 月，全国工商联、国务院扶贫办授予 100 家民营企业全国"万企帮万村"精准扶贫行动先进民营企业称号。《2019 年度中国慈善捐助报告》指出，2019 年全国接受款物捐赠超 1 700 亿元，其中主要捐赠投向教育、扶贫和医疗三个领域，捐赠额分别为 440.31 亿元、379.02 亿元、272.23 亿元，三者合计占捐赠总量的 64.21%。此外，2019 年全国减少建档立卡贫困人口 1 109 万人，扶贫领域接收捐赠 379.02 亿元，增长 6.55%，340 个贫困县脱贫摘帽。中国现代慈善事业整体发展规模、社会参与程度、慈善组织建设和法治建设都迈上了新台阶。广大公众也积极参与慈善事业、实现扶贫济困，2016 年全年共接收社会捐赠款 827 亿元，比上年增长 26.4%，全年有 1 165.8 万人次困难群众受益，其中在 2014—2016 年每年 10 月 17 日国家扶贫日前后，募集的扶贫资金就达到 250 多亿元。

二、扶贫减贫的间接影响

世界银行原行长金墉认为，如果发展中国家以过去 20 年相同的速度增长，到 2030 年全球极贫人口比例将达到 8% 左右；对许多发展中国家而言，消除绝对贫困的唯一办法是以过去 20 年间达到的最快速度增长。发展中国家在千方百计发展经济的进程中，还要避免单一追求经济总量增长的发展方式。中国的经验也再一次验证，政治、社会、生态、文化与经济发展互为关联、互相制约，因此要坚持推进包容性发展和开发式扶贫，着力提供更优的文化产品和生态环境，保障居民权益，打造更加开放自由的社会环境，消除发展短板。目前除中国外，仍有许多发展中国家经济增长缓慢,难以为贫困地区、贫困人口创造更多的就业机会和产业结构调整空间。并且这些国家由于经济增长缓慢,大多数情况下只能依靠国际援助来发展经济,这种方式很难使当地的贫困人口自发地拥有脱贫致富的愿望,内生动力严重不足,而经济增长缓慢的大多数原因就是国家工业化没有完成,靠传统农业实现脱贫增收十分困难。另一些经济增长相对较快的发展中国家,由于国家减贫力度不够,没有从国家发展的宏观角度去搞好顶层设计,也会导致一些减贫行动没有发挥实际效果。这些国家一般城乡发展比较割裂,农村发展动力不足,一些脱贫行动对农村贫困人口的脱贫效果十分有限。还有一部分发展中国家,受到自然资源的限制,自身资源条件不明显,很难去发展经济,减贫效果自然很差。甚至许多发达国家,也在减贫这个问题上遭受了地区发展不均衡、贫困人口内生动力不足等诸多困难。这些国家在针对自身贫困问题上,迫切需要更多的实际经验来帮助自己更好地缓解经济压力,提高贫困人口收入。而中国脱贫攻坚战略的实施,精准扶贫思想的提出,在各个方面,为这些国家解决贫困问题提供减贫经验。

(一)为世界减贫贡献巨大力量

中国通过自己的努力把贫困发生率从 1978 年的 97.5% 下降到 2019 年的 0.6%,降幅达到了 99.4%,成为了世界减贫事业走在前列的国家,提前 10 年实现联合国 2030 年可持续发展议程确定的减贫目标,为整个世界减贫贡献了巨大的力量。中国是最早实现千年发展目标的发展中国家。中国农村扶贫成就为世界减贫事业作出了重大贡献,对国际人权发展作出了重大贡献。根据《2015 年联合国千年发展目标》提供的资料,中国农村贫困人口所占比例,从 1990 年的 60% 以上,下降到 2014 年 4.2%。中国对全球减贫的贡献率超过 70%。国际舆论普遍认为,全球在消除极端贫困领域所取得的成绩主要归功于中国。世界银行原行长金墉说,中国帮助 6 亿人摆脱了贫困,在消除极端贫困方面发挥了人类历史上最大的作用。联合国粮农组织总干事若泽·格拉齐亚诺·达席尔瓦说,中国的努力是使全球贫困和饥饿人口减少的最大因素。世界银行中国局局长罗兰德说,如果没有中国的扶贫成就,联合国千年发展计划目标就难以实现。

(二)深化中非减贫交流合作,为非洲减贫贡献中国力量

纵观中非减贫合作发展历程,自 20 世纪八九十年代以来,中国与非

洲国家制定了国家减贫计划，并将其置于国家发展战略的高度；自 2010 年中非合作论坛——减贫与发展会议举办以来，中国与非洲国家、国际组织开展了务实有效的减贫合作。现在，"中非减贫与发展会议"已被纳入到中非合作论坛总体框架，影响力不断提升。十八大以来，中非减贫合作持续加强。2014 年，《中国和非洲联盟加强中非减贫合作纲要》发表，进一步明确了中非减贫合作的原则和方向。2015 年 12 月，习近平主席在南非举行的"中非合作论坛约翰内斯堡峰会"上提出中非"十大合作计划"，将中非全面战略合作伙伴关系成功推向新的高度。2018 年中非合作论坛北京峰会，以"合作共赢，携手构建更加紧密的中非命运共同体"为主题，提出同非洲国家密切配合重点实施"八大行动"，为中非今后三年加强减贫合作提出了具体的规划和实施路径，为打造中非命运共同体打下坚实基础。

从 20 世纪 90 年代到现在，中国政府、中国企业及非政府减贫组织齐发力，一同参与到援非减贫合作中。中国企业在 20 世纪 80 年代开始在非洲进行投资，到 2017 年底，约有 3 413 家中企在非洲投资发展，设立了 25 个各类经济特区，为当地创造产值约为 189 亿美元；由中国扶贫基金会发起的"微笑儿童"项目，旨在为受援国饥饿儿童提供免费早餐援助，在苏丹，该项目自 2015 年 8 月正式启动以来已使该国三所小学的 3 630 名儿童受益；中国国际扶贫中心从建立之初到 2018 年底，共举办了 139 期援外减贫培训班，其中 106 期面向非洲，为 52 个非洲国家培训了 2 219 名学员，分享中国的减贫经验。2015 年中非合作论坛约翰内斯堡峰会以来，中国全面落实约翰内斯堡峰会上确定的中非"十大合作计划"及《中非合作论坛——约翰内斯堡行动计划（2016—2018 年）》，截止到 2018 年底，中国承诺提供的 600 亿美元资金支持和各项行动都得到全面有效落实，为非洲国家实现可持续发展目标贡献中国智慧与中国方案。

（三）创建减贫平台，为世界分享中国减贫经验

党的十八大以来，习近平主席在联合国成立 70 周年系列峰会、气候变化巴黎大会、中非合作论坛约翰内斯堡峰会、G20 杭州峰会、金砖国家领导人厦门会晤等重大国际场合相继宣布一系列务实援助倡议和举措，创新提出"8 个 100"项目、中非"十大合作计划"、设立南南合作援助基金、设立南南合作与发展学院、金砖国家经济技术合作交流计划等重要举措，在扶贫减贫、疫病防控、气候变化、难民救助等全球和地区性问题上提出中国方案、贡献中国智慧，引领和平与发展潮流，推动全球治理体系变革。2017年5月，习近平主席在"一带一路"国际合作高峰论坛上宣布"未来3年向参与'一带一路'建设的发展中国家和国际组织提供600亿元人民币"等系列发展合作举措，让国际减贫合作成果惠及更多国家和人民。中国目前倡导的国际减贫合作新机制，有别于西方国家设立的援助机制，不附加任何政治条件，而且采用参与式的方式，充分考虑受援国基层社区百姓的需求。自新中国成立以来，中国已经为120多个发展中国家落实千年发展目标提供帮助。不仅如此，中国扶贫开发的成功经验已成为一张亮眼的国家名片，吸引着广大发展中国家有关官员不远万里前来取经。2016年10月，来自马拉维、加纳、肯尼亚等15个发展中国家的扶贫官员来到北京，参加"2016年发展中国家公共服务与减贫官员研修班"。当前，在积极推进经济全球化及"一带一路"倡议下的中国，也正在支持和帮助广大发展中国家消除贫困。中国已成立"南南合作援助基金"，并通过中国国际经济技术交流中心、中国国际扶贫中心、欧盟驻华代表团以及中国互联网新闻中心联合主办的中国扶贫经验国际研讨会暨"一带一路"沿线国家扶贫经验分享活动等，集中体现了消除全球治理赤字的"中国决心"和"中国行动"，向世界展现了我国致力于促进人类共同发展的大国责任与历史担当，受到受援国和国际社会高度评价。

中国在反贫困领域取得的成效为其他发展中国家提供了重要经验，近年来，中国以"人类命运共同体"理念为引领，积极参与双边和多边领域的合作减贫。2000年开始的"中非合作论坛"构建了中国与非洲国家在经济援助、科教文卫和贸易投资等领域的合作减贫框架；2013年提出的"一带一路"倡议积极探索中国与欧亚各国间的合作开发机制，中国以粮食援助、工农业及贸易发展、中小型减贫项目的方式开展与"一带一路"沿线国家的合作减贫；2015年成立"中国—拉共体论坛"，初步构建了中国与拉美和加勒比地区发展中国家的多维合作减贫机制，覆盖了经济技术援助、基础设施、产能合作、教育培训等领域。除了国与国之间的减贫合作之外，中国也以联合国"2030可持续发展议程"为契机，通过国际组织"南南合作"援助基金支持发展中国家脱贫。2005年以来，中国对发展中国家的援助和投资资金年均增长率超过25%，中国的对外合作减贫已覆盖全球大部分发展中国家，并且以非洲、亚洲和拉美国家为主。

（四）积极落实国际援助，为世界减贫做出积极贡献

从 2005 年印度尼西亚海啸开始，中国扶贫基金会在国际人道主义救援和国际发展援助中不断加强工作力度。10 年来，在世界上 16 个国家和地区开展项目。十八大以来，随着国内外政治、经济形势发生了深刻复杂的变化，以习近平同志为核心的党中央指明中国要继续向极端贫困的国家和地区提供更符合其利益诉求和未来可持续发展的援助。2015 年，中国扶贫基金会筹集扶贫资金和物资 46.57 亿元，受益贫困人口和灾区民众 400.99 万人次，中国努力帮助发展中国家减贫。截至 2015 年 10 月，中国共向 166 个国家和国际组织提供了近 4 000 亿元人民币援助，派遣 60 多万援助人员，其中 700 多名中国好儿女为他国发展献出了宝贵生命。中国积极向亚洲、非洲、拉丁美洲和加勒比地区、大洋洲的 69 个国家提供医疗援助，先后为 120 多个发展中国家落实联合国千年发展目标提供帮助。

2020 年是全面建成小康社会的决胜之年，也是脱贫攻坚决战之年。突然暴发的新冠肺炎疫情给贫困人口脱贫带来了冲击，成为脱贫攻坚成果巩固和进一步发力的约束和挑战。在新冠肺炎疫情全世界范围兴起之时，中国向遭受疫情的国家伸出援助之手，为世界各国抗疫注入温暖能量。主要表现在五个方面：一是在政府间援助方面，中国政府已经宣布向 82 个国家和世界卫生组织、非盟提供援助，包括检测试剂、口罩、防护服等，其中多批援助物资已经送达受援方。二是在医疗技术合作方面，中国积极向世界各国分享中国的诊疗方案，与很多国家和国际组织举行卫生专家视频会议，并向伊朗、伊拉克和意大利派遣医疗专家组。三是在地方政府援助方面，中国有关地方政府已经向韩国、日本、意大利等国的城市捐赠了物资。四是在民间援助方面，中国的很多企业和民间机构已经开始为有关国家提供捐赠。五是在疫情防控经验方面，中国积极举行疫情防控经验国际分享交流大会，及时与全球科技界共享科学数据、技术成果和防控策略，分享中国的防治经验和技术，向其他受疫情影响的国家和地区提供援助和技术支持，分 4 批组织实施对 89 个国家和 4 个国际组织的抗疫援助。

三、扶贫减贫的溢出效应

中共十八大以来，中共中央、国务院把打赢脱贫攻坚战作为全面建成小康社会的底线任务和标志性成果，摆在治国理政的重要位置，采取超常规举措，大力实施精准扶贫，取得了年均减少贫困人口 1 300 万人以上的

辉煌成就，显著改善了贫困地区的发展面貌。中国式扶贫的各项减贫措施及政策对国家实体经济发展产生重要影响。首先，东西协作、对口支援、教育帮扶等帮扶政策能够加速物质及人力资源的流动，有效缩小东西部的发展差距及贫困地区和发达地区的经济差距；其次，新兴的电商扶贫、产业扶贫、生态旅游扶贫的兴起，推动当地的房地产、旅游、金融等相关产业的发展，加速区域经济的产业格局变革，改变基础产业，改善资源配置，带来"虹吸效应"，带动当地经济发展的同时，辐射周边地区，促使资金、人才、信息区域性聚集，产生明显的溢出效应。

"溢出效应（Spfillover Effect）"一词源于经济学，是指一个组织在进行某项活动时，不仅会产生活动所预期的效果，而且会对组织之外的人或社会产生的影响。溢出效应有正向和负向之分，如果行为主体的活动结果既达到了自身预期的目的，又带来了周边其他主体收益的增加，则为正溢出效应，反之，则为负溢出效应（王巍，2018）。中国式扶贫不但显著改善了贫困地区的发展面貌、提升了贫困人口的生活水平，还激发了当地乃至全国的经济发展和社会意识等方面的深刻改革，形成了引人瞩目的溢出效应。

（一）社会效益的溢出效应

党的十八大以来，以习近平同志为核心的党中央站在实现中华民族伟大复兴中国梦的战略高度，贯彻精准扶贫基本方略，并把生态扶贫作为打赢脱贫攻坚战的重大举措。2015 年，《中共中央、国务院关于打赢脱贫攻坚战的决定》的颁布，强调了要坚持"扶贫开发与生态保护并重"，在保住青山绿水的同时实现产业的可持续发展，必须高度重视人与自然的和谐统一。2018 年制定的《生态扶贫工作方案》（简称《方案》），强调充分发挥生态保护在精准扶贫、精准脱贫中的重要性，可见生态减贫将成为中国目前及未来扶贫开发过程中的重要减贫手段。全力推动生态保护、旅游业与文化、体育、商贸、农业、房地产等多行业互动，同时加快脱贫攻坚进程，引导企业参与脱贫攻坚，构建大扶贫工作格局，借此契机持续改善乡村面貌。深化农业与旅游业的互动机制，探索"农业＋""＋旅游"的双向协同发展，推广有机生态种养模式，减少化学农业污染，践行现代农业观念；恪守"绿水青山就是金山银山"的生态与经济发展关系，通过发展绿色产业持续释放生态红利。帮助一个贫困户，带动一个村，覆盖一个乡，辐射一个县。结成利益共同体，带动更多的农户脱贫，产生社会效益的溢出效应。

（二）教育帮扶的溢出效应

习近平总书记曾多次强调："扶贫必扶智，让贫困地区的孩子们接受良好教育，是扶贫开发的重要任务，也是阻断贫困代际传递的重要途径。"在脱贫攻坚战中，放大教育帮扶的支点作用，带来贫困地区、贫困人口、社会等各方共赢的溢出效应。一是提供脱贫跳板，提升扶贫脱贫质量。为贫困学子提供受教育机会，解决贫困学生上学难的问题。二是积蓄人才储备，阻断贫困代际传递。增强贫困地区基础教育能力，弥补贫困地区教育短板以提高贫困人口基本文化素质，发展职业教育以提高贫困家庭脱贫致富内生能力，统筹各类教育均衡发展，阻断贫困代际传递，实现贫困地区稳定而长久的脱贫。三是深化产教融合，实现教育总体质量显著提高，基本公共教育服务水平接近全国平均水平。做到"精准招生、精准培养、精准资助、精准就业"，实现既有"所产"又有"所获"。四是开创"云支教"教育扶贫新模式。随着"互联网＋教育"的发展，在线教育实现了在师资薄弱的贫困地区也能享受到优质教育，为贫困地区的莘莘学子提供平等的教育资源，形成脱贫攻坚和企业社会价值的有效结合，为普惠教育奠定基础。进一步放大教育帮扶的支点作用，帮助更多贫困家庭"脱真贫""真脱贫"。

（三）农业保险扶贫的福利溢出效应

农村贫困问题是制约中国经济发展和社会稳定的重要障碍，而农业保险可以解决由自然灾害导致的贫困问题，保障贫困农民的最低收入水平。郑军等研究发现农业保险具有扶贫的福利溢出效应，农户企业及各类组织的贷款余额对农业保险扶贫的福利溢出效应影响程度最大，建议政府部门提高贫困地区农业保险的风险保障水平，加强贫困地区农村信贷的发展，优化贫困农民的涉农贷款政策，以充分发挥"农业保险＋农业信贷"的扶贫效应。

一是扩大农业保险的覆盖范围，鼓励贫困农户参保，对于稳定贫困农民的收入水平发挥着重要作用，随着农业保险保障水平的提高，农业的收入水平也会提高。二是在保障贫困农民收入水平的基础上，农民可以向农业信贷机构贷款，加大生产投资，进而提高收入水平。三是实证分析结果表明，农民的收入水平受农户贷款余额和农村企业及各类组织贷款余额的影响，即农户贷款余额每增加 1%，农民的收入相对会增加 0.357 397%，农村企业及各类组织贷款余额每增加 1%，农民的收入会增加 0.454 466%。随着"农业保险＋农业信贷"的信贷扶贫模式的不断完善，农业保险扶贫的福利溢出效应可能会有所改变，但对消除贫困的作用会越来越大。

（四）消费扶贫的分享溢出效应

国家发展改革委印发《消费扶贫助力决战决胜脱贫攻坚 2020 年行动方案》，鼓励采取"以购代捐""以买代帮"等方式采购贫困地区产品和服务，发挥中央企业专业化运作优势帮助扶贫产品打造品牌、提升知名度、提高附加值，持续释放消费扶贫政策红利，助力决战决胜脱贫攻坚。消费扶贫模式以打通供应链条为主要目标，通过线上大力发展农村电商、线下进行形式多样的农产品产销对接等途径，拓宽农产品销售渠道；通过支持贫困地区建设物流基础设施，完善流通服务网络，打通农产品销售"最后一公里"等，力求减少农产品销售中间环节，实现生产、流通、消费多方共赢。

当前环境下，大力实施消费扶贫，有利于动员社会各界扩大贫困地区产品和服务消费，调动贫困人口依靠自身努力实现脱贫致富的积极性，促进贫困人口稳定脱贫和贫困地区产业持续发展。而近年来，有关地区和部门已经在消费扶贫方面积极探索实践，例如"农户＋合作社＋企业"模式、龙头企业在贫困地区建立生产基地、贫困地区"农产品＋电商"等，充分发挥了消费扶贫的溢出效应。一是消费扶贫有力地促进了贫困地区的发展、贫困群众增收致富，激发贫困群众自主脱贫的内生动力；二是着力解决定点帮扶地区扶贫产品销售和产业扶贫困难等问题，最大限度降低农产品销售困难；三是联结城市消费群体和贫困地区，可以扩大贫困地区产品和服务消费，实现扶贫利益最大化，成为贫困地区脱贫的金钥匙，带动乡村振兴行稳致远。

四、扶贫减贫的国际贡献

中国减贫成就举世瞩目，其扶贫减贫经验为全球减贫事业贡献了中国智慧和中国方案。世界银行数据显示，中国减贫对世界减贫贡献率超过70%，在全面脱贫目标完成后，中国将提前 10 年实现联合国 2030 年可持续发展议程的减贫目标。中国在逐步实现脱贫攻坚目标进程中，不断学习、不断思考、不断总结，而形成了具有中国特色的中国减贫经验和中国方案，为世界减贫做出了突出贡献。

（一）为世界减贫贡献中国智慧

中国以政府为主导的有计划有组织的扶贫开发，充分发挥了其制度优势和政治优势，调动社会各方面资源扶贫，采取有针对性、可持续性的扶贫政策，实现了数亿人口脱贫。巴西里约联邦大学公共政策学教授埃米尔·萨德认为，中国政府实施的一系列扶贫政策具有连贯性、灵活性和可操作性，更好地激发了脱贫攻坚的内生动力，为全球减贫提供了中国智慧与中国方案。中国减贫的成功经验已成为越来越多国家和国际组织的研究样本，例如中国农村电商扶贫案例表明，数字技术也可以成为促进减贫和包容发展的工具。

（二）有力推动了全球减贫进程

习近平主席曾指出"中国一直是世界减贫事业的积极倡导者和有力推动者"。改革开放 40 多年来，中国人民积极探索、顽强奋斗，走出了一条坚持改革开放、坚持政府主导、坚持开发式扶贫方针、坚持动员全社会参与、坚持普惠政策和特惠政策相结合的中国特色减贫道路。经过中国政府、社会各界、贫困地区广大干部群众共同努力以及国际社会积极帮助，中国成为全球最早实现千年发展目标中减贫目标的发展中国家，对全球减贫贡献率高达 70％以上；2020 年全面脱贫目标完成后，中国将提前 10 年实现联合国 2030 年可持续发展议程的减贫目标，有力地推动了全球减贫事业的进程。

（三）实现大规模减贫，为世界减贫树立成功典范

党的十八大以来，中国开辟精准扶贫新时代，脱贫攻坚力度之大、规模之广，影响深远。中国政府不断加大对贫困人口支持力度，注重提升贫困人口教育水平，改善农村卫生医疗设施等；建立了世界上规模最大、覆盖人数最多的社会保障体系，尤其为青年人提供了更多职业培训和就业机会。截止到 2019 年末，中国农村贫困人口比上年末减少 1 109 万，贫困发生率降至 0.6％，取得实实在在的减贫成果。2020 年，中国将实现现行标准下农村贫困人口全部脱贫、贫困县全部摘帽、解决区域性整体贫困问题，这将谱写人类减贫历史的新篇章，为世界减贫树立成功典范。

（四）为发展中国家提供有益借鉴

2020 年脱贫攻坚任务完成后，中国将提前 10 年实现联合国 2030 年可持续发展议程的减贫目标。作为世界上减贫人口最多的国家，中国对全球减贫贡献率超过 70％，为全球减贫事业传递信心。但当前，全球仍然有 7.66 亿贫困人口，84％分布在撒哈拉以南的非洲和南亚，贫困程度深、减贫难度大。中国成功的减贫经验为发展中国家提供了有益借鉴。坦桑尼亚达累斯萨拉姆大学中国研究中心主任汉弗莱·莫西曾表示"非洲是发展中国家最集中的大陆，中国减贫经验值得非洲国家学习借鉴"；巴基斯坦国立科技大学中国研究中心副主任泽米尔·阿万认为中国为世界提供了切实可行的减贫方案，并通过共建"一带一路"分享给更多沿线国家和地区；国际农业发展基金驻华代表、韩国及朝鲜国别主任马泰奥也表示"减贫是一个世界性难题，中国一直为消除贫困不懈努力，作为减贫成功范例，中国经验为其他发展中国家提供了有益借鉴，以帮助他们实现联合国可持续发展目标。"

主要参考文献

[1] 程连升，刘学敏．中国特色减贫道路的探索历程和成效经验 [J]．全球化，2018（4）：5－20，132．

[2] 窦宇．扶贫中的统计 [DB/OL]．http：//www.zgxxb.com.cn/xwzx/201810160005.shtml.

[3] 何秀荣．改革 40 年的农村反贫困认识与后脱贫战略前瞻 [J]．农村经济，2018（11）．

[4] 郝福满．中国是全球减贫事业的楷模 [N]．人民日报，2016－10－18（22）．

[5] 罗建华．中国"火车头"，全球减贫事业的强引擎 [N]．企业家日报，2017－06－29（3）．

[6] 马涛．贺兰山下全球减贫事业的"中国方案" [N]．中国经济时报，2019－05－10（8）．

[7] 彭刚．中国正在为全球减贫事业提供重要镜鉴 [J]．人民论坛，2020（2）：38－41．

[8] 中国为全球减贫事业作出重要贡献 [OL]．http：//cpc.people.com.cn/n1/2020/0602/c64387－31731725.html.

[9] 谭清华．中国减贫 70 年：历程、经验与意义 [J]．理论导刊，2019（11）：11－16．

[10] 王萍萍，徐鑫，郝彦宏．中国农村贫困标准问题研究 [J]．调研世界，2015（8）：3－8．

[11] 吴国宝．改革开放 40 年中国农村扶贫开发的成就及经验［J］．南京农业大学学报（社会科学版），2018，18（6）：17-30.

[12] 习近平．着力加快全球减贫进程［OL］．https：//www.sohu.com/a/36162572_117503.

[13] 叶兴庆，殷浩栋．从消除绝对贫困到缓解相对贫困：中国减贫历程与 2020 年后的减贫战略［J］．改革，2019（12）：5-15.

[14] 闫秋图．为全球减贫事业提供中国经验［N］．人民政协报，2018-01-09（5）.

[15] 中国农业大学人文与发展学院课题组．中国扶贫开发政策与农村低保制度研究［R］．2018.

[16] 郑新业．高质量统筹推进疫情防控和脱贫攻坚［OL］．http：//theory.people.com.cn/n1/2020/0316/c40531-31632986.html.

[17] 郑军，章明芳．农业保险扶贫的福利溢出效应研究［J］．云南农业大学学报（社会科学），2019，13（4）：105-113.

[18] 张效廉．为全球减贫事业贡献中国方案［N］．人民日报，2020-07-24（9）.

>>> 第二章　中国大扶贫体系形成及其运行机制

　　只有对扶贫减贫目的全面、深刻认识，才能准确理解中国政府提出的"一个不能少"的"全面小康"对中国社会经济发展的积极意义。政府、市场和社会是一个国家主要扶贫减贫主体。它们利用政策、资金、技术、人才等要素，通过开发式扶贫、可持续生计和社会救助等来实现扶贫减贫。扶贫减贫是一个扶持者和被扶持者双向互动的过程。大扶贫格局是大扶贫体系表现及结果的现状描述，大扶贫体系不仅包含大扶贫格局，还包含大扶贫格局结构及其发展。改革开放后，大扶贫体系形成与发展经历四个阶段。大扶贫体系包含十个方面或要点，它们相辅相成，共同构成了中国大扶贫体系新格局、新框架。扶贫减贫目标的动态科学调整机制、多元主体功能的科学定位机制、始终保持活力的多元主体领导激励机制、多种扶贫减贫方式的合理搭配机制、体现各地资源禀赋特点的扶贫减贫模式选择机制、将调动贫困户内生动力和能力建设贯穿始终的长效机制、对特殊群体坚持底线思维的兜底保障机制、有基本刚性要求的减贫退出机制、保障体系有效运行的协调机制和持续保持定力的监督考核机制是维护大扶贫体系有效运行的基本保证。

第一节　扶贫减贫基本逻辑与机理

一、贫困与减贫

　　成功的扶贫战略和有效的减贫措施，必须建立在正确认识和理解贫困概念及致贫原因的基础上。由于观察和考量贫困的角度和层面不同，学术界关于"贫困"的定义也不同。唐钧（2016）将贫困定义划分为四类，比较具有代表性。这四类贫困定义分别是：①贫困的关键词之一是"匮乏"，不仅包含物质匮乏，还包含社会、精神和文化情感等方面的匮乏；②贫困的关键词之二是"能力"，主要指与贫困相关个人或群体能力的缺乏；③贫困的关键词之三是"地位"，主要指与贫困相关个人或群体的阶层地位排序处于社会底层；④贫困的关键词之四是"排斥"或"剥夺"，主要是指个人或群体遭受社会排斥或社会剥夺。

　　实际上，就观察和考量贫困的层面而言，大致有三层理解：第一个层面是将贫困视为一种社会事实，理解为一种现实的客观存在；第二个层面是将贫困视为一种公众的社会评价，加入了主观的价值判断的因素；第三个层面是将贫困视为一种社会分配的结果，加入了现行的社会环境和社会制度的因素。作为一个现实生活中难以避免的社会事实，贫困并不像通常认为的那么简单。贫困是一个集社会、政治、经济、文化、环境等各种因素于一身的复杂事物或系统。因此，扶贫减贫面临的是这样一个复杂的事物或系统，在实践中最忌讳的就是一因一果的线性思维。

　　"扶贫"是中国采用的特定概念，在 1986 年成立国务院扶贫开发领导小组时首次提出扶贫概念。扶贫从本意上讲，是找到贫困者而进行的扶助活动。"扶"有帮助，援助，用手按着或把持着人或物，使其不倒等含义。扶贫就是扶危济困、帮助生活或处境困难的人。扶贫是贫困治理的手段，是通过政策性帮助、扶助减少贫困并逐步消除贫困。扶贫注重过程，虽然有阶段性目标，但没有对实现目标的刚性要求，没有全面消除贫困的时间限定。"脱贫"是十八大以后提出的新概念。2015 年 11 月 29 日中共中央国务院印发了《关于打赢脱贫攻坚战的决定》，在国家层面正式使用脱贫概念。脱贫，顾名思义是摆脱贫困，彻底消除长期以来困扰中国社会经济发展的农村贫困问题，改善民生、逐步实现共同富裕，确定了时间表和路线图。中国经常讲的脱贫与国际文献中使用减贫概念比较接近，内含减贫理念、方法、政策和措施等，是对人们反贫困过程的描述。

二、扶贫的基本逻辑

（一）扶贫的基本目标

　　一个社会为什么要扶贫？有两个基本目的：其一是为了社会公正，其二是为了社会稳定。社会公正是一个国家或社会的终极目标，而社会稳定则是一个功利性或阶段性目标。同时，社会稳定要对社会公正起到维护和保障的作用。两个目的的排列顺序也很重要，如果把顺序颠倒了，为了稳定而去损害社会公正，其结果必然会适得其反。

在一个社会里，贫困及其程度取决于这个社会能够生产多少物质财富及其这些财富如何分配。因此，从根本上讲，对扶贫减贫具有更直接影响的因素是经济增长、劳动分配和社会保障。经济增长决定这个社会能够生产多少物质财富，物质财富将怎样分配则决定于劳动分配和社会保障。当然，一个社会的经济增长、劳动分配和社会保障又受这个社会的经济、政治、社会、文化、环境等各种因素的综合影响，其关系如图 2-1 所示。

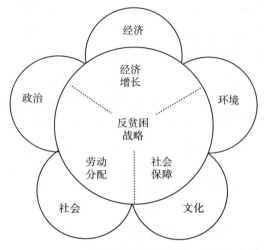

图 2-1　与扶贫减贫相关的影响因素

必须强调的是，在扶贫减贫的操作层面上三个相关因素也有既定的排列次序：第一是经济增长，第二是劳动分配，最后才是社会保障。因为经济不发展，物质财富十分匮乏，仅在在社会分配上做文章，想办法，结果必然是"巧妇难为无米之炊"。只有经济增长了，物质财富丰富了，社会分配才有基础。劳动分配被放在第二位，是因为如果劳动者失业或无生计，实际上就意味着失去了参加初次分配的权利。另外，经济增长势头再好，如果没有与之相适应的社会分配，扶贫减贫的目标也不能实现。初次分配贫富差距拉得太大，光靠再分配来弥补是难以奏效的。最后，社会保障被放在末位，是将其看成一张为弥补初次分配不足的托底性的安全网，其目的是不让每一社会成员跌落在贫困陷阱中。

需要特别强调的是，一个社会，即使物质财富丰富了，若没有公平分配的愿望或政策，社会公正就会被破坏。这时候，哪怕是用尽其他各种手段来维持"稳定"，这样的"稳定"中一定蕴含着不稳定的因素，其影响将会在政治、社会、经济、文化、环境等各方面全面体现，结果也是难以预料的，有可能造成人们常说的"中等收入陷阱"。只有对扶贫减贫目的更加全面、深刻的认识，才能更加准确地理解中国政府提出的"一个不能少"的"全面小康"对中国社会经济发展的积极意义。

（二）扶贫的基本手段

若将经济增长、劳动分配和社会保障再进一步落实到扶贫实践中的可操作层面，我们认为经济增长、经济发展的基本手段是开发式扶贫，即所谓的市场拉动扶贫减贫；劳动分配的基本手段是可持续生计；社会保障的基本手段则是社会救助。如果将这三个方面看成是扶贫减贫的三个子系统，那么，一个社会的扶贫减贫体系就是为了更好地实现扶贫减贫三个子系统的功能耦合，取得整体大于部分之和的协同效应。如图2-2所示。

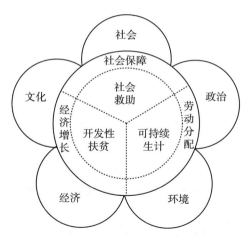

图2-2　扶贫减贫基本手段的功能耦合与协同效应

需要强调的是，以上三种手段在扶贫减贫政策中的运用也是有顺序的，而且手段的排序，与扶贫减贫基本目标中相关因素的排序还不一致。排在第一位的应该是社会救助，第二位的是开发性扶贫，排在最后的是可持续生计。

（三）扶贫减贫机理及其要点

政府、市场、社会是一个国家或社会主要的扶贫减贫主体。它们利用政策、项目、资金、土地、技术、人才等要素，通过开发式扶贫、可持续生计和社会救助等形式来实现扶贫减贫，其扶贫减贫机理如图2-3所示。

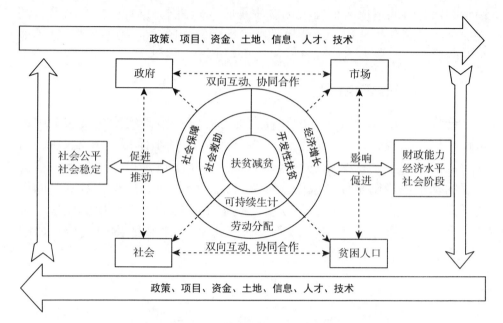

图 2-3　扶贫减贫机理示意图

扶贫减贫要点表现在以下几个方面：

（1）扶贫减贫是一个扶持者和被扶持者双向互动过程，扶持者有力度，被扶持者有脱贫信念和能力，减贫的速度就快些，减贫的质量就高些。扶贫仅是扶持者和被扶持者双向互动过程的一个方面，减贫过程永远离不开被扶持者，离开被扶持者努力的扶贫减贫过程，是不完整的和不可持续的。

（2）扶贫减贫的主体就是扶持者，主要包括政府、市场、社会等主体。政府、市场、社会等不同扶贫减贫主体的责任是不相同的，政府对其成员有无限责任，具有刚性；市场、社会等主体的扶贫责任是有限责任，具有弹性。严格意义上讲，市场还算不上扶贫减贫主体，仅是市场参与主体如企业、合作社等主体的间接主体或过渡主体。

（3）政府的扶贫减贫意愿、能力受其经济增长、财政能力限制，能结余出用于扶贫的财力不多时，扶贫标准就不会高。这个阶段，市场、社会等主体也是由于社会、经济发展水平不高，能拿出来用于扶贫的资金、或物质、精力也少，扶贫减贫的质量就不高。政府、市场、社会等主体扶贫减贫意愿、能力往往是正相关，相互影响，相互促进。

（4）政府、市场、社会等扶贫减贫主体财力、精力不足时，整个社会结构中贫困人口比重也较大，使得扶贫减贫或救助标准更低，手段、办法更少。扶贫减贫领域也遵循著名的"马太效应"。

（5）贫困状态，社会经济发展，政府财力，市场、社会等主体往往会形成稳定系统形态。要打破这种稳定系统形态往往需要外力，这个外力包括制度变革，体制、机制创新，技术创新与发展。

（6）良性的扶贫减贫过程，是一个提高过程和发展过程，是一个扶贫减贫对象范围越来越小，扶贫标准越来越高，扶贫难度越来越大，扶贫手段越来越多、越来越丰富的过程。

第二节　大扶贫格局形成背景及过程

一、大扶贫与专项扶贫、行业扶贫和社会扶贫

大扶贫包含大扶贫格局和大扶贫体系。随中国社会经济发展，工农关系、城乡关系发生了历史性重大变化。中央提出了科学发展观、统筹城乡发展战略，制定了"以工促农、以城带乡"、"多予少取放活"、推进基本公共服务均等化等一系列强农惠农扶贫政策。各项行业政策、区域政策和社会政策均向"三农"和贫困地区倾斜，尤其是中央政府在基础设施、教育、文化、医疗卫生等社会公益事业投入安排方面向农村、向中西部贫困地区倾斜，以及在农村全面建立社会保障制度，这些重大政策措施都具有重要的、显著的扶贫作用。与此同时，各种社会组织蓬勃发展也在扶贫开发中发挥愈来愈重要的作用。

（一）"三位一体"的专项扶贫、行业扶贫和社会扶贫

在《中国农村扶贫开发纲要（2011—2020年）》中，对未来十年"三位一体"的大扶贫工作格局作了清晰描述，大扶贫格局主要体现在以下扶贫方式：

（1）专项扶贫。期初的专项扶贫主要是支持各省（自治区、直辖市）农村贫困地区、少数民族地区、边境地区、国有贫困农场、国有贫困林场、新疆生产建设兵团贫困团场加快经济社会发展，改善扶贫对象基本生产生活条件，增强其自我发展能力，帮助提高收入水平，促进消除农村贫困现象。《中国农村扶贫开发纲要2011—2020年》的第四部分将专项扶贫界定为易地扶贫搬迁、整村推进、以工代赈、产业扶贫、就业促进、扶贫试点和革命老区建设等7种形式。专项扶贫的核心本质是政府直接推动，以专项项目的形式，或通过扶贫系统或借助市场拉动，将贫困主体如贫困

县、贫困村和贫困户裹挟到扶贫项目中，使其得到扶贫减贫效果。

（2）行业扶贫。行业扶贫随扶贫的实践发展逐步得到发展与完善。根据《"十三五"脱贫攻坚规划》，行业扶贫主要方式有：农林产业扶贫、旅游扶贫、电商扶贫、资产收益扶贫、科技扶贫、就业扶贫、易地扶贫搬迁、教育扶贫、健康扶贫、生态保护扶贫等方式，每种方式都有专责部门或几个部门同时去推动。说到底行业扶贫主要直接推动力量还是政府，借助政府行政职能优势，启动项目，推动、协调、督促检查，或直接，或借助市场，达到扶贫减贫效果。

（3）社会扶贫。包括加强定点扶贫、企业帮扶、东西部扶贫协作、军队帮扶、社会组织和志愿者帮扶等。社会扶贫如定点扶贫有些是借助于类似于专项扶贫、行业扶贫，有些借助于市场拉动的扶贫形式等；有些是就某一方面的帮扶，如企业扶贫中的帮助产业发展，有些是对整体扶贫县或贫困村的整体谋划与帮扶，如东西部扶贫协作，既有市场拉动的产业帮扶，也有构筑基础设施、技能培训、能力建设，甚至还有东部发达地区精神输入、贫困对象品牌重塑等一揽子帮扶措施等。狭义的中国扶贫开发大格局，可以通过图2-4表示。

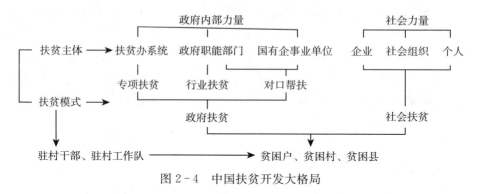

图2-4　中国扶贫开发大格局

（二）大扶贫体系构成

若从主体划分，大扶贫格局是指由政府主导、市场参与、社会协同的扶贫减贫局面。大扶贫格局推动的核心是广泛调动社会各界参与扶贫减贫开发的积极性，整合配置全部扶贫减贫资源，形成扶贫减贫合力和协同效应。

形成大扶贫格局的所有主体、资源、扶贫减贫政策、手段和体制、机制等统称为大扶贫体系。大扶贫格局是大扶贫体系表现及结果的现状描述，大扶贫体系不仅包含大扶贫格局及其结构，还包含大扶贫格局及其结构的形成和发展等。如果从扶贫主体主要职能，推动扶贫减贫模式，实践中的扶贫减贫工具、政策、手段采用等方面来划分，大扶贫体系构成如图 2-5 所示。

扶贫减贫主体包含政府、市场和社会，其中政府主体主要包含扶贫办系统，职能部门，国有企业，国有事业单位，军队、武警部队、东部帮扶政府等；采取专项扶贫，行业扶贫，定点扶贫，对口支援和西部协作等表现形式；通过教育扶贫、医疗扶贫、危房改造、以工代赈、易地搬迁、整村推进、生态补偿、基础设施、资产收益、就业扶贫和产业扶贫等来连接扶贫对象；主要采取制定扶贫战略，确定扶贫目标，出台扶贫政策，构建责任体系，推动专项、行业扶贫，提供扶贫资金等扶贫工具、政策、手段，来实现扶贫对象减贫脱贫。

需要强调的是政府主体中的国有企业、事业单位、军队和武警部队、东西部协作中的东部地方政府等，在其工作职能划分中，扶贫工作相对于这些组织、机构主要工作而言，具有弹性、临时性和机制性欠缺等特点。例如军队和武警部队、东西部协作中的东部政府等组织，它们有自己原有的功能职责和更为重要的工作，扶贫减贫仅是这些组织、机构一定阶段必须执行但非关键性工作，国有企业、事业单位如大学等扶贫减贫的定位也是一样。所以，把具有这类性质或特点的扶贫减贫工作放到广义的社会扶贫来论述，感觉更为合适。

社会扶贫有广义与狭义之分，与政府、市场扶贫主体共同构成三大主体，是大扶贫格局或体系的重要组成部分。狭义的社会扶贫主要是指社会企业、社会组织、志愿者等多元主体，而广义的社会扶贫还包括国有企业、事业单位、军队和武警部队、东西部协作中的政府组织等。扶贫的形式主要表现为扶贫项目、直接捐赠和上已提到的定点扶贫、对口支援扶贫、东西部协作扶贫和万企进万村扶贫等，通过基础设施、资产收益、就业扶贫、光伏扶贫、电商扶贫和产业扶贫项目等联结起来，采取派人员、给资金、建组织、买产品、通关系、树品牌等，来实现贫困对象减贫脱贫。

市场主体包含企业、消费者和各类经济组织。市场拉动扶贫减贫始终起基础性、关键性和持续性的作用。它表现为市场提供产品与服务，通过产业扶贫、就业扶贫、旅游扶贫、项目扶贫等联结，将贫困地区、贫困村、贫困户等群体的产品、生产要素、闲暇时间，甚至劳动力本身，裹挟

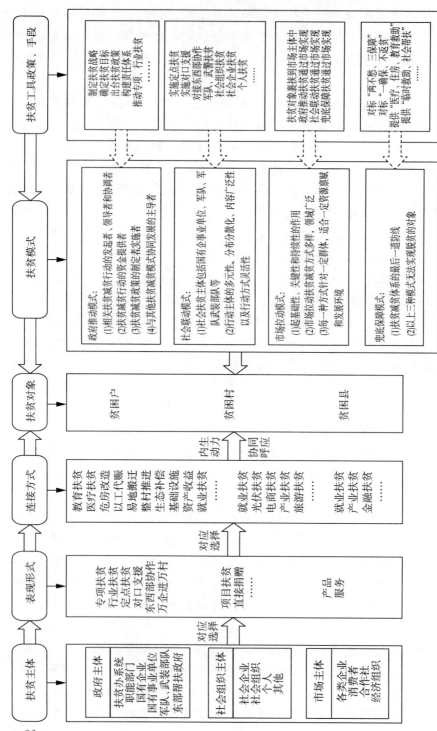

图2-5 中国大扶贫体系结构

到市场主体构建的产业链、价值链中，参与市场活动，获取相应的回报，达到扶贫减贫目的。政府推动扶贫中的专项扶贫、行业扶贫，社会联动扶贫中的项目扶贫、产业扶贫等，甚至兜底保障扶贫中的就业扶贫、资产收益扶贫和光伏扶贫等也是通过市场实现的。

兜底保障扶贫对标"两不愁、三保障"，对标"一确保、不返贫"等标准，近期内无法解决减贫脱贫的对象，可以提供"医疗救助、住房救助、教育救助"和"临时救助、社会帮扶"，解决绝对贫困问题，是扶贫减贫体系的最后一道防线，政府是最终主体。

中国形成大扶贫格局或大扶贫体系，并取得良好减贫效果成功的原因在于：

（1）在构建包括政府、市场组织、非政府组织、贫困者等多元网络状主体结构的同时，培育、增强政府应对和解决贫困问题的能力。大扶贫格局或大扶贫体系的构建实现了中国扶贫主体由"一元"到"多元"的跨越，其中，政府主体可以分为扶贫办系统、政府职能部门和国有事业单位，这些政府组织擅长通过各类专项的扶贫政策和项目推动扶贫开发的执行；扶贫减贫中的市场主体类型多样，主要包括各种所有制形式的商业企业、金融机构等，主要承担行业扶贫的责任，履行行业管理职能，实施支持贫困地区和贫困人口发展的政策和项目，承担着改善贫困地区发展环境、提高贫困人口发展能力的任务；社会组织作为中国社会经济的重要力量，以灵活高效、精细专业、容易参与的优势投入特殊贫困地区和群体的扶贫减贫工作；政府、市场、社会在扶贫开发过程中属于外力，即所谓"外源式扶贫"，而贫困群体在扶贫过程中则扮演主体性的角色，是扶贫开发的主要参与者和利益相关者。

多元主体合作是大扶贫格局的重要组成部分，与专项扶贫、行业扶贫和社会扶贫一起构成多元、立体、复杂、有效的大扶贫体系。在这个体系中，政府推动和协调是决定性因素，畅通市场、社会主体和贫困群体参与渠道，提升其参与效能是重要支撑。

（2）从制度、体制、机制上协调不同主体和资源，使之相互协同。21世纪，中国在扶贫减贫体系构建上，由过去单向的政府扶贫开发或市场机制转变为专项扶贫、行业扶贫和社会扶贫多方力量的"三位一体"大扶贫格局。在这种大扶贫格局下，汇聚多方合力，将政府主导、市场调节、社会参与有效整合，推动跨主体合作共治。

（3）精准扶贫措施对贫困群体具有针对性。"五个一批"的扶贫减贫措施是以综合贫困人口的不同特征为依据制定的脱贫攻坚路径，让贫困地区和贫困户结合自身优势资源和特色，走出一条符合各地实际的接地气的脱贫致富之路，具体问题具体分析，宜农则农、宜游则游、宜工则工、宜商则商，对因病、因残等原因导致贫困的采用社会保障兜底扶贫，对环境恶劣地区的贫困群体采用易地搬迁扶贫。

二、大扶贫格局形成过程

改革开放后，中国扶贫减贫从主要依靠政府的单一"广撒网"的救济式到形成多元、立体、有效的精准大扶贫格局，可以分为四个阶段，如图2-6所示。

（一）救济式扶贫减贫阶段（1978—1985年）

在1949—1977年广义扶贫政策的推动下，带来了中国范围内第一次大规模的贫困缓解。由于前期计划经济体制存在的低效率，中国经济基础的极端薄弱以及"左"倾思想的影响，这一阶段大多数农村仍处于极其落后和极端困苦的状态。1978年，全国农民人均纯收入仅134元，恩格尔系数高达67.7%，属于绝对贫困状态。造成这一现状的深层原因主要是农业经营体制不适应生产力发展需要，制度的变革成为缓解贫困的主要途径和重要举措。1978年以后，在农村实施了以家庭联产承包责任制为先导、以相关配套措施为辅助的减贫举措。这一阶段中国扶贫减贫目标瞄准主要是贫困地区。采取措施主要包括：

1. 目标瞄准贫困区域，解决农村普遍贫困状况

1978年，中国有贫困人口2.5亿，占农村总人口的30.7%，农村社会处于普遍贫困状况，在这个阶段中央并没有出台任何具体的专门针对贫困人口的政策措施，而是从推动农村经济体制改革入手，实现经济的整体性增长，进而通过社会经济发展的"涓滴效应"惠及贫困人口。此后到1985年的8年间，是中国历史上贫困人口减少规模最大的一个时期。

2. 推进农村经济制度改革，调动农民积极性，释放农村经济发展潜能

由于经济发展落后，财力有限，市场发育不全，农民受教育程度普遍较低，自身缺乏发展能力，因此国家采取家庭联产承包责任制替代集体经营的农村土地制度改革，使农民享受生产决策自主权，极大地调动农民积极性。改善农产品交易条件，改变长期实施的工农产品价格"剪刀差"制

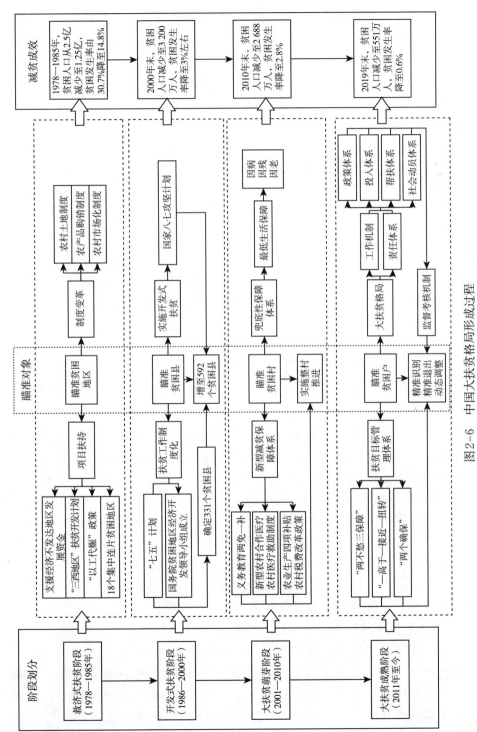

图2-6　中国大扶贫格局形成过程

度，改革农产品购销制度。在农产品交易上逐步建立起以市场为导向的资源配置机制，鼓励农村富余劳力向非农领域就业转移，拓展了农户收入来源，释放农村经济发展潜能。

3. 强化区域政策倾斜，加大项目扶持力度

针对这一阶段的贫困范围大、程度深，尽管中国政府采取了一系列具有明确指向的政策倾斜措施，由于覆盖面广，仍属于"撒胡椒面"式扶贫。主要包括：1980 年设立"支援经济不发达地区发展资金"，1982 年启动"三西"地区（甘肃定西、河西与宁夏西海固地区）扶贫开发计划，1984 年实施"以工代赈"政策和开展对"18 个集中连片贫困地区"的重点扶持等。这些扶贫减贫做法都为后来实施大规模的农村扶贫开发积累了经验。这一阶段，农村经济体制改革成功推动了农村社会经济的全面发展，也带来了巨大减贫效应，1978—1985 年，农村绝对贫困人口从 2.5 亿人减少到 1.25 亿人，年均减少 1 786 万，贫困发生率也从 30.7% 下降为 14.8%。但是，由于资源禀赋存在差异和市场规律共同作用，贫困地区整体社会经济发展依然相对滞后。

（二）开发式扶贫阶段（1986—2000 年）

在中国经济体制改革初期尤其是农村经济体制改革溢出效应推动下，农村整体贫困问题得到了极大缓解。然而，到 20 世纪 80 年代中期，农村经济体制改革所释放出的能量逐步递减，与之相对应，农村贫困发生率的下降速度也随之明显减缓。同时，随着以市场为导向经济改革的全面展开，这一阶段地区间和农户间的差距也呈逐渐拉大趋势。随着改革持续深入带来的集体生产组织的解散，市场化进程中由自然风险和市场不确定性所造成的各种冲击也逐渐显现出来，致使部分地区贫困人口的脆弱性问题日益凸显，成为"需要特殊对待的政策问题"。在此情况下，完全依靠整体性的制度变革和依赖经济增长的广义扶贫战略已不合时宜。中央政府开始创新农村贫困治理体系，并逐步建立起了以公共治理为主体的开发式扶贫治理结构。这一阶段采取扶贫减贫方法主要包括：

1. 建立以贫困县为目标的瞄准机制，增强扶贫减贫的针对性

这一阶段，中国农村贫困状况区域间发展不均衡问题加重，开始从普遍性模式向分层、分块演化。为了使各种扶贫资源有效地传递到贫困群体，政府开始实施以县为单元的扶贫减贫机制。1986 年中央政府首次确定了国定贫困县标准，随即在全国范围内将 331 个贫困县（1994 年经过调整增至 592 个）列入重点扶持范围，由国家设置专项扶贫基金进行重点投放。同时各省区也结合本地实际，相继确定了 368 个省级贫困县，并给予特殊照顾和重点扶持。实施以县为单位的目标瞄准机制，提高了扶贫减贫工作的针对性，提升了扶贫资源的配置效率。

2. 扶贫减贫工作制度化

1986 年 3 月，全国人大六届四次会议审议批准"七五"计划（1986—1990 年），把扶贫工作纳入了国民经济和国家整体发展战略。同年，国务院贫困地区经济开发领导小组成立，标志着中国扶贫工作开始步入规范化、制度化轨道，并拉开了中国扶贫减贫工作规范化的序幕。1994 年国务院颁布了《国家八七扶贫攻坚计划（1994—2000 年）》，标志着中国的扶贫开发进入了攻坚阶段，这是新中国历史上第一个有明确目标、明确对象、明确措施和明确期限的扶贫开发行动纲领。

3. 实施开发式扶贫，增强内源发展动力

这一阶段国家先后出台了一系列深化扶贫开发投入升级的重要举措。《国家八七扶贫攻坚计划（1994—2000 年）》强调要"通过综合运用社会救济、生态移民、易地扶贫、产业化扶贫、劳动力转移培训等手段"加大扶贫投入和工作力度。开发式扶贫是典型的发展型援助，在一定程度上弥补了农村经济增长速度放缓所带来的贫困率下降变缓趋势，也增强了贫困人口的内源发展动力。在国家扶贫开发力度不断加大的背景下，扶贫成效进一步彰显，"1985—2000 年，全国贫困人口从 1.25 亿减少到了 3 200 万，15 年累计减少 8 000 多万，贫困发生率下降到 3% 左右"。一些"老、少、边、穷"地区，在一系列特惠性政策扶持下，贫困状况大为缓解，历史上"苦瘠甲天下"的"三西"地区，经过多年治理，面貌也发生了历史性改变。

（三）大扶贫格局形成萌芽阶段（2001—2010 年）

"八七扶贫攻坚计划"的如期实现，中国绝对贫困得到初步解决，也初步形成了多主体、多形式、多举措的扶贫减贫格局。进入新世纪后，中国贫困特征也发生了深刻的变化，随着市场经济发展和国家财力增强，中国的扶贫标准也随之调整提高。国家制定了新世纪第一个农村扶贫开发纲要，大扶贫格局端倪初步显现。主要措施包括：

1. 开展整村推进，实施参与式扶贫

国家从 2001 年起开始以贫困村整村推进扶贫规划为切入点，在全国范围启动"整村推进扶贫工作"。贫困村确定后，国家除强调村庄的综合性发展外，还坚持自下而上原则，建立起重视农户意愿、利益和需求的参与式决策模式，这既提升了扶贫项目的针对性，也提高了贫困农户自主脱贫和自我发展的能力。在整村推进阶段，覆盖 80% 贫困人口的 14.81 万个贫困村成为农村扶贫的工作重点。

2. 落实多项强农惠农富农举措

这一阶段，中央政府在开展开发式扶贫战略的同时，也并行出台了一系列强农惠农富农举措，以及针对特定贫困人口的社会保护政策，初步构建起了集"开发性、预防性和发展性"于一体的新型扶贫减贫保障体系。这些政策和措施主要包括：2001 年实行农村义务教育阶段"两免一补"政策；2002 年实行新型农村合作医疗制度；2003 年实行农村医疗救助制度和农业生产"四项补贴政策"（种粮补贴、农资综合补贴、良种补贴、农机购置补贴）、农村税费改革政策等。

3. 兜底性扶贫减贫制度已初步有所安排

2007 年中央政府启动了旨在为因病、因残、因老等贫困群体提供最后安全阀的农村最低生活保障制度。这些政策与制度虽然多为普惠性的，但由于其瞄准的多为特殊贫困群体，客观上带来了很好的扶贫减贫效果，这不仅为农村特殊困难群体的基本生存问题做了兜底性制度安排，也开启了"低保维持生存、扶贫促进发展"的"两轮驱动"减贫时代。

这一阶段，在中央政府宏观惠农政策和专项扶贫举措的综合作用下，减贫效能继续释放，到 2010 年底，农村贫困人口减少到 2 688 万人，贫困发生率下降到 2.8%，较 2000 年下降了 7.4 个百分点。随着经济迅速发展，农村人口生活水平显著提高，2010 年农村居民人均纯收入 5 919 元，是这个阶段内增长最快的一年。

（四）大扶贫体系发展成熟阶段（2011 年以后）

经过 21 世纪第一个十年的扶贫开发，中国贫困人口进一步减少，贫困发生率持续下降，扶贫标准进一步提高。然而，伴随着中国经济制度改革的纵深推进，以及国内外经济社会发展环境的变化，减贫任务依然繁重，减贫形势更为复杂。

1. 全方位体现精准扶贫

精准扶贫自 2013 年 11 月习近平总书记首次提出以来，学界虽然尚无统一观点，但在实践中遵循中办发（2013）25 号文件对精准扶贫的解释，即精准扶贫是指通过对贫困户和贫困村精准识别、精准帮扶、精准管理和精准考核，引导各类扶贫资源优化配置，实现扶贫到村到户，逐步构建扶贫工作长效机制，为科学扶贫奠定坚实基础。精准扶贫是变"粗放漫灌"为"精准滴灌"，以定点、定时、定量消除贫困为目标，以政府、市场、社会、社区、扶贫对象协同参与为基础，以资源统筹、供需匹配为保障，对扶贫对象实施精准识别、精准扶持、精准管理的贫困治理模式。

2. 目标瞄准贫困户

在精准扶贫过程中，对贫困人口进行有效地精准识别是决定扶贫资源到户、到人和解决精准扶贫"最后一公里"问题的有效举措。各个地方在精准识别过程中已制定了不同的参照依据，如"五看法""十步工作法""九不准"等精准识别的一系列国家标准。作为一套国家性的识别标准，这些标准的实施对于精确识别贫困人口和精准帮扶贫困人口均发挥了重要的作用。

3. 扶贫目标管理体系逐渐明确与完善

2011 年 11 月，印发的《中国农村扶贫开发纲要（2011—2020 年）》提出了到 2020 年扶贫脱贫的总目标：一是针对贫困人口提出了"两不愁三保障"的脱贫标准，即不愁吃、不愁穿，义务教育、基本医疗和住房安全有保障，这一目标体现了对于贫困的主观认识和衡量，由简单的收入等经济指标转变为经济、教育、健康、医疗、住房等多维指标；二是针对贫困地区提出了"一高于、一接近、一扭转"，即贫困地区农民人均纯收入增长幅度高于全国平均水平，基本公共服务主要领域指标接近全国平均水平，扭转发展差距扩大趋势。

2015 年 11 月，印发的《关于打赢脱贫攻坚战的决定》进一步明确全国脱贫攻坚的总体目标是：到 2020 年，稳定实现农村贫困人口不愁吃、不愁穿，义务教育、基本医疗和住房安全有保障。实现贫困地区农民人均可支配收入增长幅度高于全国平均水平，基本公共服务主要领域指标接近全国平均水平。确保现行标准下农村贫困人口实现脱贫，贫困县全部摘帽，解决区域性整体贫困。

2016 年 11 月，印发的《"十三五"脱贫攻坚规划》进一步细化了脱贫攻坚目标，即"到 2020 年，稳定实现现行标准下农村贫困人口不愁吃、不愁穿，义务教育、基本医疗和住房安全有保障。贫困地区农民人均可支配收入比 2010 年翻一番以上，增长幅度高于全国平均水平，基本公共服务主要领域指标接近全国平均水平。确保现行标准下农村贫困人口实现脱贫，贫困县全部摘帽，解决区域性整体贫困"。从"两不愁""三保障"发展到"两不愁""三保障""两确保"，彰显出中央政府对扶贫目标认识的逐步深化。

4. 全方位、多主体、立体化的大扶贫格局已经形成，大扶贫体系逐步成熟

扶贫减贫是一项长期而复杂的系统工程，其效果的最大化依赖于各项政策、各项措施和全部扶贫减贫主体之间的配合协作。党的十八大以来，在精准扶贫思想指导下，中国特色贫困治理体系日趋完善，其组织管理主要体现在：

（1）工作机制上依托从中央到地方政府的扶贫工作领导机构，建立起"中央统筹、省负总责、市县抓落实"的扶贫工作机制。

（2）责任体系上构建起了责任清晰、各负其责、合力攻坚的"五位一体"责任体系，形成了"五级书记抓贫困、全党动员促攻坚"的脱贫攻坚治理格局。

（3）政策体系上形成了涵盖异地搬迁扶持、自主创业扶持、转移就业扶持、生态环保扶持、产业发展扶持、教育和医疗救助扶持等多方面较为完整的精准扶贫政策体系。

（4）投入体系上形成了以政府财政投入为主导，以社会资金为动力、以农户自筹资金为补充的多元资金投入体系。

（5）帮扶体系上构建了多方力量有机结合与互为支撑的"三位一体"（专项扶贫、行业扶贫、社会扶贫）大扶贫格局。

（6）社会动员体系上既有"老三样"社会扶贫（国有企业扶贫、定点扶贫、东西扶贫协作），也有"新三样"社会扶贫（民营企业、社会组织和公民个人参与的扶贫），特别是"互联网＋社会扶贫"新模式的创建与推广，更是将扶贫社会动员体系推向了一个新的阶段。

（7）监督考核体系上形成了包括考核对象（省级党委和政府、贫困县党政领导干部）、考核内容（生产发展、民生与社会事业发展、生态环境保护与党建等）、考核方式（年度考核、日常督查、省际交叉考核、第三方评估）等多维度精准扶贫监督考核体系。

（8）贫困群体退出体系评估上，包括对贫困户、贫困村、贫困县整体第三方评估。以科研院所、企业、社会组织等为主体的第三方，按照委托方（中央政府）的要求，对地方政府组织实施的扶贫项目（如饮水、用电、住房、教育、医疗等项目）和"三率一度"（即漏评率、错退率、综合贫困发生率和群众满意度）等方面，通过项目资料和档案审阅、听取项目负责人报告、实地考核和提问质疑等方式进行独立评估。

（9）贫困群体退出后继续扶持体系上，坚持脱贫不脱政策、脱贫不脱帮扶，对于不满足"两不愁三保障"的贫困户坚决不退出，推进乡村振兴与脱贫攻坚有效衔接，以乡村振兴战略巩固脱贫攻坚的成果，化解贫困地区和非贫困地区的非均衡矛盾。

三、精准扶贫与大扶贫

理论指导实践，没有对实践问题科学的理论认识，实践就会出现偏差。习近平总书记 2013 年 11 月首先提出精准扶贫，并逐步发展为"六个精准""五个一批""四个切实""三位一体"和内源扶贫等精准扶贫思想，使得精准扶贫理论和实践不断发展。虽然学术界对精准扶贫的理解还不尽相同，但基本内容包括精准识别、精准帮扶、精准管理和精准考核以及相关配套措施等，其核心问题就是"谁来扶""怎么扶""扶持谁"和"如何退"。

精准扶贫是一种思想、扶贫减贫模式，是构建扶贫减贫事业的全新理念和思维方法，提供扶贫减贫持续动力。精准扶贫内涵极其丰富，主要包括：消除贫困是社会主义的本质要求；脱贫致富贵在立志；扶贫要科学扶贫，发展是摆脱贫困帽子的总办法；扶贫需要切实强化扶贫开发工作管理体制创新；扶贫攻坚成败之举在于精准；社会合力构建大扶贫格局；打好扶贫攻坚战，民族地区是主战场；共建一个没有贫困的人类命运共同体的思想。

大扶贫格局是一种局面、状态、模式和习惯。大扶贫格局具体是指由政府主导、市场参与、社会协同和兜底保障共同形成的多主体、全方位、多要素、全过程、立体化的扶贫减贫局面。大扶贫格局核心是广泛调动社会各界参与扶贫开发积极性，动员、整合配置全部扶贫减贫资源，形成扶贫减贫合力和协同效应。形成大扶贫格局的所有主体、资源、扶贫减贫政策方法和体制机制等统称为大扶贫体系。大扶贫格局是大扶贫体系表现及结果的现状描述，大扶贫体系不仅包含大扶贫格局及其结构，还包含大扶贫格局及其结构的形成和发展等。有效的大扶贫体系应表现出目标有序、领导有力、政府有为、市场有效、社会有助、兜底有方、对象有应、人人有责、政策有续、退出有标的特征。

精准扶贫思想、模式为形成良好的大扶贫格局、构建有效的大扶贫体系提供指导，帮助所有参与主体形成扶贫减贫全新理念和思维模式，为它们持续从事扶贫减贫事业提供持续动力，并为多主体、全方位、多要素、全过程、立体化的大扶贫体系良好运行提供遵循。大扶贫格局与大扶贫体系精准扶贫思想是在新时期中国扶贫减贫良好效果和发展态势的具体表现。

第三节　大扶贫体系运行机理及保障机制

一、大扶贫体系运行机理

以政府主导、市场参与、社会协同的中国大扶贫格局逐步形成，大扶贫体系逐步完善。其主要内容体现在：

（1）以精准扶贫为指导思想，着重围绕"扶持谁、谁来扶、怎么扶、如何退"这四个关键问题，来布局构建大扶贫体系。

（2）将政府推动、市场拉动、社会联动和保障兜底的扶贫外力，与扶贫户、贫困村等贫困群体的减贫内生动力实现有效结合，力图取得扶贫的不同主体、不同方式、不同要素等减贫协同效应和持续效果。

（3）构建政府部门责任清晰、各负其责、合力攻坚的责任体系，形成了"五级书记抓贫困、全党动员促攻坚"的脱贫攻坚治理格局与体系。

（4）形成涵盖拥有产业扶持、易地搬迁扶持、自主创业扶持、转移就业扶持、生态环保扶持、教育和医疗救助扶持等多种方式较为完整的扶贫减贫路径和政策体系。

（5）形成以政府财政资金投入为主，农户自筹资金投入为辅和社会其他主体资金投入为补充的多元扶贫资金投入体系。

（6）构建多方力量有机结合与互为支撑的"三位一体"的专项扶贫、行业扶贫、社会扶贫大扶贫格局，为发挥各种扶贫力量的专长和互补效应奠定基础。

（7）构建包含如国有企业扶贫、定点扶贫、东西扶贫协作等"老三样"社会扶贫，也包含如民营企业、社会组织和公民个人参与的"新三样"社会扶贫的社会动员体系。"互联网＋社会扶贫"新模式的创建与推广，将扶贫社会动员体系推向了一个新的阶段。

（8）形成包括考核对象、考核内容、考核方式等在内的多维度扶贫减贫监督考核体系。

（9）将调动贫困户内生动力和能力建设始终贯穿于扶贫减贫的全

过程。

（10）贫困户是社会主义大家庭的重要组成部分，不是社会主义事业发展的包袱。精准扶贫虽以贫困户为单位进行识别，但对贫困户扶贫减贫离不开所在贫困村、贫困县等区域、群体的发展与进步。

上述十个方面相辅相成，共同构成了中国大扶贫体系新格局、新框架，其运行机理如图2-7所示。

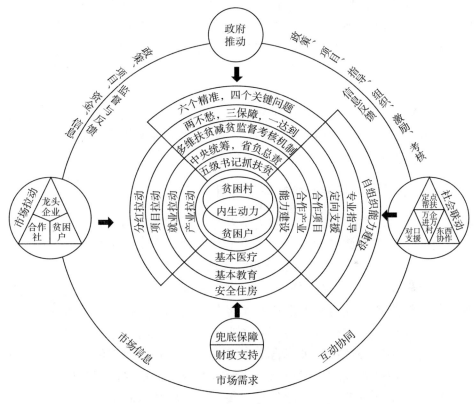

图2-7　大扶贫体系运行机理示意图

二、大扶贫体系有效运行的保障机制

（一）扶贫减贫目标的动态科学调整机制

早期的中国扶贫脱贫标准经历了1986年、2001年和2011年的调整，主要还是以收入为核心的标准。2013年以来，多维贫困标准开始在很多贫困地区实施并成功应用。《中国农村扶贫开发纲要（2010—2020年）》

提出将"两不愁、三保障"作为脱贫标准目标。随后《关于打赢脱贫攻坚战的决定》提出在稳定实现农村贫困人口"两不愁、三保障"外，明确到2020年"确保我国现行标准下农村贫困人口实现脱贫，贫困县全部摘帽，解决区域性整体贫困"。党的十八大以后，中国扶贫脱贫分两步走的战略目标愈加清晰。第一步，到2020年实现"两确保"，即确保农村贫困人口实现脱贫，确保贫困县全部脱贫摘帽；第二步，实施乡村振兴战略，补齐农业和农村发展短板，使不平衡不充分问题从根本上得到解决，让农村地区与全国一道进入现代化。针对贫困人口提出了"两不愁三保障"脱贫标准。该脱贫标准既包括了解决生存问题的需要，也包括了部分发展的需要，它标志着扶贫目标由以往的单纯"保生存"向"保生态、促发展、惠民生"多维目标转变。

从中国的减贫历史和经验来看，减贫目标与中国社会经济发展阶段相适应，与中国各级政府财力相适应，与中国整个贫困群体规模相适应，与中国其他社会扶贫主体的发育状态相适应。

（二）多元主体功能的科学定位机制

多元主体参与扶贫减贫的前提是对各主体类别、功能有一个清晰的认识。由于主体资源禀赋的差异，注定了其扶贫减贫功能定位有所不同。

1. 政府主体在大扶贫体系中的主导功能定位

政府在扶贫减贫中的主导地位是世界范围内的基本共识，全球反贫困事业的成就同各国政府职能发挥密不可分。具体而言，政府主体在扶贫减贫中的主导功能体现在对公共产品和服务的供给完善，依靠自身的政治优势和制度优势对扶贫资源进行自上而下的统一配置，对于解决大面积、集中性贫困问题卓有成效。就组织形式而言，政府通过纵向层面的科层制组织和横向职能分工把各方资源整合起来，投入到扶贫减贫行动中。就前者而言，较高层级组织一般着眼于各类扶贫政策的制定、贫困状况的持续跟踪、扶贫效果的监测和扶贫减贫绩效评估等方面的职能；较低层级的组织则聚焦于贫困人口信息管理、扶贫项目的落实和公共资源的合理配置等。具体到后者，各行业部门根据职能分工，按照先期规划目标采取专项资金投入的方式将扶贫资源嵌入到贫困治理过程中。

在经济市场化的过程中，政府提供公共产品和服务的方式，从过去单一的行政方式，转变为政府、市场和社会的有机结合。市场主体和社会力量作为政府扶贫减贫体系中的新生力量，在减贫方式、方法、模式和运行机制方面都有其独特的创新能力，而且在组织活动中具有较强的灵活性，能够有效承接政府公共服务职能转移，提高扶贫资源使用效率。

2. 市场主体在大扶贫体系中的基础功能定位

产业扶贫是贫困地区及贫困人口可持续发展的重要基础，而贫困地区产业的快速发展则有赖于各类市场主体的积极参与。扶贫减贫中的市场主体类型多样，主要包括各种所有制形式的龙头企业、合作社、金融机构等经济组织。近些年来，民营企业在贫困治理中也不断崭露头角。贫困地区、贫困人口发展能力弱，一些发展型扶贫项目特别是产业扶贫项目，离不开龙头企业的带动。通过发挥企业的市场资源配置优势，可以有效克服贫困地区市场距离的瓶颈。总体来看，民营企业参与贫困治理一直存在着工具性与价值对立的视角之争，这种对立在民营企业的参与动机和参与方式上体现得尤为明显。无疑，这是"理性经济人"假设的惯常逻辑，这种困境的消解需要理念和机制设计的进一步优化。其实，较早前，公共选择学派的代表性学者詹姆斯·布坎南晚年曾公开承认公共利益和具有公共精神的主体存在性，认为是时候修正以往经济模型范式塑造的相对狭隘行为了。至于机制创新方面，则涉及进一步拓宽市场主体参与渠道，推进市场主体的贫困治理绩效和税负水平挂钩，进一步增强其参与热情等措施方法。

在众多的市场主体之中，农民合作社的制度安排具有减贫性的显著特征，这使其能够成为精准扶贫的理想载体。一方面，作为市场主体之一的合作社在农业产业化和市场化活动中的延伸和拓展与农村贫困地区市场化发展需要相适应；另一方面，合作社作为政府、龙头企业与农民之间的桥梁，可以更好地回应贫困农户的需求，提高扶贫资源响应贫困农户的程度。通过发挥合作社联结作用，形成一种贫困农户资产收益的长效机制，转变产业链中贫困农户的角色与分工，提高贫困农户的自我发展能力，推动长效扶贫机制的形成。

3. 社会力量在大扶贫体系中的补充功能定位

社会主体广泛、多元，易于满足不同扶贫对象的脱贫需求，有利于精准扶贫与精准脱贫的实现，同时能够广泛汇聚社会资源，缓解政府扶贫减贫压力。社会力量参与扶贫作为一种补充性扶贫机制，有利于改善政府与市场对接失灵状况，及时弥补二者救助范围、方式的不足，提高扶贫效率。现实中，社会联动协同力量是一个复合型主体，包括组织和个体两种类型。前者，如社会组织参与贫困治理一直是学界研究的重要议题；后者，除社会公益人士外，随着农村经营体制改革的升级，一些新型经营主体开始涌现，并在扶贫领域积极作为。

社会组织是近些年来社会阶层结构变迁进程中涌现出来的新型组织形态，是公民社会的一种重要主体，在复杂性、多样性的社会事务治理中发挥着不可或缺的重要作用。部分社会组织的原初形态来自慈善组织，一直是弱势群体帮扶的重要力量。社会组织在大扶贫体系中的补充功能体现在：社会组织有助于增强贫困人口的自组织能力，有效弥补社会资本不足问题；在贫困群体心理关怀和扶贫项目实施等方面具备专业特质；在贫困退出机制实施过程中，社会组织亦成为政府贫困治理绩效评估的重要参与者。

此外，同贫困人口具有地缘关系的特定人群也成为贫困治理不可忽视的主体。由于政府产业扶贫和贫困地区基础设施建设项目一般不具有严格意义上的排他性，这在无形中会形成一定的外部性，加之这些扶贫项目具有显著的普惠性，这就使得非贫困人口，尤其是一些种养大户，成为间接获益主体，通过搭建利益联结机制，有效发挥其带动、帮扶功能成为贫困户脱贫致富的重要渠道。

4. 贫困群体在大扶贫体系中的核心功能定位

大扶贫体系强调贫困户的主体地位，强调贫困户自身能力建设在扶贫减贫中的核心地位，强调内在能力与外界推动力整合产生的系统能力培育在脱贫攻坚中的重要作用。相比而言，政府、市场主体、社会协同力量更多属于外部"嵌入型主体"，而贫困者自身则是脱贫致富的"内源性主体"。这就决定了贫困群体是贫困治理的重要参与主体和利益相关者。作为参与主体，贫困群体在扶贫资源分配和使用、扶贫项目确定和管理中的参与程度和方式直接影响着扶贫效率和扶贫目标的实现。

目前，贫困治理中贫困群体的行政动员远大于公共参与，这是主体性建设滞后的集中体现。贫困群体主体性建设面临两大难题：一是贫困人口资源占有量的现实造成其社会能力低下，呈现边缘化的风险，处于"等、靠、要"的尴尬境地。在中国社会转型过程中，少数贫困人群产生"相对剥夺感"心理倾向，将自身所得到的帮扶视为"迟到的正义"，甚至认为是"理所当然"的结果。二是贫困人口的理性人倾向逐渐加剧。例如，政府对农村进行的以"项目"运作为主要形式的社会事业投入在"发包"至农村地区后，往往会出现村庄利益纷争加剧的困境。

着力改变贫困治理中贫困人口客体化、工具化的境况需要积极倡导参与式扶贫。20 世纪 90 年代后期，包括世界银行在内的国际组织在中国西部援助项目时积极倡导参与式扶贫以来，贫困群体参与贫困治理实践逐渐成为一个广受关注的热点话题。从社会学的角度看，参与是与发展直接相关的利益群体就资源利用、资源分配、发展成果共享、社会福利的建立和运作机制进行博弈和谈判的过程。当然，参与本身不是目的，还蕴含着更多的意义，这就要求在参与过程中贫困农民遵循相关的政策规范，自觉地维护和实现个人应当享有的权利，承担一定的反贫困责任。

（三）始终保持活力的多元主体领导激励机制

中国大扶贫体系的最大优势在于中国共产党的领导。党的组织体系由党中央统一领导，纵横交错的立体的组织体系遍布中央到农村各个层级，覆盖政治、经济、文化、社会等各个领域。中国大扶贫体系中的多元主体领导激励机制包括三个方面：

1. 坚持党的领导和政府主导、党政"一把手"负总责的领导体制

中国扶贫开发工作的领导体制经历了一个不断强化的过程。国家"八七扶贫攻坚计划"提出分级负责、以省为主的省长负责制。《中国农村扶贫开发纲要（2001—2010 年)》（简称《纲要 1》）提出要实行贫困地区扶贫工作党政"一把手"负责制。《中国农村扶贫开发纲要（2010—2020年)》（简称《纲要 2》）则提出实行党政"一把手"负总责的扶贫开发工作责任制。在《关于打赢脱贫攻坚战的决定》中，扶贫工作领导体制被进一步明确为坚持党的领导和政府主导，省级党委和政府对扶贫开发工作负总责，党政"一把手"要向中央签署脱贫责任书；县级党委和政府承担主体责任，书记和县长是第一责任人。目前，大部分省份都已经调整了扶贫开发领导小组的领导构成，设置各级党政"一把手"为双组长，党政同责，大大加强了扶贫开发的领导力量。

2. 明确从中央到地方合力攻坚、分级负责的脱贫攻坚管理体制

一直以来，扶贫开发都是中国各级政府的共同职责。在《纲要 1》中，中国扶贫管理体制为"省负总责、县抓落实"，具体体现为责任到省、任务到省、资金到省、权力到省的"四到省"制度，以及贫困县以扶贫开发工作统揽全局的原则。在《纲要 2》中，扶贫管理体制被调整为"中央统筹、省负总责、县抓落实"，强化了中央的领导和统筹职能。《关于打赢脱贫攻坚战的决定》提出要强化脱贫攻坚领导责任制，并在 2016 年底印发《脱贫攻坚责任制实施办法》对其进行具体化：一方面，在"中央统筹、省负总责、市县落实"的纵向分工体制中,明确由县级政府承担主体责任;另一方面,实施层层分级责任制,各级政府依次向上负责,各行业管理部门承担与本部门职责相当的扶贫开发责任。

3. 确立政府主导、社会广泛参与的大扶贫格局

《纲要1》首次明确了政府主导、全社会共同参与的基本原则。《纲要2》基本延续了前期的基本原则,在部门协作的意义上提出要形成扶贫开发合力,同时广泛动员社会各界参与扶贫开发。习近平总书记在2015年6月部分省(区、市)扶贫攻坚与"十三五"时期经济社会发展座谈会上首次提出大扶贫概念,即坚持专项扶贫、行业扶贫、社会扶贫等多方力量、多种举措有机结合和互为支撑的"三位一体"大扶贫格局。《关于打赢脱贫攻坚战的决定》对此予以确认。近年来,在脱贫攻坚目标指引下,行业扶贫成为各行业主管部门与行业发展同等重要的职责,企业、机关、公民等社会扶贫的力度也得到了大大加强。

(四)多种扶贫减贫方式的合理搭配机制

贫困是一个集政治、社会、经济、文化、环境等各种因素于一身的复杂系统。因此,就扶贫减贫而言,最忌讳的就是一因一果的线性思维。中国扶贫减贫模式由开始的政府专项扶贫逐渐演化为"三位一体"的格局,即专项扶贫、行业扶贫与社会扶贫组合型的战略体系。

1. 专项扶贫减贫

所谓专项扶贫,主要指的是通过国家有关财政部门的专项扶贫资金、各级地方政府机构和有关机构组织的扶贫工作等,在省级政府机构的总体领导下,将工作任务和指标层层下放到县级、村级和具体的贫困户,通过促进就业、扶贫产业、振兴工业、搬迁扶贫、试点扶贫、建设改造革命根据地、推行整个村庄的建设等工程项目来实现精准的有针对性的扶贫工作。

2. 行业扶贫减贫

从2013年中共中央办公厅、国务院办公厅印发了《关于创新机制扎实推进农村扶贫开发工作的意见》这份文件开始,行业扶贫在中国各项扶贫、脱贫工作中的重要性不断地凸显出来。包括明确部门职责、发展特色产业、开展科技扶贫、完善基础设施、发展教育文化事业、改善公共卫生和人口服务管理、完善社会保障制度、重视能源和生态环境建设等。

3. 社会扶贫减贫

在各级政府机构的正确领导下，通过动员、鼓励和号召的方式充分调动广大人民群众、社会组织、社会团体、企事业单位的积极性，主动加入到社会的扶贫、脱贫的工作中。通过团结的力量，共同推动各个贫困区域的经济发展水平不断提高，贫困居民的生活质量、居住环境不断改善，从而实现建设具有中国特色的社会主义全面小康社会。根据中国的实际情况来看，可以将社会的扶贫工作细分为：定点的加强扶贫，东部和西部协同合作的扶贫，充分调动武警、军队等军事力量参与的扶贫，充分调动各大社会组织、社会团体以及企事业单位参与的扶贫等。

（五）体现各地资源禀赋特点的扶贫减贫模式选择机制

2015 年 10 月 16 日，习近平在减贫与发展高层论坛上首次提出"五个一批"的脱贫措施，为打通脱贫"最后一公里"开出破题药方。"五个一批"的帮扶政策是以综合建档立卡贫困户的不同特征为依据制定的脱贫攻坚路径，依据不同贫困地区的致贫原因，结合当地可能的自然资源优势，分类确定、对症下药确定精准扶贫和精准脱贫政策。主要包括：发展生产脱贫一批、易地搬迁脱贫一批、生态补偿脱贫一批、发展教育脱贫一批、社会保障兜底一批。在实事求是的基础上，以"五个一批"的分类理念指导各地区的精准扶贫、精准脱贫工作，让贫困地区和贫困户结合自身优势资源和特色，走出一条符合各地实际的接地气的脱贫致富之路。具体问题具体分析，宜农则农、宜工则工、宜商则商，对因病、因残等原因贫困的采用社会保障兜底扶贫，对环境恶劣地区的贫困采用易地搬迁扶贫。这种分类指导精准扶贫和精准脱贫是科学且具有可持续性的，涵盖了几乎所有贫困情况，对各种不同的致贫原因都有相应的扶贫和脱贫方法。

在实际操作中又可以细化成八项举措，即特色产业扶贫、转移就业脱贫、资产收益扶贫、易地搬迁脱贫、生态补偿扶贫、教育扶贫、健康扶贫和兜底保障。"八项举措"是针对贫困实际，在不同阶段针对不同情况提出的扶贫措施，隐含其中的因人因地施策、因贫困原因施策、因贫困类型施策的分类施策思想，是对 7 000 余万贫困人口的精准施策，也是扶贫开发的破题之道。

（六）将调动贫困户内生动力和能力建设贯穿始终的长效机制

贫困户内生动力可以理解为在谋求脱贫和发展的过程中，贫困户由个体内部需求激发的自主性、积极性以及创造性，并影响脱贫行动的产生。调动贫困户内生动力首先要扶志，让贫困人口树立起摆脱贫困的斗志和勇气。《关于开展扶贫扶志行动的意见》强调"加强扶贫扶志，激发贫困群众内生动力，是中国特色扶贫开发的显著特征，是打赢脱贫攻坚战的重要举措。"能力贫困理论表明，反贫困的关键在于"提升贫困者的自我发展能力"，一个有能力的贫困个体，可以通过自身努力获得收入，从而摆脱暂时贫困，甚至长期贫困状态。知识和技能培训是实现脱贫的有效抓手，作为扶智的主要内容在中国扶贫减贫工作中具有关键作用。

如果说扶志是激发扶贫内生动力的基石，扶智则是增强脱贫能力建设的路径。将调动贫困户内生动力和能力建设贯穿始终的长效机制就是以扶志扶智为主要抓手。在大扶贫体系中，做到扶贫与扶志扶智有机结合，才能起到事半功倍的效果。

（七）对特殊群体坚持底线思维的兜底保障机制

最低生活保障制度（简称"低保"）是脱贫攻坚战略中的兜底保障措施，习近平总书记把"通过社会保障兜底一批"作为精准扶贫方略中措施到户精准的"五个一批"的重要内容之一，社保兜底特别是低保兜底成为新阶段精准扶贫和精准脱贫的重要路径之一。低保兜底通常要参考一个贫困标准，即贫困线。在中国官方贫困线有两条，一个是国家统计局发布的国家扶贫线，根据每年3月份公布上一年农民人均收入之后测算的，其测量方法可归纳为客观绝对贫困线、客观相对贫困线、主观贫困线法等。建档立卡贫困人口原则标准是按照国家统计局确定的国家贫困线确定的，并通过一定的"推算"办法得出各地的贫困人口，这是一个自上而下的过程。而低保标准的制定是地方政府的事权，地方人民政府制定最低生活保障标准，由省市级政府按照能够维持当地农村居民全年基本生活所必需的吃饭、穿衣、用水、用电等费用确定。实际制定时可能既考虑农民最低生活需要、物价上涨指数等因素，也考虑财政承受能力。截至2019年底，中国共有1 857万建档立卡贫困人口纳入低保或特困救助供养范围，其中有1 693万人实现脱贫。

（八）有基本刚性要求的减贫退出机制

《中共中央、国务院关于打赢脱贫攻坚战的决定》和中央扶贫开发工作会议对贫困退出机制的构建均作了原则性的要求，中办、国办在2016年4月专门印发了《关于建立贫困退出机制的意见》提出建立贫困退出机制的指导思想、基本原则、退出标准和程序。而在政策执行过程中，各地区都比照中央的贫困退出政策制定了地方的退出标准、退出程序和方法等，一些地方还制定了非常严格的日程表来规划扶贫目标的实现。从各地的退出标准和程序来看，虽然一些辅助标准不一样，但能看出基本上都是围绕《关于建立贫困退出机制的意见》的要求来制定的，贫困人口退出以收入水平和"两不愁三保障"为标准，贫困村和贫困县退出以贫困发生率为主要标准，统筹考虑村内基础设施建设、产业发展、村集体收入等综合因素。贫困人口退出一般需要村"两委"研究提出退出名单，村"两委"和扶贫工作队共同核实、贫困户签字认可、村内公示公告等程序；贫困村退出需要申请、审核、乡镇内公示公告等程序；贫困县退出则需要由地市、省两级核查并向社会公示公告，还要向国务院扶贫开发领导小组报告并经其评估检查通过，最后才能由省级政府批准退出。为解决不愿退出问题，退出机制中包括正向激励机制，退出后，在一定时期内国家原有扶贫政策保持不变，支持力度不减，帮扶工作组不撤，持续跟踪帮扶，确保实现稳定脱贫。

（九）保障体系有效运行的协调机制

精准扶贫各项政策的执行，需要各参与主体之间的良好沟通与配合，才能顺利实现目标。政府为了实现行使行政职能的结果与期望的一致，理顺参与主体的各种关系，制定完善相应的规章制度，合理设立对应的组织机构，妥善配备合适的人事安排，并通过建立一套控制整个系统运行、系统内各参与主体之间能相互配合协作的整体机制，以保证各参与主体的运作不偏离总体目标，而这一套机制可以称之为精准扶贫协调机制。以协调的主客体为标准，可将政府协调机制划分为政府主体内部的协调、政府主体与外部主体的协调、外部主体之间的协调。政府主体内部的协调包括成立政府扶贫领导协调机构，省级层面由省级扶贫开发办公室牵头，统一负责精准扶贫整体工作，县级基层政府由地方主要领导和负责人牵头成立扶贫指挥领导协调机构，实现统一领导，各部门各单位协同执行精准扶贫政策。在扶贫实践中政府主体与外部主体的协调也十分常见，例如各地区结合实际创新出"政府＋中小微企业""政府＋合作社＋贫困户""政府＋龙头企业＋基地＋贫困户""政府＋保险机构＋贫困户"等一系列扶贫模式，通过政府和社会组织、企业之间资源交换、相互补足，来有效完成扶贫这一系统性公共事务。政府外部主体之间则呈现出较为灵活的协调方式。社会各方面力量参与扶贫开发已经成为大扶贫格局的重要组成，涵盖国有企业扶贫、定点扶贫、东西协作扶贫等"老三样"社会扶贫，以及民营企业、社会组织和公民个人参与的"新三样"社会扶贫。

（十）持续保持定力的监督考核机制

扶贫监督考核机制形成的动力是扶贫政策落实的需要，它是为了改进扶贫工作者的行为，实现扶贫者与扶贫对象之间良性互动，以便更好地完成扶贫攻坚的目标。监督考核机制建立的前提是明确扶贫责任，对此，《脱贫攻坚责任制实施办法》中提出要构建责任清晰、层层落实的责任体系，并指出要建立健全扶贫成效考核工作机制，组织实施对省级党委和政府扶贫开发工作成效考核，组织开展脱贫攻坚督查巡查和第三方评估。办法中明确了对中西部 22 个省份落实责任、实施奖惩的制度规定。为了促进扶贫责任的落实，各级市县也依据此办法制定了有关扶贫考核的工作内容，加强了对扶贫工作的考核，包括对扶贫项目实施、资金使用和管理、脱贫目标任务完成等工作进行督促、检查。

主要参考文献

[1] 白利友，张飞．精准扶贫：贫困治理的"中国样本"与"中国经验"[J]．西北民族大学学报（哲学社会科学版），2018（4）：134 - 140.

[2] 陈端计．构建社会主义和谐社会中的中国剩存贫困问题研究 [M]．北京：人民出版社，2006：62.

[3] 丁忠兰．云南民族地区扶贫模式研究 [M]．北京：中国农业科学技术出版社，2012.

[4] 龚毓烨．新时代下大扶贫格局的构建 [J]．党政干部学刊，2018（9）：61 - 69.

[5] 国家行政学院编写组．中国精准脱贫攻坚十讲 [M]．北京：人民出版社，2016：74 - 75.

[6] 黄承伟．激发内生脱贫动力的理论与实践 [J]．广西民族大学学报（哲学社会科学版），2019，41（1）：41 - 50.

[7] 李培林，魏后凯．中国扶贫开发报告（2016）[M]．北京：社会科学文献出版社，2016：19.

［8］李强．中国扶贫之路［M］．昆明：云南人民出版社，1997：312．

［9］孙建北．贫困与扶贫［M］．北京：中共中央党校出版社，2004．

［10］檀学文．完善现行精准扶贫体制机制研究［J］．中国农业大学学报（社会科学版），2017（5）：42-50

［11］唐钧．追求"精准"的反贫困新战略［J］．西北师大学报（社会科学版），2016，53（1）：5-13．

［12］王帆宇．改革开放以来中国特色扶贫道路：脉络梳理与经验总结［J］．西北民族大学学报（哲学社会科学版），2020（1）：8-17．

［13］汪三贵．在发展中战胜贫困——对中国30年大规模减贫经验的总结与评价［J］．管理世界，2008（11）：78．

［14］汪三贵，胡骏，徐伍达．民族地区脱贫攻坚"志智双扶"问题研究［J］．华南师范大学学报（社会科学版），2019（6）：5-11．

［15］中共中央宣传部．习近平总书记系列重要讲话读本［M］．北京：学习出版社，2016．

［16］中国国际扶贫中心．扶贫开发与全面小康：首届10·17论坛文集［C］．北京：世界知识出版社，2015：69．

［17］中办国办印发《关于创新机制扎实推进农村扶贫开发工作的意见》［N］．人民日报，2014-01-26（1）．

>>> 第三章 政府推动大扶贫的主要做法与经验

从公正的角度去讲，政府对其社会成员扶贫减贫负有无限责任，并起主导作用。对中国这样一个贫困人口众多、贫困面大的发展中国家来说，扶贫减贫效果与中央政府、省级、县级政府和乡镇政府等各级政府的努力是分不开的。政府是扶贫政策的制定者，扶贫减贫行为的发起者、领导者和协调者，要注重供给型、需求型和环境型三种政策的科学搭配，形成扶贫减贫合力，取得扶贫减贫协同效应。如何协调扶贫减贫的中央统筹，省负总责，市县抓落实的工作机制，怎么做到政府对扶贫减贫工作的主导而不过度干预，如何通过政策引导和体制机制建设，为市场拉动、社会联动和政府最终兜底扶贫减贫营造环境，协调专项扶贫、行业扶贫、社会扶贫，体现扶贫减贫领域有为政府的主导作用，是政府推动大扶贫格局的重点与难点。

第一节 中央政府推动扶贫减贫及主要做法

中央政府是各项扶贫政策的制定者，也是扶贫资金的主要来源，为扶贫减贫提供了相应的制度和政策保障。中央统筹，重在做好顶层设计，在战略、目标、资金等方面为地方创造条件，加强脱贫效果监管。

一、制定科学、动态的扶贫减贫战略

（一）救济扶贫减贫战略

新中国成立初期，贫困人口数量庞大，以普遍性贫困和生存型贫困为主，为了摆脱整体贫困状况，从新中国成立到 1985 年，中国政府实行救济式扶贫。针对贫困户的缺衣缺物，中国政府采取提供物资经济救助和建立贫困人口"五保"制度的方式，来缓解贫困，以此满足人们的最低生活保障的目标，但这只能在短期缓解贫困农户的生产生活困难，对于提升贫困农户脱贫致富的能力没有太大帮助，因此也称为"输血"式扶贫。随着

贫富差距的不断加大，中国政府开始意识到需要摸索一条适合中国国情的扶贫道路，1986—1993 年是中国扶贫事业从救济式扶贫向开发式扶贫的过渡阶段。

（二）区域大开发扶贫减贫战略

面对中国东部、中部和西部地区经济发展不平衡的现实状况，中央实施西部大开发战略，将扶贫开发的重点向中部和西部倾斜，以此来缩小东中西部地区发展差距。为减少中西部地区的特困人口，国家先后制定了《残疾人扶贫攻坚计划（1998—2000）》《中国残疾人事业"十五"计划纲要（2001—2005）》和《中国残疾人事业"十一五"发展纲要（2006—2010）》，重点扶持中西部地区农村贫困残疾人。像西部大开发这种区域开发扶贫减贫战略有利于坚持实施可持续发展战略，提高经济增长的质量和效益，促进社会主义共同繁荣。

（三）精准扶贫减贫战略

通过强制性制度安排，为驻村帮扶工作机制提供制度支撑，确保驻村帮扶工作落到实处。2014 年中央针对不同贫困区域环境、不同贫困农户状况，首次提出"精准扶贫"战略，就是运用科学有效程序对扶贫对象实施精确识别、精确帮扶、精确管理，并逐渐细化为"六个精准"，明确要求因村派人精准，确保各项政策好处都能够落到贫困对象身上，坚持分类施策，因人因地施策，因贫困原因施策，因贫困类型施策。

（四）包容性增长扶贫减贫战略

关于包容性增长，一般认为是亚洲开发银行于 2007 年首先提出的，但早在 2004 年，中国经济学林毅夫就使用过。包容性增长就是公平合理地分享经济增长，它与减贫有内在理论逻辑关联。为确保减贫事业公平公正地惠及更多的贫困者和脆弱人群，创造更好的就业环境，缩小城乡和区域差距，结合具体实际，中国推出了包容性增长减贫战略。通过增加贫困人口的就业机会和再分配政策减少贫困群体，改善贫困群体的生存条件。

（五）利用大数据等科技手段扶贫减贫战略

当前，大数据技术已经成为推动经济社会发展的重要力量，同时也为精准扶贫提供了新的理念和技术支撑。如利用大数据可以精准识别贫困人口、扶贫项目资金管理等。2017 年 12 月 8 日，习近平总书记在中共中央政治局第二次集体学习上提出实施国家大数据战略，并明确指出"运用大数据促进保障和改善民生。要加强精准扶贫、生态环境领域的大数据运用，为打赢脱贫攻坚战助力。"

（六）与乡村振兴战略相互衔接的扶贫减贫战略

摆脱贫困是乡村振兴的基本前提，打赢脱贫攻坚战是实施乡村振兴战略的重要内容。为确保贫困地区脱贫后的后续发展，中国立足基层脱贫攻坚与乡村振兴发展现实要求，科学系统谋划、统筹推进、有机衔接两大战略。一是长短结合，做好脱贫攻坚与产业振兴衔接；二是创新载体，做好脱贫功尖与人才振兴的衔接；三是完善机制，做好脱贫攻坚与文化振兴衔接；四是优化路径，做好脱贫功尖与生态振兴的衔接；五是凝聚合力，做好脱贫减贫与组织振兴衔接。

二、依据发展阶段明确扶贫目标

中共中央、国务院将扶贫与中国具体实际相结合，根据中国贫困的实际先后明确了扶贫目标。为解决中国贫困的面貌，1985 年中央领导人提出了"让部分地区、部分人先富起来，带动和帮助其他地区、其他人，逐步实现共同富裕"（即先富带后富，最后共同富裕）的目标，由此，中国对于贫穷的认识提高到了一个新的层次。为进一步解决农村贫困问题，缩小地区发展差距，1994 年中共中央、国务院制定和发布了关于全国扶贫开发工作纲领，国务院印发《国家八七扶贫攻坚计划（1994—2000 年）》，其主要目标就是力争用 7 年左右时间基本解决当时全国农村 8 000 万贫困人口的温饱问题。2001 年，中央制定并颁布了《中国农村扶贫开发纲要（2001—2010 年）》，对 21 世纪初的扶贫战略做出了全面描述，明确提出了今后十年扶贫开发的奋斗目标：继续改善贫困地区的基本生产生活条件，巩固温饱成果，提高贫困人口的生活质量和综合素质，加强贫困乡村的基础设施建设，改善生态环境，逐步改变贫困地区社会、经济、文化的落后状态，为达到小康水平创造条件。2011 年中共中央、国务院印发了《中国农村扶贫开发纲要（2011—2020）》，进一步肯定了加快贫困地区发展，促进共同富裕，实现到 2020 年全面建成小康社会奋斗的目标，稳定实现"两不愁，三保障"，做到脱真贫、真脱贫。

三、科学制定扶贫标准和范围

扶贫标准是为帮助贫困地区和贫困户开发经济、发展生产、摆脱贫困的一种社会工作，旨在扶助贫困户或贫困地区改变穷困面貌。中国在2008年前有两个扶贫标准，第一个是1986年制定的206元的绝对贫困标准，该标准以每人每日2 100千卡热量的最低营养需求为基准，再根据最低收入人群的消费结构来进行测定。后来此标准随物价调整，到2007年时为785元。第二个是2000年制定的865元的低收入标准，到2007年年底，调整为1 067元。2008年，绝对贫困标准和低收入标准合一，统一使用1 067元作为扶贫标准。此后，随着消费价格指数等相关因素的变化，标准进一步上调至1 196元，但1 196元的标准仍被认为偏低。2011年，中央综合考虑了中国农民购买力、农村物价上涨、国际贫困标准等因素，决定将农民年人均纯收入2 300元（2010年不变价）作为新的国家扶贫标准，这一标准将更多低收入人口纳入扶贫范围。

四、依据财力逐步加大扶贫资金支持

中央政府依据实际情况，以公共财政转移支付的方式，实施扶贫减贫资金管理工作。在扶贫减贫工作的救济扶贫阶段，主要是中央财政拨款和地方拨款，之后根据贫困实际情况采取不同的资金管理。2012年，中央财政用于农村扶贫开发的综合扶贫投入将继续保持大幅度增长。其中，财政专项扶贫资金的增幅将达到20%以上。之后几年的扶贫实践中，中央充分认识到"扶贫必先扶智"，财政专项扶贫资金主要用于教育行业。2016年对财政专项扶贫资金的支持重点重新做出了规定，即"中央财政专项扶贫资金主要投向国家确定的连片特困地区和扶贫开发工作重点县、贫困村，其中新增部分主要用于连片特困地区。中央财政专项扶贫资金分配坚持向西部地区倾斜。"

五、构建中央统筹，省负总责，市县抓落实的责任体系

为了全面落实脱贫攻坚责任制，中国在扶贫减贫事业中建立了中央统筹、省负总责、市县抓落实的工作机制，构建责任清晰、各负其责、合力攻坚的责任体系，实现了省、市、县、乡、村五级书记一起抓扶贫、层层落实责任制的治理格局。党中央、国务院主要负责统筹制定脱贫攻坚大政方针，出台重大政策举措，完善体制机制，规划重大工程项

目，协调全局性重大问题、全国性共性问题。省级党委和政府对本地区脱贫攻坚工作负总责，并确保责任制层层落实；全面贯彻党中央、国务院关于脱贫攻坚的大政方针和决策部署，结合本地区实际制定政策措施，根据脱贫目标任务制定省级脱贫攻坚滚动规划和年度计划并组织实施。市级党委和政府负责协调市域内跨县扶贫项目，对项目实施、资金使用和管理、脱贫目标任务完成等工作进行督促、检查和监督。县级党委和政府主要负责人是第一责任人。县级党委和政府承担脱贫攻坚主体责任，负责制定脱贫攻坚实施规划，优化配置各类资源要素，组织落实各项政策措施，因地制宜，分类指导，加强政策宣传，把脱贫攻坚措施落实到户到人。

六、分类推动专项扶贫，行业扶贫和社会扶贫

为了因地施策，精准脱贫，中国分类推行专项扶贫、行业扶贫并积极动员社会力量参与扶贫，构建了"专项扶贫、行业扶贫、社会扶贫"三位一体的大扶贫开发工作格局。专项扶贫主要是通过国家有关财政部门的专项扶贫资金、各级地方政府机构和有关机构组织的扶贫工作等，在省级政府机构的总体领导下，将工作任务和指标层层下放到县级、村级和具体的贫困户，通过促进就业、扶贫产业、振兴工业、搬迁扶贫、试点扶贫、建设改造革命根据地、推动整个村庄的建设等工程项目来实现精准的有针对性的扶贫工作。行业扶贫主要是农业、水利、交通、住建、教育、卫生等行政部门按照职能分工，承担相应的扶贫任务。通过实施危房改造、道路建设、农村饮水安全工程、学生营养改善计划、教育扶贫、健康扶贫、生态修复工程等扶贫措施改善贫困地区和贫困人口的生产生活条件。社会扶贫主要是在政府的引导规划下，针对扶贫项目，制定各种扶贫活动，通过动员、鼓励和号召的方式充分调动广大人民群众、社会组织、社会团体、企事业单位的积极性，主动加入到社会扶贫、脱贫的工作中。中央政府于1979年便开始组织六省（市）对口支援边疆地区和少数民族地区，1986年启动了中央和国家机关定点扶贫工作。除此之外，还开展了东西部协作扶贫、产业扶贫等多种形式的扶贫工作。

七、引导市场扶贫，协调社会扶贫，兜底保障扶贫

中央政府针对不同的扶持对象，分类施策，按照项目安排精准、资金

使用精准、措施到户精准、因村派人精准的要求，在扶贫事业的进程中形成了政府主导下，引导市场扶贫、协调社会扶贫、兜底保障扶贫的扶贫格局。一是在政府主导下，通过制定一系列扶贫政策，积极引导市场参与其中，使得贫困户或贫困村能通过利用贫困地区的自然资源、人力资源、社会资源、金融资源等生产要素参与市场活动，进而获取资金收入、学习文化、培养能力、发展经济，最终实现贫困户和贫困村脱贫。二是政府通过制定"硬性"扶贫政策和"软性"激励政策，来鼓励并协调民间企业、社会组织或社会公众等多元主体参与，针对贫困人口以及社会弱势群体进行经济开发、发展生产等活动，通过对口支援、区域协作扶贫等社会联动扶贫方式引导贫困户脱贫。三是政府通过筛选出符合条件的无劳动能力的特困人员，一定时间内发放一定补助以保障其生活。主要是解决老、弱、病、残、孤、寡等人员的贫困问题，完善农村最低生活保障制度，对无法依靠产业扶持和就业帮助脱贫的家庭实行政策性保障兜底。

第二节　省级政府推动扶贫案例及主要做法

一、甘肃省基本情况

甘肃省位于中国西部地区，地形呈狭长状，地貌复杂多样，地势自西南向东北倾斜，下辖 12 个地级市、2 个自治州、17 个市辖区、5 个县级市、57 个县、7 个自治县，常住人口 2 637.26 万人。总土地面积约为 45.44 万平方千米，山地多，平地少，大部分地区气候干燥，干旱、半干旱区占总面积的 75%，全省平均年降水量约 300 毫米，整体资源匮乏。长期干旱的环境使当地农户没有充足的生产要素来进行基本的劳动，基本生活条件得不到保障。甘肃省的贫困深度很深，贫困规模十分庞大，全省 86 个县市中 58 个列入国家六盘山、秦巴山和藏区"三大片区"，其中，甘南州、临夏州和天祝县（两州一县）被整体列入国家重点扶持"三区三州"范围。甘肃没有抓住时代机遇及时进行经济转型，致使经济发展衰落。

二、甘肃省的扶贫减贫成效

甘肃省的减贫成效显著，主要是通过贫困人口、深度贫困地区、贫困群众收入以及贫困地区基础设施四个方面来体现。

1. 贫困人口减贫显著

2018 年全省计划减少贫困人口 65 万人，预计实际减少贫困人口

77.6万人，贫困人口由188.6万减少到111万，贫困发生率由9.6％降至5.6％。全年预计退出贫困村2 582个，累计退出3 477个。

2. 深度贫困地区加快减贫

国家确定的"两州一县"深度贫困地区，全年预计减贫12.75万人，贫困人口由32万减少到18.9万，贫困发生率由12.57％降至7.4％，下降5.2个百分点，降幅高于全省1.4个百分点。

3. 贫困群众收入持续稳定增长

2018年前三季度，全省贫困地区农民人均可支配收入5 535元，同比增长10.1％，比全省平均水平高1.1个百分点。预计全年好于前三季度，高于全省农村居民人均可支配收入增速1.5个百分点左右。2018年，全省历史性地消除了贫困村集体经济"空壳村"。

4. 贫困地区基础条件显著改善

全面实现建制村通硬化路和自然村通动力电的目标。2018年贫困地区农村集中供水率和自来水普及率分别达到91％和88％，均比上年提高2个百分点；95％的贫困人口实现安全住房；98％以上的行政村开通光纤宽带；义务教育巩固率达到92％，接近93.8％的全国平均水平；98.2％的贫困村建起村卫生室，贫困人口养老保险、基本医疗保险、大病保险基本实现全覆盖。

三、甘肃省政府推动扶贫减贫的主要做法

甘肃省委、省政府作为省级领导者，提高站位，不断升华战略思维能力，更好把握问题走向，领会中央扶贫顶层设计精神，结合本省资源，通过自下而上的问题反馈，制定自上而下的战略方针。明确省各级职责，狠抓政策落实，同时提供财力保障。

（一）中央统筹下，科学完善省级顶层设计

甘肃省委、省政府发挥领导力量，制定战略布局，领会升华中央顶层设计精神，通过对精准识别、到户帮扶、考核验收、脱贫退出等环节进行研究，形成了以多体系为主要内容的省级扶贫顶层设计。

1. 责任动力体系

在责任体系方面，先后出台了《甘肃省脱贫攻坚工作问责规定（试行）》《省脱贫攻坚领导小组专责工作组人员组成及工作职责》《省脱贫攻坚领导小组专责工作组成员单位责任清单及问责办法》等5个文件，有针

对性地加强薄弱环节的责任。

2. 政策保障体系

在政策保障体系方面，出台了《关于加快推进贫困村农民合作社发展的意见》《关于全面消除贫困村村级集体经济"空壳村"的意见》《关于扶持全省贫困地区龙头企业发展的意见》等一系列政策措施，涉及产业扶贫的整个链条。

3. 资金投入体系

投入体系方面，先后出台《关于进一步加大资金投入扶持产业发展确保打赢脱贫攻坚战的通知》《关于调整完善精准扶贫专项贷款政策的通知》等4个文件，制定了各级财政投入增长机制、财政专项扶贫资金支出管理、涉农资金整合等一系列配套措施。

4. 动员激励体系

在动员激励体系方面，出台了《甘肃省东西部扶贫协作三年行动计划》《关于调整加强全省脱贫攻坚帮扶工作力量的意见》等8个文件，研究制定了东西部扶贫协作、中央定点单位扶贫、"千企帮千村"、驻村帮扶管理以及社会扶贫等一系列政策措施。

5. 监督问责体系

在监督问责体系方面，研究制定了《关于深入推进抓党建促脱贫攻坚工作的实施意见》《关于深化扶贫领域腐败和作风问题专项治理的意见》等有关组织纪律保障和监督方面的文件6个，切实杜绝减贫中的腐败问题。

6. 考核评估体系

在考核评估体系方面，出台了《甘肃省贫困县党委和政府扶贫开发工作成效考核办法》《甘肃省2018年贫困县退出验收核查工作方案》等文件6个，充分发挥激励作用，调动起各级减贫工作人员的积极性。

（二）形成纵向到底、横向到边的脱贫责任体

甘肃省加强省脱贫攻坚领导小组力量，省委常委和副省长全部担任领导小组副组长，负责分管领域的行业扶贫和组织保障工作。按照省负总责、市县抓落实、乡村抓具体的要求，认真落实脱贫攻坚责任制，不断加大省直部门工作责任，组建12个脱贫攻坚专责工作组，抽调相关部门工作人员到主责单位集中统一办公。同时出台领导小组成员单位责任清单及问责办法，按照"谁主管、谁负责"的原则，强化扶贫工作责任，健全完善督战机制，以责任落实推动脱贫攻坚工作落实。

（三）坚持财力保障

甘肃省委、省政府为保证扶贫资金的使用率，保障脱贫工作的顺利进行，加大资金投入，使得地方财政专项投入与中央到省资金比例达到1∶1，统筹整合涉农资金，协调落实东西部扶贫协作资金；将主要扶贫资金向"两州一县"和深度贫困地区倾斜，并将所有财政专项扶贫资金和70％以上整合涉农资金都安排用于建档立卡贫困户到户到人扶持项目；通过构建横向到边、纵向到底、职责明确的监管体系，切实加强扶贫资金监管，确保将有限的资金用在刀刃上。

（四）健全激励机制

甘肃省坚持"扶贫先扶志和智"，制定了《关于在全省组织开展"精神扶贫"工程的工作方案》《甘肃省治理高价彩礼推动移风易俗的指导意见》等政策文件，从组织保障、政策宣传、乡风文明、文化惠民等方面综合施策，着力提升贫困地区的造血能力和贫困人口的自我发展愿望；积极推广"农民讲习所"、"两户"见面会，组织专家为贫困群众解读脱贫攻坚政策，图3-1是甘肃省构建出的一套完善的、保障减贫工作人员积极性的激励模式。

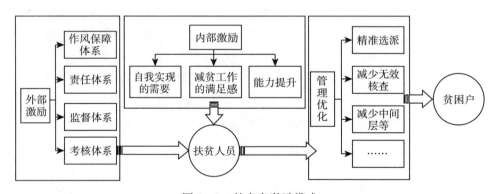

图3-1　甘肃省激励模式

第三节　县级政府推动扶贫减贫
案例及主要做法

平乡县隶属于河北省邢台市，通过充分发挥自身优势，探索出"一中心、五带动、两预防"的扶贫模式。2018 年 9 月 29 日，平乡县接受了国家脱贫考核验收并顺利脱贫摘帽，成功退出贫困县行列。

一、平乡县基本情况

河北省平乡县属于京津冀协同发展战略实施区，人口 32 万，县域总面积 406 平方千米，其中耕地 43 万亩*，人均耕地仅 1.3 亩。平乡县是国家级扶贫开发重点县，2014 年核定贫困村 78 个，贫困人口 6.58 万人，全县基础设施严重欠缺：农村街道差，主要街道硬化少；饮水条件差，靠买水，建储水窖；医疗水平差，存在看病难、看病贵现象；住房条件差，土坯房存在严重安全隐患；人居环境差，垃圾乱倒，文体设施空缺；创业条件差，存在缺技术、缺资金、缺门路等。

二、县级政府推动扶贫减贫主要做法

平乡县结合本县实际情况和产业特色，县委和县政府按照精准扶贫的要求，在绿色、可持续、致富上下工夫、做文章，因地制宜，创建了"一中心、五带动、两预防"扶贫模式，覆盖全县所有的贫困户，如图 3-2。

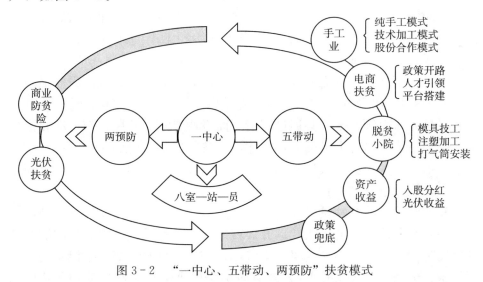

图 3-2　"一中心、五带动、两预防"扶贫模式

---

* 亩为非法定计量单位，1 亩≈667 平方米，下同。

（一）"一中心"

2014 年，平乡县率先在河北省创立脱贫致富调度中心，构建"大扶贫"格局。下设"八室一站一员"，即：成立产业推动、项目建设、就业促进、教育培训、医疗救助、政策兜底、社会帮扶、美丽乡村 8 个调度室；每个乡镇设一个工作站，乡镇书记是第一责任人，派专人进驻调度中心办公；每个贫困村和美丽乡村重点村设一名专职联络员。

（二）"五带动"

1. 手工业扶贫模式

平乡县自行车产业根基牢固，已形成较为完整的产业链，并带动了钢铁、包装、物流等产业迅速发展。依据当地产业优势，平乡县政府积极引导企业将劳动分工进一步细化，把技术标准、资本投入等要求不高的、适合分散加工的产品和手工环节分离出来，转移到贫困户家中完成。采取专业村带动周边村，示范户带动村民的一带多抱团发展手工业的方式，辐射带动更多贫困户自主发展。

2. 电商扶贫模式

电商带动了平乡县自行车产业快速发展，而自行车产业的发展又助推了平乡电商产业的繁荣。2013 年平乡县开始探索电商扶贫道路，并取得了良好成效，被阿里巴巴集团列入全国 13 个电商脱贫调研基地。

一是政策开路，成立专项组织（电商发展领导小组、电商服务中心及电商办公室）、出台专项政策、筹集专项资金，实现农村电商服务站全覆盖；二是人才引领，平乡县通过聘请电商行业专家，开展帮带行动和推行本人干等措施，培育大批的专业人才，让贫困户乘上电商扶贫的快车；三是平台搭建，平乡县积极搭建创业就业、国际会展、网络服务、物流仓储等平台，推动电商扶贫路子越走越宽。

3. "脱贫小院"扶贫模式

平乡县利用农村的闲散院落开展就地就业扶贫模式，将农村闲散的院落发展为"脱贫小院"（主要从事缝纫、模具、注塑等简单的手工劳动，对技术、劳动力的要求较低），政府向小院提供贴息小额贷款和免费培训等服务，并规定必须由贫困户自主创办或吸纳 3 个以上贫困户就业才可以成立，来保障脱贫小院健康发展，切实落实帮助贫困户摆脱贫困的首要责任。

4. "资产收益"扶贫模式

平乡县整合扶贫资金,对1516户贫困户,按照每户1万~1.5万元标准入股企业,每户年保底收益1000元以上;为78个贫困村安装15千瓦光伏电站,发电收入归村集体所有,每年村集体可增收2万元左右;为1255户贫困户安装分布式光伏发电系统,平均每户每年可增收2000元左右。

5. "政策兜底"模式

全面取消低保对象、特困人员、贫困人口住院救助起付线,对所有建档立卡户进行摸排,将符合条件的全部纳入低保;将农村最低生活保障标准提高到3600元,农村特困人员分散供养、集中供养标准分别提高到4800元、7020元;对农村低保户中符合条件的残疾人每月发放生活补贴66元,二级以上残疾且需长期照护的每月发放护理补贴60元,真正落实"两不愁、三保障"的政策要求。

(三)"两预防"

由于平乡县贫困的复杂性和反复性,贫困户很容易陷入贫困—脱贫—返贫的恶性循环,严重影响了扶贫工作的稳定性。平乡县为打破这种恶性循环,启动了防止非贫困低收入户致贫和防止减贫质量不高再返贫两个早预防机制。防止非贫困低收入户致贫,即防止贫困边缘户由于灾害、医疗、教育等高支出陷入贫困,由政府出资37.4万元,对3537户、7458人购买商业防贫险;防止脱贫质量不高再返贫,平乡县对855户贫困户实施光伏扶贫项目,户均可增收2000元左右,对1470户贫困户实施资产性收益项目,户均可增收1000元以上。

第四节 乡镇政府推动扶贫减贫案例及主要做法

山西省阳高县的7镇5乡249个行政村,紧扣中央和省市决策部署,围绕"两不愁、三保障",聚焦"五个一批""六个精准",咬定总攻目标,落细攻击点位,持续精准发力,于2019年4月顺利实现了脱贫摘帽。

一、贫困基本情况

阳高县地处山西省东北部、晋冀蒙三省区交界处,全县国土总面积1597平方千米,其中耕地面积85万亩;现辖7镇5乡249个行政村,共27.4万人,其中农业人口22.07万人,占全县总人口的80.5%。阳高县是国家扶贫开发重点县，属燕山—太行山集中连片特困地区，现有建档立卡贫困人口 18 805 户 41 046 人，贫困村 118 个。经过三年的脱贫攻坚，阳高县累计脱贫 18 349 户 40 031 人，118 个贫困村全部退出，剩余贫困人口还有 456 户 1 015 人，贫困发生率由 2014 年的 22.1％降到目前的 0.46％，于 2019 年 4 月通过国家第三方评估验收，以山西省第一方阵实现了高质量摘帽。

二、乡镇政府推动扶贫减贫主要做法

（一）夯实扶贫减贫基础

一是着力实施"三通"工程。对 7 镇 5 乡 249 个行政村完成"四好农村路"建设；推进农田水利基本建设，实施饮水安全工程及全面实施农村电网升级工程。

二是着力推进"四有"建设。完成行政村的村卫生室达标建设；建设综合文化站、文化活动室和农家书屋，实现乡村综合文化活动场所及电子阅览设备全覆盖；实施广播电视直播卫星"户户通"工程，对行政村和易地扶贫搬迁安置点通光纤宽带。

三是全面实施乡村提升工程。把农村分为提档升级、改造达标、保证基本三大村类，梯次实施"建筑整治、道路、排水、饮水、绿化、亮化、环卫、公共活动场所建设"八大工程。

（二）凝聚扶贫减贫攻坚合力

首先，驻村干部通过关系融入的方式形成上下互动、联系频繁以及关系密切的互动协作关系网络，最终构建良好的关系网络，整合多方力量，推动基层治理工作的顺利开展。其次，坚持党建引领，提升"三基"建设水平，深入开展农村党支部"1＋6"创建，切实强化基层组织保障。再者，调动全员干部精准发力，坚持带头引领，促进各项扶贫政策有效落实，建立"两包三到"联动帮扶机制，实现了驻村联户全覆盖。

（三）强化扶贫减贫机制保障

为了驻村扶贫工作的有效开展，阳高县各乡镇制定驻村帮扶工作考核办法，以各乡镇参与驻村扶贫的单位及驻村扶贫工作队员为考核对象，考核"组织领导情况、政策宣传情况、驻村扶贫工作及成效情况"等内容，建立"五个三"工作机制、入户帮扶机制和蹲点督导机制，确保如期实现脱贫目标，如图 3-3 所示。

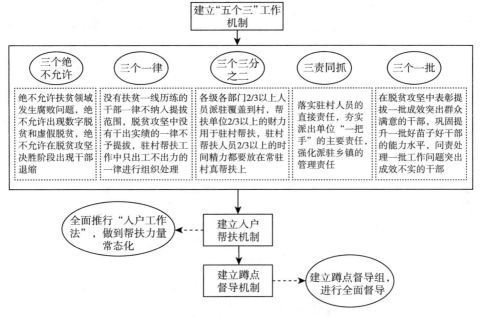

图 3-3　强化扶贫减贫机制保障示意图

第五节　政府推动大扶贫减贫政策分析

　　"三农"问题是关系中国国计民生的根本性问题，中国的贫困人口主要集中在农村，所以农村贫困人口的脱贫是"三农"问题得以解决的核心与体现，是 2020 年全面建成小康社会的前提。因此本节从梳理和分析解决"三农"问题的纲领性文件（中央 1 号文件）和其他重要扶贫减贫文件来介绍中国政府推动下的大扶贫政策，总结中国的扶贫历程，分享扶贫减贫的中国方案。

一、扶贫减贫政策内容分析

（一）基于扶贫减贫发展阶段的扶贫政策分析

　　政策实施的客体、主体和手段是政策制定的核心内容。以 31 个扶贫减贫文件（包括 21 个中央 1 号文件和 10 个其他重要的扶贫减贫文件）为研究样本的基础上，从文本内容和政策工具两个角度来研究政府推动下的大扶贫政策。根据目标瞄准、扶贫主体和扶贫手段，中国扶贫减贫政策的演变可以划分为四个阶段：救济式扶贫减贫阶段、开发式扶贫减贫阶段、大扶贫格局形成萌芽阶段、大扶贫体系发展成熟阶段，如表 3-1 所示。

表 3-1　基于扶贫减贫发展阶段的扶贫政策分析

发展阶段	扶贫减贫文件	扶贫政策
救济式扶贫减贫阶段	1982 年中央 1 号文件（1）	1. 基层政权做好救济工作
	1983 年中央 1 号文件（2）	1. 财政支持，开展多种经营，以工代赈 2. 改善交通条件，办好教育 3. 改变边远山区和少数民族地区的贫困面貌
	1984 年中央 1 号文件（3）	1. 开辟食物来源，改善生态环境
	1985 年中央 1 号文件（4）	1. 投资支援贫困地区发展交通 2. 发达地区按项目定向投放国家资金 3. "东西互助"，鼓励技术转移和人才流动
开发式扶贫减贫阶段	1986 年中央 1 号文件（5）	1. 向未解决温饱的最困难地区，拨出资金 2. 国家支持贫困地区资金由省级（自治区）安排到项目 3. 建立贫困地区领导小组
	《国家八七扶贫攻坚计划》（6）	1. 改变贫困地区落后的面貌 2. 建立社会主义市场经济体制 3. 增加扶贫资金的投入，主要集中在国家重点扶持的贫困县 4. 扩大和发展与国际社会在扶贫方面的合作 5. 开发项目向贫困地区倾斜 6. 加强贫困区基础设施、医疗卫生建设
大扶贫格局形成萌芽阶段	《中国农村扶贫开发纲要（2001—2010 年）》（7）	1. 坚持开发式扶贫。中西部少数民族地区、革命老区、边疆地区和特困地区作为扶贫开发的重点 2. 继续开展党政机关定点扶贫工作 3. 加大科技扶贫力度 4. 发展扶贫开发领域的国际交流与合作 5. 实行党政"一把手"负责制 6. 进一步增加财政扶贫资金投入 7. 对特困户推进自愿移民搬迁
	2004 年中央 1 号文件（8）	1. 增加资金投入，健全扶贫投入机制 2. 到村到户式扶贫 3. 实行社会救济，并适当提高救的标准 4. 对贫困地区生态移民和，易地扶贫 5. 发展特色产业，扩大收入渠道

（续）

发展阶段	扶贫减贫文件	扶贫政策
大扶贫格局形成萌芽阶段	2005 年中央 1 号文件（9）	1. 加强贫困地区农村基础设施建设 2. 实施整村推进扶贫机制 3. 建立新型农村合作医疗保险制度
	2006 年中央 1 号文件（10）	1. 进行劳动力转移培训 2. 扶持龙头企业带动贫困地区发展 3. 做好贫困地区的粮食供应工作 4. 完善社会救助体系 5. 动员中央和国家机关、沿海发达地区和社会各界参与扶贫
	2007 年中央 1 号文件（11）	1. 加大对贫困地区农村水电开发投入和信贷支持 2. 因户施策 3. 在全国范围建立农村最低生活保障制度 4. 发展农村小额贷款
	2008 年中央 1 号文件（12）	1. 坚持开发式扶贫方针 2. 产业扶贫 3. 加大移民扶贫的力度 4. 集中力量解决革命老区、民族地区、边疆地区和特殊类型地区贫困问题
	2009 年中央 1 号文件（13）	1. 制定农村最低生活保障制度与扶贫开发有效衔接办法 2. 重点提高贫困人口的自我发展能力 3. 行业扶贫 4. 积极开展反贫困领域国际交流合作
	《2009—2010 年东西扶贫协作工作指导意见》（14）	1. 集中力量帮助"三个确保"贫困村完成整村推进 2. 完善东西扶贫协作工作体系 3. 加大政府援助力度，开展多种形式的社会帮扶活动 4. 深入贫困地区开展调查研究
	2010 年中央 1 号文件（15）	1. 对农村低收入人口全面实施扶贫政策 2. 扩大贫困村互助资金、连片开发资金及公益金支持革命老区建设等试点 3. 研究制定未来 10 年扶贫开发纲要和相关规划

（续）

发展阶段	扶贫减贫文件	扶贫政策
	2011 年中央 1 号文件（16）	1. 兴建水利设施，重点向革命老区、民族地区、边疆地区、贫困地区倾斜 2. 对中西部地区、贫困地区公益性工程维修养护，中央给予经费补助
	《中国农村扶贫开发纲要（2011—2020 年）》（17）	1. 实行扶贫开发和农村最低生活保障制度有效衔接 2. 加大对革命老区、民族地区、边疆地区扶持力度 3. 建立健全扶贫对象识别机制 4. 对生存条件恶劣地区扶贫对象实行易地扶贫搬迁 5. 加大贫困地区基础设施、生态环境和民生工程等的投入力度 6. 鼓励开展小额信贷，加强贫困地区农村信用体系建设 7. 加强贫困地区市场建设 8. 实行党政一把手负总责的扶贫开发工作责任制 9. 建立扶贫开发信息系统，开展对连片特困地区的贫困监测 10. 加强法制化建设，加快扶贫立法
大扶贫体系发展成熟阶段	2012 年中央 1 号文件（18）	1. 认真落实《中国农村扶贫开发纲要（2011—2020 年）》 2. 加强农民的科技培训、全面造就新型农业农村人才队伍
	2013 年中央 1 号文件（19）	1. 加强农村最低生活保障规范管理 2. 实施连片特困地区区域发展与扶贫攻坚规划
	2014 年中央 1 号文件（20）	1. 整合和统筹使用涉农资金 2. 创新扶贫开发机制，提高精准度
	《关于创新机制扎实推进农村扶贫开发的意见》（21）	1. 建立和完善广泛动员社会各方面力量参与扶贫开发制度 2. 建立精准扶贫工作机制 3. 健全干部驻村帮扶机制 4. 完善金融服务机制，金融机构网点向贫困乡镇和社区延伸 5. 推进贫困地区接通互联网，消除"数字鸿沟" 6. 开展危房改造工作 7. 全面实施教育扶贫工程 8. 加强安全防护设施建设，农村电网改造和中小危房改造

（续）

发展阶段	扶贫减贫文件	扶贫政策
大扶贫体系发展成熟阶段	《建立精准扶贫工作机制实施方案》（22）	1. 做好建档立卡工作和信息化建设 2. 搭建社会扶贫信息服务平台 3. 帮扶重心下移到贫困村，帮扶对象明确到贫困户 4. 扶贫开发品牌项目（雨露计划，易地搬迁，扶贫小额信贷） 5. 建立干部驻村帮扶工作制度 6. 健全贫困县精准扶贫考核机制
	2015 年中央 1 号文件（23）	1. 实行精准扶贫 2. 扶贫项目审批权下放到县 3. 完善干部驻村帮扶制度 4. 加大贫困监测 5. 加快扶贫开发立法
	《关于打赢脱贫攻坚战的决定》（24）	1. 注重扶贫先扶智 2. 重点支持贫困村、贫困户因地制宜发展特色产业 3. 进一步加大就业专项资金向贫困地区转移支付力度 4. 加大贫困地区生态保护修复力度 5. 实行农村最低生活保障制度兜底脱贫 6. 重点支持革命老区、民族地区、边疆地区、连片特困地区脱贫攻坚 7. 加强国际减贫领域交流合作
	2016 年中央 1 号文件（25）	1. 加大农村危房改造力度 2. 实施精准扶贫、精准脱贫 3. 实行社保兜底脱贫 4. 实行脱贫工作责任制 5. 推动金融资源向农村倾斜
	《"十三五"脱贫攻坚规划》（26）	1. 坚持"六个精准"，因地制宜、分类施策 2. 建立健全产业到户到人的精准扶持机制 3. 加强贫困人口职业技能培训和就业服务 4. 聚集国际国内社会各方力量，形成脱贫攻坚强大合力 5. 加强贫困地区重大基础设施建设工程 6. 鼓励和引导各类金融机构加大对扶贫开发的金融支持

（续）

发展阶段	扶贫减贫文件	扶贫政策
大扶贫体系发展成熟阶段	2017 年中央 1 号文件（27）	1. 农村危房改造 2. 健全稳定脱贫长效机制 3. 严格执行脱贫攻坚考核监督制 4. 发挥村党组织第一书记的重要作用
	《关于进一步加强东西部扶贫协作工作的指导意见》（28）	1. 帮扶资金和项目瞄准贫困村、贫困户 2. 统筹东西部扶贫协作和对口支援人才选派管理工作 3. 整合扶贫协作和对口支援资金 4. 鼓励各类人才扎根西部贫困地区
	2018 年中央 1 号文件（29）	1. 加强贫困人口职业技能培训和就业服务 2. 增加对深度贫困地区的金融支持 3. 扶贫与扶志、扶智相结合 4. 强化党政一把手负总责的责任制 5. 做好乡村振兴与精准脱贫的有机衔接
	《关于打赢脱贫攻坚战三年行动的指导意见》（30）	1. 强化到村到户到人精准帮扶 2. 坚持扶贫同扶志扶智相结合 3. 坚持开发式扶贫和保障性扶贫相统筹 4. 加大深度贫困地区政策倾斜力度 5. 加快补齐贫困地区基础设施短板 6. 加强扶贫支撑保障 7. 统筹衔接脱贫攻坚与乡村振兴
	2019 年中央 1 号文件（31）	1. 建立第一书记派驻长效工作机制 2. 扩大"新农合" 3. 鼓励外出者返乡创业 4. 健全村庄基础设施建管长效机制 5. 推进城乡公共服务均等化 6. 主攻深度贫困地区并进行金融支持

1. 救济式扶贫减贫阶段（1978—1985 年）

改革开放以来，土地经营制度发生了变革，家庭承包经营制度取代了人民公社的集体经营制度。从 1978 年到 1985 年，中央共颁布了 4 个中央 1 号文件。1981 年 10 月，中央批转了国家农委《关于积极发展农村多种经营的报告》，强调调整农业生产结构、调整农业生产布局等问题，大大提高了农民的生产积极性。1982 年第一个中央 1 号文件出台，没有提出具体的扶贫政策，但做出加快农业发展的决定，在很大程度上有助于解决农村贫困问题。1983 年的中央 1 号文件，进一步肯定了家庭联产承包责任制，全国实行家庭联产承包责任制进入高潮。1984 年中央 1 号文件，提出要稳定和完善家庭联产承包责任制，并决定土地承包由原来的 3 年延长为 15 年。在扶贫启动期，中国政府主要采取单纯的"输血式"救济扶贫，将一些扶贫资金直接下发给贫困户，扶贫手段较为单一，没有从根本上解决贫困户要脱贫的实际愿望。主要特征是体制改革推动下的扶贫，在一定程度调动了农民的积极性，通过"输血式"救济扶贫和经济增长的"涓滴效应"缓解了农村的整体性贫困。

2. 开发式扶贫减贫阶段（1986—2000 年）

中国第一次大规模扶贫开发政策的调整始于 1986 年，1987 年中共中央政治局为争取农村经济的新增长，巩固和扩大改革的成果，促进农业生产，对农村改革问题进行了深入的讨论。1986—1993 年，中国注重因地制宜发展生产，通过以工代赈等扶贫方式推动贫困地区的发展，扶贫减贫方式逐步向开发式转型。1994 年《国家八七扶贫攻坚计划》肯定了开发式扶贫理念，是新中国历史上第一个有明确目标、明确对象、明确措施和明确期限的扶贫开发行动纲领。国家有计划地进行了许多改变，从扶持经济增长逐步转向扶持贫困人口，扶贫资金开始向贫困地区倾斜，国家级贫困县增至 592 个。1996 年党中央召开全国脱贫工作会议，确立了贫困比较集中的西部省份地区领导人对扶贫工作的责任制。同时要求对扶贫工作和资金利用加以更好的监督管理。1998 年国家制定了《残疾人扶贫攻坚计划（1998—2000）》，对残疾人贫困工作进行了全面部署。1999 年 9 月中央再次召开扶贫工作会议，重申扶贫政策目标，强调扶贫资金用于解决贫困人口温饱问题，优先利用资金领域包括养殖业、小额信贷、粮食和经济作物改良品种等。

3. 大扶贫格局形成萌芽阶段（2001—2010 年）

2001 年 6 月，国务院出台了《中国农村扶贫开发纲要（2001—2010 年）》提出要坚持开发式扶贫减贫，开展党政机关定点扶贫工作，反哺农村，减贫脱贫，实施整村推进，生态移民、易地扶贫搬迁。虽然还叫"扶贫开发"，但扶贫工作重点与瞄准对象已经做了重大调整。扶贫工作重点放到西部地区；贫困村成为基本瞄准对象，扶贫资金覆盖到非重点县的贫困村；同时，注重发展贫困地区的科学技术、教育和医疗卫生事业，强调参与式扶贫，以村为单位进行综合开发和整村推进；在 2004 年和 2007 年的中央 1 号文件中也分别提出了要"扶贫到村到户""分户制定更有针对性的扶贫措施"，扶贫资源开始向贫困村转移。扶贫模式有所更新，将行业扶贫和社会扶贫引入到扶贫事业中。这一阶段扶贫的主要特征是区域性的"面"到"块"式扶贫战略的转换，扶贫重点由县的区域向更低层次的村集中。

4. 大扶贫体系发展成熟阶段（2011 年以后）

经过十几年的扶贫减贫，中国贫困人口进一步减少，贫困发生率持续下降，但面临的贫困问题依然繁重。2011 年，中共中央、国务院印发《中国农村扶贫开发纲要》，提出实现"两不愁、三保障"的总体目标，连片特困地区成为扶贫的重点区域。2013 年 11 月"精准扶贫"重要思想提出，成为新时期扶贫攻坚的指导思想。2014 年中央 1 号文件提出要"提高扶贫精准度"，之后专门出台了《关于创新机制扎实推进农村扶贫开发的意见》《建立精准扶贫工作机制实施方案》《关于打赢脱贫攻坚战的决定》《"十三五"脱贫攻坚规划》《关于推动落实休闲农业和乡村旅游发展政策的通知》《贫困残疾人脱贫攻坚行动计划（2016—2020 年)》《关于金融助推脱贫攻坚的实施意见》《关于打赢脱贫攻坚战三年行动的指导意见》《关于解决"两不愁三保障"突出问题的指导意见》《关于坚持农业农村优先发展做好"三农"工作的若干意见》等扶贫减贫重要文件。扶贫对象精准到了个体，与集中连片特困地区、贫困县和贫困村，形成了多方位的扶贫资源分配格局。在精准扶贫战略思想的指导下，构建了多方力量有机结合与互为支撑的"三位一体"（专项扶贫、行业扶贫、社会扶贫）大扶贫格局。

通过对 31 个扶贫减贫文件的分析，可以得出中国在扶贫减贫上呈现着阶段性的变化，扶贫格局不断转变，从政府单向主导到政府单向主导与多元互动参与并举的大扶贫格局，目标瞄准从贫困地区到贫困县，再到贫困村，最后瞄准贫困户。总结出中国扶贫减贫政策的演进方向大致为："大水漫灌"向"精准滴灌"转变；扶贫资源使用方式，由多头分散向统筹集中转变；扶贫开发模式，由偏重"输血"向注重"造血"转变；扶贫考评体系，由侧重考核地区生产总值向主要考核脱贫成效转变。

（二）扶贫减贫政策的演进方向

1. 扶贫主体的转变

通过对 31 个扶贫文件的分析不难看出，扶贫主体由开始的政府单一，逐渐转变为政府主导，多主体、多部门参与（社会、市场协同参与）。在救济式扶贫减贫阶段，社会市场经济体制处于始建阶段，力量比较弱小，扶贫主体为政府，社会、市场并未参与，这种情况不利于激发扶贫对象的积极性与参与感；区域性开发式的扶贫减贫阶段，扶贫主体开始扩大，社会各界开始参与到扶贫中来；全方位、主体性的大扶贫阶段，更是强调市场拉动扶贫和社会联动扶贫的重要性。扶贫主体的多元化，推动政府为扶贫减贫注入了新资源和新资金。

2. 扶贫模式的转变

扶贫模式由政府专项扶贫逐渐转变为"三位一体"（专项、行业、社会扶贫）的扶贫模式。在第一阶段，主要是依靠单一的专项扶贫，国家投资支持贫困区交通等，实行社会救济，政府直接帮扶贫困地区；在第二阶段，除了政府实施的一些专项扶贫政策外，还将行业扶贫纳入扶贫行列，建立最低生活保障制度，通过教育等各行业促进扶贫工作，支持社会力量参与扶贫；在第三阶段，即大扶贫阶段为行业扶贫和社会扶贫提供了有力的政策保障，在"三位一体"的大扶贫模式下，引入了非政府组织，将扶贫力量集中到一起，区域协同带动个体共同脱贫。

3. 扶贫手段的转变

扶贫手段由经济开发转向开发和保障的"两轮驱动"。从开始直接投入资金的"输血式"扶贫方式；到以开发式扶贫为主，生态扶贫，易地搬迁扶贫，产业扶贫等，开发与保障协同的"造血式"扶贫方式；最后实施到户到人的精准扶贫，实行经济开发与社保兜底"两轮驱动"，对不同贫困对象分类施策，确保实现真正脱贫。

二、扶贫减贫政策工具量化分析

在对 31 个扶贫减贫文件的扶贫政策进行内容定性分析后，接下来从政策工具角度进行定量分析。

（一）政策工具横向分析

1. 政策工具相关知识

政策工具是实现政策目标的手段或方式，是政府为达成一定的政策目标而采用的一些方式和方法。对政策工具分类的研究是运用政策工具分析扶贫政策的基础，通过阅读大量文献发现，政策工具的分类没有统一的标准。目前，许多学者根据政策的最终目的以及对目标的影响进行了不同的分类。袁狄龙按政策的作用机理将政策工具划分为交流工具、经济工具和法律工具；豪利特和拉米什结合政治学和经济学的理论，根据政府在公共物品和服务供给中介入的不同程度，将政策工具分为强制型、混合型和自愿型三种；根据政策的影响罗斯威尔和泽格菲尔德将政策工具分为供给型、需求型和环境型三种，这种划分方法在农业发展动能转化、农村扶贫政策中得到了应用，因此本节也采用这种分类方式对农村扶贫政策工具进行量化分析。根据政策文本将农村扶贫政策分为三大类、12小类。

首先供给型和需求型是政府从供给和需求两个方面制定政策达到政策目标，而环境型政策工具是通过优化扶贫环境间接促进扶贫工作。供给型政策工具主要是政府对扶贫的供给投入，如资金投入、基础设施建设、项目供给、人才培养、公共服务等；环境型政策工具，是政府通过营造良好的环境支持扶贫，比如目标规划、金融支撑、法规管制和策略性措施；需求型政策工具直接作用于市场维度，通过完善市场、服务外包、税收优惠、政府采购等措施，通过为扶贫事业提供稳定的市场，从而拉动其发展。

2. 扶贫减贫文件政策工具横向分析

对31个扶贫减贫文件的农村扶贫政策进行整理和相关分析，政策文本共出现264次（其中中央1号文件的政策文本165次，其他重要扶贫减贫文件的政策文本99次），并对具体的条款进行编码，一个条款可能会涉及不同的基本政策工具，整理并汇总数据，如表3-2所示。

由表3-2可知，中国对供给型和环境型政策工具运用相对较多，具体分析如下。

表3-2 扶贫减贫文件中农村扶贫政策频数统计[①]

政策工具	工具名称	编码	频数	百分比（%）
供给型工具	资金投入	2-3，4-3，5-1，5-3，6-10，6-11，7-16，7-21，8-1，8-6，10-5，11-1，12-3，13-6，14-4，15-3，17-33，19-2，20-1，21-4，22-7，23-1，24-18，25-12，26-12，27-5，28-10，30-18，31-1	29	10.98

---

① 数据来源：通过对31个扶贫减贫文件整理所得。

（续）

政策工具	工具名称	编码	频数	百分比（%）
供给型 工具	基础设施	2-5，3-1，4-1，6-5，7-6，7-15，9-1，11-2，15-12，15-13，16-1，16-2，17-22，20-4，21-2，21-16，22-2，22-11，23-4，24-13，25-1，26-18，27-1，30-8，31-8	25	9.47
	项目供给	2-4，5-2，6-8，6-9，7-13，7-19，8-4，8-5，9-2，10-1，10-4，11-6，12-4，12-6，12-7，13-4，13-7，13-9，13-11，14-4，15-5，15-8，15-10，15-11，15-15，17-33，17-44，21-13，21-14，21-15，22-13，23-5，23-6，23-15，24-7，25-6，25-9，26-2，26-3，26-7，26-10，29-2，29-3，29-6，29-7，30-6，31-4，31-5，31-15	49	18.56
	人才培养	5-5，7-17，10-2，12-5，13-8，15-9，17-39，21-20，22-4，23-18，24-21，25-4，26-6，27-8，28-9，29-1，29-10，29-15，30-21，31-2，31-18	21	7.95
	公共服务	1-1，2-6，6-6，6-28，7-6，8-3，9-4，10-8，10-9，11-4，11-8，12-1，13-1，13-3，15-1，15-2，15-4，17-8，17-23，17-24，18-1，18-2，19-1，20-2，21-6，21-21，22-5，22-12，23-10，23-11，24-10，25-2，25-3，25-7，26-9，27-2，29-4，29-5，31-9，31-14	41	15.53
	小计	—	165	62.50
环境型 工具	目标规划	3-2，6-23，6-24，7-12，13-5，15-6，15-7，15-17，17-10，17-28，18-3，19-3，21-11，21-12，22-1，22-9，23-2，29-17，31-11	19	7.20
	金融支持	6-12，11-3，11-5，17-27，17-35，21-5，22-8，23-12，24-19，25-13，29-8，29-18，30-19，31-17	14	5.30
	法规管制	6-15，17-47，21-18，22-14，22-15，23-13，28-13	7	2.65

（续）

政策工具	工具名称	编码	频数	百分比（%）
环境型工具	策略性措施	2-1，2-2，4-2，6-7，6-8，7-5，7-27，7-28，8-2，9-3，10-6，10-7，11-7，12-2，12-8，12-9，13-2，13-11，13-12，13-13，13-14，14-5，14-6，14-9，14-12，15-14，15-16，15-18，15-19，17-15，17-30，20-3，21-1，23-3，23-7，23-9，24-10，25-5，25-8，25-10，25-11，25-14，27-3，27-6，27-7，29-9，29-12，29-13，29-14，29-16，30-3，31-7，31-10，31-16，31-19	55	20.83
	小计		95	35.98
需求型工具	完善市场	5-4，6-3，10-3，17-11	4	1.52
	服务外包	—		
	政府购买	—		
	小计		4	1.52
总计			264	100

（1）供给型政策：偏向项目供给与公共服务。通过以上数据可以得出，供给型政策工具中，项目供给最多，占比18.56%，接着是公共服务，占比15.53%。说明农村扶贫主要以专项扶贫为主，通过项目供给、医疗教育等公共服务补助来改善贫困户的生活水平，仅仅依靠中央财政专项拨款是远远不够的。人才培养占比最低（7.95%）。在扶贫这个重大工程中，人力资本是必不可少的，要注重加强基层干部培育和贫困人口的技能培训，注重人才培养。

（2）需求型政策：几乎没有得到使用。需求型政策工具除了完善市场使用较少外，其他均未得到使用。在扶贫政策的前两个阶段，几乎都是靠政府单一扶贫，后来逐渐意识到要引入市场与社会的力量，实现政府、市场、社会的联合互动，通过提高市场活力，扩大增收渠道。表中显示服务外包与政府购买匮乏，政府可以将一些基础性的公共产品，外包给其他专业服务商来完成，增加政府与其他部门的合作。

（3）环境型政策：注重策略型措施。通过分析发现，在环境型政策工具的使用中，策略性措施占比最大（20.83%），从救济式扶贫开始到精准扶贫，不管是扶贫对象的瞄准还是各项扶贫任务的执行都需要制定有效的策略，都需要有制度保障。对于目标规划，按照中央1号文件的不同阶段来说，一是解决温饱问题，二是提高贫困户的自我发展能力，三是注重基础实施、公共设施建设。

总之，通过对 31 个扶贫减贫文件的分析，可以总结出中国在政策工具的使用上的总体情况如下：供给型政策工具的使用，更加注重项目供给，但也逐渐加大了对人才的培养；环境型政策工具的使用，更加注重策略性措施，金融支持工具也在增多；需求型拉动政策工具的使用几乎为零。进一步分析可以发现，中国政府在扶贫减贫政策工具的使用上，大体上是偏向供给投入，环境支持也在逐渐增加。在扶贫的初始阶段，仅仅依靠政府一味的投入，采用的是"输血式"的救济扶贫，随着扶贫、脱贫意识的不断提高，中国政府在增加投入的同时，不断加大人才培养力度，增加金融支持，发挥市场作用，意识到社会各界融入到扶贫开发工作当中与国际扶贫减贫经验交流的重要性，扶贫政策工具的使用逐渐向环境型和完善市场等需求型工具转变。

（二）政策工具时间序列分析

通过对扶贫减贫发展阶段的 21 个中央 1 号文件和 10 个其他重要扶贫减贫文件（《国家八七扶贫攻坚计划》《中国农村扶贫开发纲要（2001—2010）》《2009—2010 年东西扶贫协作工作指导意见》《中国农村扶贫开发纲要（2011—2020 年)》《关于创新机制扎实推进农村扶贫开发的意见》《建立精准扶贫工作机制实施方案》《关于打赢脱贫攻坚战的决定》《"十三五"脱贫攻坚规划》《关于进一步加强东西部扶贫协作工作的指导意见》、《关于打赢脱贫攻坚战三年行动的指导意见》）进行政策工具时间序列分析，进一步分析中国在扶贫减贫事业中的政策工具使用情况。其中横坐标表示按时间顺序排列的扶贫减贫文件，纵坐标表示政策工具的文本量，具体图 3-4 所示。

图 3-4 表明，随着时间的推移，相比于环境支持和需求拉动政策工具，供给投入政策工具的使用一直维持在较高水平。1982—1993 年，中国的市场经济刚刚起步，受制于当时的经济发展水平与市场条件，这一时期政策工具的使用在数量上较少，而且种类也比较单一，基本以供给型政策工具为主，在 1986—1993 年，中国扶贫减贫方式逐渐向开发式转型。2001 年中央制定了《中国农村扶贫开发纲要（2001—2010）》，加强了对各种扶贫政策工具的利用，但供给型政策工具的使用仍然维持在较高水平，环境型政策工具呈上升趋势，在 2010 年《中国农村扶贫开发纲要

（2011—2020 年)》文件出台后，环境型政策达到这一阶段的最大值。2011—2013 年的中央 1 号文件选择个别重大问题部署，较少涉及扶贫内容，政策数量下降。2014 年精准扶贫思想的提出，供给型和环境型政策工具的使用不断加大，社会、市场参与到扶贫事业中。

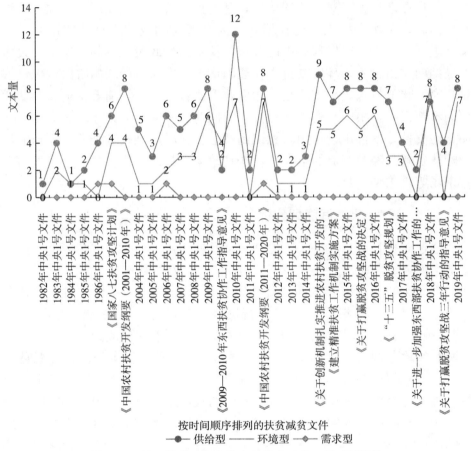

按时间顺序排列的扶贫减贫文件
—●— 供给型 —— 环境型 —◆— 需求型

图 3-4　基于扶贫减贫文件农村扶贫政策工具时间趋势

综上，中国在使用扶贫政策工具上经历了由单一到多元、由政府主导到全社会共同参与的过程。目前中国在扶贫方式上仍以供给型政策工具为主，但环境型政策工具的使用也在不断增加。中国要在供给型和环境型不断增加的基础上，加大需求型政策工具的使用。

（三）大扶贫减贫阶段的政策工具特点分析

通过将 31 个扶贫减贫文件所划定的大扶贫发展成熟阶段与前三个阶

段（救济扶贫、开发扶贫及大扶贫格局萌芽）进行比较，来分析大扶贫格局阶段下的政策工具特点，具体如图 3-5、图 3-6 所示。

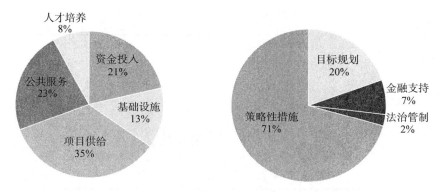

图 3-5 前三个阶段的供给型、环境型政策工具组合

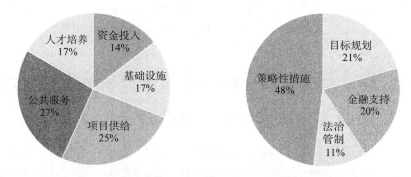

图 3-6 大扶贫成熟阶段的供给型、环境型政策工具组合

由于文件对需求型工具使用较少，在以下比较中不做考虑。从上述两图可以看出，在对供给工具的使用上，大扶贫格局阶段明显增强，尤其是人才培养，说明政府逐步注重贫困地区人才的培养和农村扶贫干部的激励，注重人才队伍的建设。环境支持工具使用上，大扶贫格局阶段法规管制较前三个阶段有所增加，更加注重为扶贫减贫的实施创造良好的环境；再者就是金融支持逐步增加，说明扶贫政策加大了对贫困地区的金融投入力度，以金融扶贫的方式推动贫困地区的发展。

总之，中国政府在推动大扶贫的政策工具使用上，金融支持、人才培养等方面的倾斜力度不断加大。

贫困发生率是考核扶贫减贫成效的重要指标之一，图 3-7 为 1978—2018 年的中国贫困发生率的变化，由图可以看出：在大扶贫阶段的贫困发生率由 12.7％下降至 1.7％，相比第 3 个阶段的递减速度更快，说明 2011 年之后的大扶贫阶段的减贫成效更为显著。

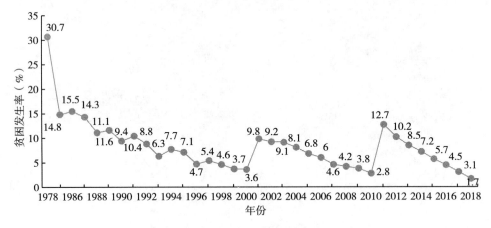

图 3 - 7　1978—2018 年的中国贫困发生率
数据来源:《2019 年中国农村贫困监测报告》。

第六节　十八大前后政府推动扶贫减贫做法对比

一、十八大前政府推动扶贫减贫做法

十八大以前的中国政府扶贫表现出一定的阶段性、连续性、时代性和针对性，在贫困治理中不断探索，提出了一脉相承并逐步发展的系统的贫困治理政策，推进了中国贫困治理不断发展、完善和创新。

(一)广义式救助

在新中国成立初期，为恢复中国农村经济的发展和缓解当时因战争、封建制度所造成的农村贫困，也为了改善贫困农户的资产状况，提高农民收入，党中央实施了"以土地为核心"的农村贫困治理措施，实施三大改造，确立了社会主义制度，解放生产力;不断变革农村生产关系，实施土地改革，成立农业合作社，建立人民公社等一系列广义式的贫困治理措施，让大部分贫困地区的人民得到了粮食和金钱的救助。政府是贫困治理的主要组织者、发动者，直接通过计划和行政命令决定农村的建设和发展，农村群众所需生产、生活资料都是由国家和政府直接向农村贫困地区提供。政府主要采取暂时性的救济式方式帮助贫困人口渡过难关，没有实

施针对贫困地区和贫困地区群众的专项扶贫政策，针对因灾致贫人口和战争伤残人士，多采取经济救济、自然灾害救济以及优抚救济等，其本质是一种社会救助行为。

(二) 小范围救济

面对日益严峻的贫困问题，中国政府逐步认识到计划经济体制中存在的弊端，启动农村改革，推广家庭联产承包责任制的扶贫政策，开始重视农村、农民、农业问题，设立"支援经济不发达地区发展资金"用于支持老革命根据地和少数民族地区的发展，同时制定"三西"特定贫困区域的扶贫开发计划。1984 年 9 月中共中央，国务院颁发了《关于帮助贫困地区尽快改变面貌的通知》，把我国"老、少、边、穷"地区的贫困问题作为各级政府扶贫工作的重点，规划了 18 个贫困地区进行了重点扶持，主要还是中央政府主导，地方力量薄弱。

(三) 大规模开发

为了带来更好的扶贫资源瞄准效果，中国政府依据不同地区、不同的社会经济发展水平，采取集中力量重点扶持最贫困地区的特殊措施，因地制宜地制定更加有针对化的扶贫政策，实行差异化的帮扶来重点解决西部连片贫困地区、少数民族地区和革命老区的贫困问题。国务院成立专门的农村贫困治理工作机构——贫困地区经济开发领导小组，来统一指导、组织、协调、监督全国扶贫工作，在地区层面也成立专门负责地方具体扶贫事宜的机构（制定详细扶贫计划，成立扶贫工作机构，安排专项扶贫资金）；政府开始有计划、有组织地开展贫困治理工作，鼓励自力更生，强化社会动员，不断提高对贫困地区的引导，提高贫困群众的自救能力，扶贫工作逐步向"造血式"转变。

(四) 攻坚式治理

2001 年 6 月，中国政府开始制定和实施了又一个国家层面的全新扶贫计划《中国农村扶贫开发纲要（2001—2010 年)》。政府重新划定国家贫困县、贫困村以适应新的扶贫形势，再次调整并重新确定了 592 个国家扶贫开发工作重点县，把扶贫的焦点从以往的贫困县再进一步聚集到贫困村。党中央提出"整村推进"的扶贫方针，实施"以村为单位"的扶贫规划来帮助剩余的贫困人口脱贫。除了为连片特困地区分别制定扶贫攻坚计划外，中央还继续对片区以外的重点贫困县采取扶贫支持，更加关注贫困群众的健康、教育、社会福利、自身能力、参与机会等问题。不断完善社会保障体系，加大医疗补贴力度，推行新型医疗制度建设，提高贫困地区医疗保障水平。

（五）立足国情探索扶贫路

只有准确判断和把握不断变化发展的国情才能形成符合中国贫困治理实际情况、具有现实可行性的贫困治理思路，制定出符合中国实际的贫困治理理论和路线方针政策，为中国贫困治理事业提供更科学的理论指导。十八大以前，党中央在扶贫道路上不断探索适合中国国情的扶贫减贫道路，通过深刻认识复杂多变的国际局势，准确把握我国发展的阶段性特征，分析过去贫困治理在理念和方式上的特点和规律，不断赋予中国贫困治理以新的时代内涵和时代特色，不断加快中国贫困治理事业向前发展的步伐。

二、十八大以来政府推动扶贫减贫做法

党的十八大以来，以习近平同志为核心的党中央高度重视扶贫开发工作，把脱贫攻坚摆到治国理政的突出位置，先后就扶贫开发工作出台了一系列方针政策。这一系列政策涉及扶贫开发面临的新形势、扶贫开发的核心构成要素、扶贫开发的实施路径、扶贫开发的体制保障等，并构成一个有机联系的整体。采取超常规的举措，全面打响脱贫攻坚战。

（一）坚持"以人民为中心"的扶贫理论

党的十八大以来，以习近平同志为核心的党中央，始终坚持贯彻以人民为中心的发展理念，致力探索每一个贫困人口的致富道路，努力提升贫困群众的获得感、幸福感和安全感。坚持发展为了人民，扶贫依靠人民，扶贫成果由人民共享。充分发挥领导干部的能动作用，着力提高干部群众的扶贫能力，始终把贫困群众作为脱贫致富的主体。

（二）建立中国特色脱贫攻坚制度体系

加强中国共产党对脱贫攻坚工作的全面领导，建立了各负其责、各司其职的责任体系，精确识别、精准脱贫的工作体系，上下联动、统一协调的政策体系，保障资金、强化人力的投入体系，因地制宜、因村因户因人

施策的帮扶体系。发挥社会主义制度集中力量办大事的优势，动员各方面力量广泛参与、合力攻坚。把全面从严治党要求贯穿脱贫攻坚全过程各环节，扶贫领导小组对各地开展脱贫攻坚督查巡查等多渠道全方位的监督体系和最严格的考核评估体系，为脱贫攻坚提供了有力的制度保障。最根本的是中央统筹、省负总责、市县抓落实的管理体制，从中央到地方逐级签订责任书，明确目标，增强责任，强化落实。

（三）创新机制，加强顶层设计

十八大以来，为打好脱贫攻坚战，中央持续创新机制，加强顶层设计。创新财政扶贫资金管理机制，增加财政专项扶贫资金投入，增强资金使用的针对性和实效性，努力实现项目资金到村到户，探索以奖代补等竞争性分配办法，构建"多条渠道进水、一个龙头出水"的治理格局。完善干部帮扶机制，实行驻村干部帮扶，落实好到村到户帮扶措施，防止"扶农不扶贫、富县不富民"。创新金融扶贫机制，引导各类资金投入扶贫事业，充分利用财政贴息、担保、保险、补贴等多种措施，引导信贷资金参与扶贫攻坚，开辟了一条新常态下金融扶贫的新路子。创新考核问责激励机制，赋予贫困县新的考核内涵，把提高贫困人口生活水平和减少贫困人口数量作为主要指标，引导贫困地区党政领导班子和领导干部把工作重点放在扶贫开发上。建立贫困退出机制，以脱贫实效为依据，以群众认可为标准，建立严格、规范、透明的贫困退出机制，促进贫困人口、贫困村、贫困县有序退出，确保如期实现脱贫攻坚目标。创新贫困人口参与机制，提出了"以内源扶贫为根本"的贫困治理思想，大力开展以产业扶贫为重点的"造血"扶贫方式，进一步调动贫困群众的积极性、主动性和创造性。

（四）与时俱进，调整扶贫方略

党的十八大以来中国针对扶贫方略做出了重大调整。从"大水漫灌"式扶贫改为"滴灌"式精准扶贫；由政府专项扶贫逐渐转变为"三位一体"（专项、行业、社会）扶贫；由经济开发转向开发和保障的"两轮驱动"；从"输血式"扶贫到开发与保障协同的"造血式"扶贫；从单点扶贫到连片开发；从依靠帮扶到思变求富的重大转变。

（五）精准施策，全民攻坚

扶贫工作越到后期难度越大，党的十八大以来充分发挥政治优势、制度优势，五级书记一起抓，落实脱贫攻坚责任。实施精准扶贫、精准脱贫方略，按"五个一批""六个精准"要求，因村因户因人施策，真正做到扶到点上、扶到根上。不断加大脱贫攻坚投入，中央和省级财政专项扶贫资金投入屡创新高，整合政府、金融、社会资金，并不断加强监管力度，提高使用效率，廉洁扶贫、阳光扶贫。发挥政府在大扶贫体系中的主导作用，引导市场扶贫，协调社会扶贫，兜底保障扶贫形成扶贫减贫合力。同时注重贫困户内生动力建设，实行最广泛的社会动员，充分调动贫困地区、贫困群众的积极性、主动性、创造性。

第七节　政府推动大扶贫特点、经验与存在的问题

一、政府推动扶贫减贫特点

（一）政府是大扶贫体系的主导者，对社会成员扶贫减贫负无限责任

扶贫工作作为服务型政府的一项重要工作，应当引起各级政府的高度重视。在应对贫困问题上，政府有着不可推卸的责任，积极发挥主导作用，注重贫困人口"造血"机能的培养，对特定群体实行专项扶贫等，采取措施多渠道开展扶贫工作。同时在扶贫道路上，始终坚持对无脱贫能力成员负无限责任。

（二）政府是政策的制定者，扶贫减贫事业的发起者、领导者和协调者

对于整个减贫项目来说，政府作为发起者和领导者，起到战略制定，目标规划，措施完善，政策实施的作用，结合中国具体实际，制定科学动态的扶贫政策，努力发挥自身的领导能力和协调能力，做好顶层设计工作，优化资源配置，协调各方形成攻坚合力，最终保证扶贫工作的顺利进行。

（三）有为政府，才能取得扶贫减贫的有为成绩

中国共产党和中国政府高度重视减贫扶贫工作。特别是党的十八大以来，以习近平同志为核心的党中央，把贫困人口脱贫作为全面建成小康社

会的底线任务和标志性指标，在全国范围内全面打响了脱贫攻坚战，依靠本国资源和力量解决贫困问题，在扶贫减贫的不同阶段，都针对性地提出不同的政策与举措，加强政策引导和体制机制建设，在扶贫减贫领域积极发挥有为政府的作用，脱贫攻坚取得了历史性成就，为世界减贫事业做出了重要贡献。

（四）政府是贫困人口脱贫的兜底保障者，利益守护者

在大扶贫工作中，政府高度重视为贫困人口脱贫建构多层面全方位的帮扶保障，从而提升扶贫减贫的针对性和有效性；重视构建贫困户的低层次利益联结机制；重视构建与完善贫困者的权利保障制度，制定和落实最低生活保障等一系列社会保障制度，并通过教育、产业扶贫等全方位地为中国贫困人口的生存权及发展权提供了可靠保障。

二、政府推动扶贫减贫经验

在中国大多数贫困主要是由于资源禀赋不足，一方水土养不起一方人，再加上经济结构转型失败导致经济落后，贫困原因具有一定的普遍性，其减贫经验适用于世界上多数发展中国家。

（一）依据资源禀赋和社会经济发展基础，完善顶层设计

完善的减贫政策是减贫过程中的一大优势，将扶贫经验与问题结合，坚持高位引领，问题导向，将减贫过程中遇到的问题自下而上进行反映，通过政策制定，把握减贫脉搏，完善顶层设计，建立以责任体系、政策体系、投入体系、动员体系、监督体系、考核体系为主要内容的政策体系，自上而下地解决减贫工作中实际发生的问题，并以此保证贫困人口的收益，同时能够作为减贫工作人员的行动指南，使其更好地投入到减贫工作中去。

（二）逐步破除"等、靠、要"思想，重视扶智扶志

在脱贫攻坚的最后关头，扶贫工作的主要难点在于贫困人口内生动力不足，如何采取良好的激励措施破除现在一些贫困人口的"等、靠、要"思想是保证减贫质量的关键所在。政府通过采用多种激励方式，切实以实际劳动、参与脱贫项目等方面调动贫困人口的劳动积极性，开展"农民讲习所"、"两户"见面会等做法，以内部激励为手段，通过多方宣传，树立

典型，加强教育等方式来激发贫困人口对美好生活的向往。

（三）注重完善激励机制，增强各级政府推动扶贫减贫工作的执行力

中国政府注重减贫工作人员的激励问题，激发减贫工作人员的积极性，使其以内生动力为驱动，提高工作效率，从根本上保障减贫工作的真正落实。通过树立完善的考核评估制度和监督检查体系，在激励的强化作用下保证脱贫攻坚任务早日完成。

（四）发挥政府在大扶贫体系中的主导作用，协调好政府、市场、社会力量等主体，形成扶贫减贫合力

能够借助强大的外部力量是中国许多贫困地区的另一大优势。政府通过制定规划、制度与政策等主导扶贫工作进程，通过金融、就业和电商扶贫等充分发挥市场机制和社会力量的扶贫作用，动员全社会力量，集结多方有效资源，推进多元主体合作，形成政府、市场、社会互动，专项、行业、社会联动的强大合力。

（五）要注意供给型、需求型和环境型三种扶贫减贫政策科学搭配，取得扶贫减贫协同效应

政策工具的科学搭配可以有效地促进扶贫减贫工作的顺利进行。中国在扶贫政策工具的使用上，从注重供给推动逐渐向供给推动、环境支持和完善市场需求拉动相结合的方式，在扶贫减贫中取得了显著的成效。通过供给投入推动、环境支持、需求拉动三方合力使得扶贫减贫均衡发展，取得扶贫减贫的协同效应，这为许多发展中国家的扶贫减贫提供了中国经验。

三、政府在推动扶贫减贫中存在的问题

在中国的扶贫减贫事业中，政府发挥了重要的推动作用，极大地促进了扶贫工作的顺利进行，但是在政府推动扶贫减贫事业的过程中也存在着一定的问题。

（一）扶贫减贫信息不对称

政府在推动扶贫事业的发展中，存在着扶贫部门和扶贫主体间，扶贫干部与扶贫主体之间信息不对称的现象，从而导致政策实施中会出现腐

败，效率低下等诸多问题。比如在贫困识别中，乡镇政府、村干部与村民之间，根据对信息的把握程度不同，相比于村民，村干部掌握的信息更加全面，在贫困认定方面享有更大的自由权，这就会让某些不称职的干部有机可乘，从而有暗箱操作的可能；乡镇政府与村干部间的信息不对称，可能会出现"搭便车"的现象。

（二）存在表面文章下的"政绩工程"

政府在扶贫减贫工作中有着不可替代的作用，政府合理有效的运作有助于推动扶贫工作的顺利开展。但在现实中，一些地方政府在扶贫工作中，只做表面文章，为了政绩，毫不考虑贫困地区的实际情况和贫困户的真正需求，比如一些基础设施类"政绩工程"的出现，少数地方政府没有端正扶贫思想，认为所谓的政绩是给领导看得，并非真正帮扶到老百姓。有些地方政府、部门之间出现层层克扣现象，扶贫资金为了其他用途被挪用等，为贫困地区的后续发展带来了恶劣的影响。

（三）扶贫项目选择不当、不精准

有为政府，不是万能政府。在扶贫的实际工作中，政府往往考虑得不够长远，比较重视那些产生短期效应的项目，对后续市场可能产生的影响不太关注。不少地方政府在扶贫工作中比较偏向于一些大规模的产业项目，这些项目规模很大，虽然短期效益良好，但是含金量低，产品也比较单一，在市场波动的情况下，这些项目将会很被动，甚至失败。有些地方政府不考虑贫困户的长远发展需求，为了完成脱贫目标，采取按户头分牛羊、给贫困户房屋刷漆等方式。这并未从根本上解决贫困问题，只会增加贫困户的返贫几率。

主要参考文献

[1] 白利友，张飞．精准扶贫：贫困治理的"中国样本"与"中国经验"[J]．西北民族大学学报（哲学社会科学版），2018（4）：134-140．

[2] 楚永生，蔡霞．农村新的扶贫标准上调政策深层次解读[J]．理论学习，2012（8）：12-16．

[3] 高飞．中国政府农村扶贫政策研究[D]．秦皇岛：燕山大学，2010．

[4] 郭劲光，俎邵静．七十年来我国扶贫开发模式转型研究[J]．重庆社会科学，2019（6）：5-17，2．

［5］黄承伟. 决胜脱贫攻坚的若干前沿问题［J］. 甘肃社会科学，2019（6）：1-8.

［6］刘金海. 工作队：当代中国农村工作的特殊组织及形式［J］. 中共党史研究，2012（12）：50-59.

［7］斯丽娟，尹苗. 新中国70年西北地区扶贫开发模式的演进与创新——基于LDA主题模型的分析［J］. 兰州大学学报（社会科学版），2019（6）：1-12.

［8］斯丽娟，尹苗，杨富强. 以大扶贫格局打破双重扶贫悖论——改革开放40年扶贫政策创新［J］. 兰州大学学报（社会科学版），2018，46（5）：111-121.

［9］孙兆洋，等. 大数据精准扶贫标准体系框架初探［J］. 标准科学，2019（11）：99-103.

［10］唐超，罗明忠，张苇锟. 70年来中国扶贫政策演变及其优化路径［J］. 农林经济管理学报，2019，18（3）：283-292.

［11］滕堂伟，王馨雅，唐卓伟. 1号文件与中国农业发展动能转换——基于政策文本的量化分析［J］. 兰州大学学报（社会科学版），2018，46（5）：102-110.

［12］王建华，杨才园，谢玉梅. 农村扶贫方式的政策取向及其演进逻辑——基于中央"1号文件"的文本梳理［J］. 改革，2019（9）：138-148.

［13］王维，向德平. 从"嵌入"到"融入"：精准扶贫驻村帮扶工作机制研究［J］. 南京农业大学学报（社会科学版），2020，20（1）：41-50.

［14］文雁兵. 包容性增长减贫策略研究［J］. 经济学家，2015（4）：82-90.

［15］王卓，罗江月. 扶贫治理视野下"驻村第一书记"研究［J］. 农村经济，2018（2）：8-15.

［16］赵德余. 新时代乡村振兴战略与"三农"问题研究［J］. 贵州大学学报（社会科学版），2020，38（2）：34-42.

［17］中国政府网.

［18］曾莉，周浩男，王寅. 中国农村扶贫政策范式的变迁与未来趋势——基于305份国家层面政策文本的分析［J］. 天津行政学院学报，2019，21（4）：27-35.

［19］赵学刚，林文轩. 包容性增长——基于文献的注解［J］. 技术经济，2017，36（6）：98-108.

［20］中央扶贫网.

［21］张志豪. 完善国家扶贫战略和政策体系的宏观思考［J］. 中国井冈山干部学院学报，2011，4（2）：111-114.

［22］樊如茵. 党的十八大以来扶贫工作的基本经验［J］. 学校党建与思想教育，2020（13）：94-96.

［23］樊如茵. 习近平关于贫困治理重要论述的内涵、特征及践行路径［J］. 马克思主义理论学科研究，2020，6（3）：162-169.

> > > # 第四章　市场拉动大扶贫的主要做法与经验

不论是以政府推动、市场拉动、社会联动为主体力量，还是以行业扶贫、专项扶贫和社会扶贫为表现形式的大扶贫格局中，市场拉动扶贫减贫始终起基础性、关键性和持续性的作用。市场主体通过配置资源，构建产业链、价值链，融合农村一、二、三产业，将贫困县、贫困村、贫困户等群体的产品、生产要素、闲暇时间，甚至劳动力本身，裹挟到市场主体构建的产业链、价值链中，参与市场活动，获取相应的回报，达到扶贫减贫目的。市场拉动扶贫减贫方式多样，领域广泛。每一种方式针对一定群体，适合一定资源禀赋和发展环境，表现出各自的扶贫减贫特点。整体去看，市场拉动扶贫减贫具有资源配置效率高、贫困户长期受益、可持续性强、贫困群体参与度高和需要承担市场风险等特点。与贫困群体能否一起形成有效市场，是市场拉动大扶贫体系的核心与难点。

第一节　市场拉动扶贫减贫机理

一、市场拉动扶贫内涵

市场拉动扶贫是指在政府主导下，鼓励多元主体参与其中，使得贫困户或贫困村通过利用贫困地区的自然资源、人力资源、社会资源、金融资源等生产要素参与市场活动，进而获取资金收入、学习文化、培养能力、发展经济，最终实现贫困户和贫困村脱贫的过程。打破单一的政府扶贫格局，就必须引入市场机制来吸引社会资本，使政府资金起到事半功倍的效果，最终构建出一个有效市场，与有为政府和有助社会一起形成三轮驱动的大扶贫格局。在社会主义市场经济中，市场在资源配置中起决定性作用，市场拉动扶贫将起基础性、关键性和持续性的作用。

二、市场拉动扶贫与专项、行业和社会扶贫

党的十八大以来，中国特色社会扶贫体系日趋成熟。最主要体现在习近平总书记提出的社会扶贫"两动论"，构建政府、市场、社会互动和专项扶贫、行业扶贫、社会扶贫联动的大扶贫格局。

政府、市场和社会三者互为边界，政府在市场扶贫中发挥着稳定贫困地区经济、促进贫困人口就业，调节社会收入差距的作用。市场在扶贫中发挥着资源配置、培育产业、创新技术、促进消费，盘活贫困地区自然、金融、社会、劳动等资源，带动地区经济发展的作用。社会的职能主要是进行社会管理，包括社团管理体制、社会保障体制、社会治安体制、社会应急体制、社会服务体制、社区管理体制和社会工作体制。其中市场机制更具有专业性、精准性，脱贫攻坚离不开市场经济的推动和互补作用。市场经济可以在资金保障、产业发展、项目推动等方面为脱贫攻坚打下"强力针"，通过市场优势的有效转化，为贫困地区注入内生发展的可持续动力。同时，社会力量在生产发展、教育提质、社会保障等方面具有很大优势，是对政府扶贫职能的有力补充，也为全面脱贫接续乡村振兴植入内生要素。

但贫困地区由于不具备资源聚集优势和产业发展条件，因此需要政府实施积极的干预手段，帮助贫困地区挖掘地方特色及优势资源，释放贫困地区市场潜力，发展贫困地区市场经济。政府通过设置专项扶贫资金，主导行业扶贫，来帮助改善扶贫对象基本生产生活条件，增强其自我发展能力，帮助提高收入水平，以消除农村贫困。在专项扶贫方面，根据《财政专项扶贫资金管理办法》中的用途，将专项扶贫概括为通过易地搬迁扶贫、整村推进、以工代赈、产业扶贫、就业促进、扶贫试点和革命老区建设等方式，支持各省（自治区、直辖市）农村贫困地区、少数民族地区、边境地区、国有贫困农场、国有贫困林场、新疆生产建设兵团贫困团场加快经济社会发展。根据《"十三五"脱贫攻坚规划》，将行业扶贫分为农林产业扶贫、旅游扶贫、电商扶贫、资产收益扶贫、科技扶贫、就业扶贫、易地搬迁扶贫、教育扶贫、健康扶贫、生态保护扶贫等方式。每种方式都有专责部门或几个部门同时去推动，通过发挥市场在价格、供求、竞争、风险这四种机制的作用下，不断地调整、优化贫困地区的经济结构，促进社会技术进步，提高经济运营效率，激发贫困户的内生动力，促进贫困地区产品的增值，培育和造就贫困户市场意识，帮助贫困地区实现脱贫和社

会经济发展。正如习近平总书记2015年10月在减贫与发展高层论坛上强调的："我们坚持动员全社会参与，发挥中国制度优势，构建了政府、市场、社会协同推进的大扶贫格局，形成了跨地区、跨部门、跨单位、全社会共同参与的多元主体的社会扶贫体系。"市场拉动扶贫方式与专项、行业和社会扶贫的关系如图4-1所示。

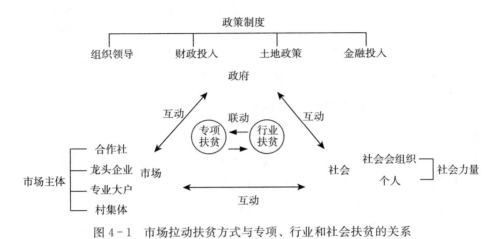

图4-1　市场拉动扶贫方式与专项、行业和社会扶贫的关系

1. 政府处于主导地位

中国大扶贫体系是以政府主导为核心，引导市场和鼓励社会积极参与到扶贫减贫工作中，发挥各自优势，助力脱贫攻坚。由于贫困地区缺乏完善的市场形成条件，因此政府积极参与贫困地区扶贫减贫规划，梳理扶贫减贫模式，直接推动专项、行业和具有政府职能的社会扶贫。通过省（自治区、直辖市）农村贫困地区、少数民族地区、边境地区因地制宜开展专项扶贫和行业扶贫来培育现代经济市场，改善扶贫对象基本生产生活条件，同时指定专责部门负责指导贫困地区经济发展，来增强其自我发展能力，帮助提高收入水平，消除农村贫困。

2. 市场发挥基础作用

市场具有配置资源效率高的特点，经过政府的大力推动，使得专项扶贫和行业扶贫项目逐渐形成资源聚集效应，在贫困地区形成了资源分配市场，培育了具有地方特色的市场经济主体。市场扶贫的核心力量则是通过合作社、龙头企业、专业大户和村集体等市场主体参与专项扶贫和行业扶贫过程，在资源的配置过程中，使得专项扶贫和行业扶贫产生联动作用，并通过市场和政府的互动、市场和社会的互动构建出一个完备的市场体系。

3. 社会具有补充功能

社会力量参与扶贫是对传统扶贫的重要补充，随着扶贫方式的不断创新和演进，扶贫的主体也开始逐渐呈现"多元化"的景象。与政府部门相比，社会力量在开展扶贫活动时的方式更加灵活，适应性也更强，弥补了政府治理职能的不足。社会力量主要包括社会组织和个人两种形式，社会组织不以营利为目的，又不以政治为背景，常以人文主义关怀和较亲和的方式参与贫困治理，能在较大程度上弥补市场扶贫和政府领导扶贫方式的弊端，提高专项扶贫和行业扶贫的助贫面和助贫程度。

三、市场拉动扶贫减贫机制

市场扶贫机制的核心是利用市场机制发展商品市场，带动贫困群体脱贫减贫。市场机制包括供求机制、价格机制、竞争机制和风险机制。市场拉动扶贫减贫机制是通过处理好市场供求机制、价格机制、竞争机制和风险机制来实现的。如图 4-2 所示。首先，市场扶贫机制要结合贫困地区的市场和扶贫环境进行扶贫市场的定位，确定其市场需求及脱贫目的。其次，打造贫困地区特色的发展价值链，进行资源的配置，完善供应链、销售链和服务链，进而确定市场的运作方式。我国大扶贫体系就是政府市场社会三联动的格局，因此其运作体系也必定要符合这一原则，在政府主导下，鼓励多元主体参与市场扶贫。最后，完善风险管控体系，市场在发展过程中一定会出现各种不确定因素，不仅要发挥市场的自我调节作用，也要加强政府宏观调控作用。

（一）市场扶贫定位

"市场定位"是 1972 年美国营销学家艾·里斯和杰克·特劳特首先提出的。市场扶贫之所以要进行市场定位，首先，由于贫困地区市场不成熟，需要利用市场供求机制了解市场需求，找到市场方向；其次，在市场环境下同行之间的竞争愈演愈烈，为了巩固自身在市场上的地位，就要持续加强贫困地区的竞争力与综合实力，而加强竞争力的关键步骤是精准判断自身在市场中的定位。部分企业在运营和发展过程中，不能清晰地确定自己的市场地位，致使在激烈的市场竞争中缺乏优势。该阶段的参与者主要是靠"有为政府"和"有效市场"共同实现。为了使贫困地区在市场竞争中具有一定的优势，则在开展市场扶贫项目前期，政府和市场参与主体

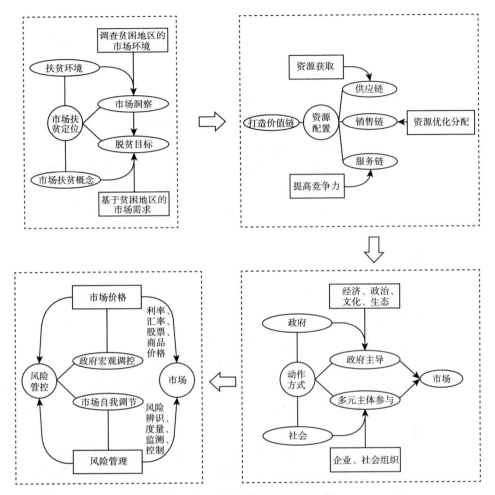

图 4 - 2　市场拉动扶贫减贫机制

（企业、合作社或贫困户）需要根据贫困地区的扶贫环境进行调查，对贫困地区的市场供需关系进行详细的了解，包括：政策支持力度，贫困地区的生态环境、资源禀赋、劳动力素质、经济社会发展水平等，在对贫困地区的市场有了全面的洞察后，基于贫困地区的市场需求，设计脱贫目标和减贫计划，为贫困地区开展市场拉动扶贫奠定良好的基础。

（二）资源配置

在资源配置阶段，由于市场扶贫主要是围绕着产品开展，因此，必须建立完善的价值链体系，包括上游的供应链、中游的销售链和下游的服务链。供应链主要包含：产品材料的供应、产品研发、生产加工等内容，要保证获取资源的质量；中游包含：产品的销售、营销、运输和储存等，要保证充分利用价格机制；下游包含：售后服务，主要是打造良好的服务质量，营造品牌效应，提高市场竞争力。在资源配置阶段，主要是靠"有效市场"和"有助社会"共同实现，"有为政府"从最初的"全能政府"的角色开始逐渐转变为"服务型、法治型政府"。在市场拉动扶贫中政府发挥宏观调控和监管的职能；市场发挥其资源配置的决定性作用，根据供求机制、价格机制和竞争机制的作用机理，将资源配置到最需要的供应链、销售链和服务链上，推动建立完善的市场结构；社会则通过多元社会主体参与，发挥其社会管理的职能，保证弱势群体的利益，减小贫富差距，化解社会矛盾。

（三）运作方式

市场扶贫要实现良好的运作，必须要调动社会各界参与脱贫攻坚的积极性，实现政府、市场、社会互动和行业扶贫、专项扶贫、社会扶贫联动，更好地发挥"有为政府"和"有助社会"的作用。

首先，保证政府主导。政府发挥好政治、经济、社会、文化四大职能，健全相关的法律法规，完善社会保障体系等，才能够保障社会公平、资源合理分配和有效利用，提高资源的利用效率和减少贫富差距，保障市场扶贫又好又快发展。

其次，鼓励多元主体参与。广泛动员民营企业、社会组织、公民个人参与社会扶贫，着力创新体制机制，实现政府、市场、社会互动和行业扶贫、专项扶贫、社会扶贫联动。

（四）风险管控

开展市场扶贫，风险是不可避免需要管控的问题，而风险机制也是市场机制最重要的环节，它对经济发展发挥着至关重要的作用。参与市场风险管控主体主要是"有为政府"和"有效市场"两者。从市场角度来看，市场本身具有自我调节的能力，包含：风险辨识、风险度量、风险监测和风险控制。市场的自我调节不仅仅是一道安全线，更是为市场主体各项业务提供保障的一道屏障。但贫困地区的市场结构不完善，较易出现市场自我调节失灵的情况，这时，"有为政府"就需要利用宏观经济调节，通过财政、税收、货币三大政策来帮助市场恢复正常的秩序，保证市场扶贫的可持续发展。

四、市场拉动扶贫的方式

众多市场主体通过配置资源，构建产业链、价值链，将贫困地区、贫困村、贫困户等群体的产品、生产要素、闲暇时间，甚至劳动力本身，裹挟到市场主体构建的产业链、价值链中，参与市场活动，获取相应的回报，达到扶贫减贫目的。市场拉动扶贫的方式如图4-3所示。

(一) 产业扶贫

产业扶贫作为扶贫开发工作的核心和关键，是解决贫困地区和贫困人口生存发展的根本手段，是实现稳定脱贫的必由之路。产业扶贫是增强贫困地区内生发展能力、实现贫困群众持续稳定增收的关键措施。通过市场运作原理，利用贫困地区的资源优势，开展特色产业扶贫。通过深入了解贫困地区市场发展基础，对其市场发展潜力进行研判，选择合适的扶贫产业，充分调动贫困地区的市场资源优势，带动当地群众发展生产积极性。如：产业扶贫包含种养渔产业、旅游业和休闲农业，通过专业合作社、专业大户等主体参与扶贫产业市场，优化资源配置，借助市场的力量带动贫困地区的经济发展。

(二) 劳务输出扶贫

在精准就业扶贫的背景下，就业问题是改善民生最主要的问题，也是经济发展的最大动力。将贫困地区的贫困户视作劳动资源，通过人才市场将贫困地区的劳动力资源通过转移就业、就近就业、自主创业和提升技能再就业这几种方式进行有效地配置，解决劳动力市场供求不能精准匹配的问题。转移就业指通过建立和完善劳务输出对接机制，摸清底数，因人因需提供就业服务，提高劳务输出脱贫的组织化程度。就近就业指通过吸引投资，建立就业扶贫车间，实现就地就近就业。自主创业指通过完善机制，落实政策，加大创业支持力度，鼓励农民工返乡下乡自主创业。再就业指通过整合培训资源，对贫困地区的贫困人口实行集中式和分散式的技能培训，最终实现贫困人口的技能提升，具有再就业的能力。

(三) 文化旅游扶贫

党的十八大以来，全国文化和旅游行业通过开展扶贫专题，丰富贫困

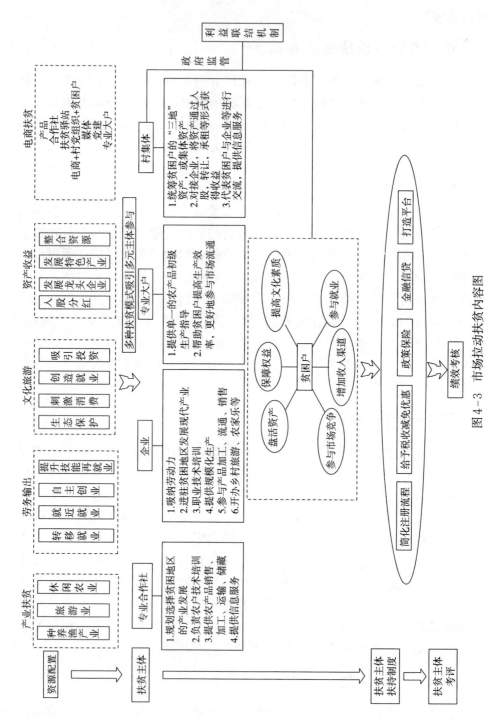

图 4-3　市场拉动扶贫内容图

群众文化活动等方式，有效激发贫困群众内生动力。依托特色文化和旅游资源，充分挖掘贫困地区文化潜力，开创了"非遗＋扶贫""旅游＋扶贫"模式，着力推动贫困地区文化产业、旅游业和农业生产、加工制造等领域融合发展，有效促进基层群众脱贫增收，实现了富民效益。其中"非遗＋扶贫"模式将传统工艺类非遗项目资源优势转化为产业优势，拓宽了贫困地区就业渠道，帮助贫困群众增加收入。此外，各地还依托特色文化和旅游资源，打造"旅游＋扶贫"模式，开发特色文化和旅游产品，吸纳闲置劳动力就地就业、参与经营，拓宽就业渠道，促进增收致富，实现贫困地区产业兴旺和可持续发展。

（四）资产收益扶贫

党的十八届五中全会正式提出"探索对贫困人口实行资产收益扶持制度"，为我国脱贫攻坚事业提出了一项战略新命题。资产收益扶贫是由贫困村集体经济薄弱与贫困人口结构的变化，以及各类扶贫资金减贫效果欠佳，长期酝酿而产生的。它是在传统产业扶贫基础上，整合财政扶贫资金，撬动金融杠杆，将分红收益给予贫困人口享有，最终实现贫困退出，促进贫困地区经济发展。主要包括地方特色产业收益扶贫模式、土地资源收益扶贫模式、旅游资源收益扶贫模式、光伏资源收益扶贫模式等。资产收益扶贫整合财政扶贫资金，吸引社会资本投入到扶贫项目中，以政府力量为主导推进贫困问题的社会协同治理，整合各类扶贫资金，利用当地特色资源，以企业为龙头，产业为平台，股权为纽带，农民为主体，是一条可持续脱贫之路。

（五）电商扶贫

近年来，我国电子商务发展迅猛，国民经济发生了巨大的变化。电子商务逐渐从城市渗透到农村，成为促进"三农"发展、减少贫困的渠道。且电商扶贫是一种新型的商业模式，它区别于传统的市场交易方式，具有自身的优势。贫困地区过去由于缺乏顺畅的销售和流通渠道，阻碍了其产品和文化的输出，但通过电商扶贫构建了高效率、低成本的销售流通渠道，创新了贫困地区的发展路径。

五、市场拉动扶贫利益联结方式

我国市场扶贫在产业扶贫、劳务输出扶贫、文化旅游扶贫、资产收益扶贫和电商领域，均做出了巨大的努力，帮助贫困地区整合资源。在政府主导下，通过市场自发性的资源配置功能，实现了贫困地区的经济社会发展。

参与市场扶贫的企业、管理者和个人均是扶贫产业利益分享主体，主要包括合作社、专业大户、扶贫企业、村集体、其他新型农业经营主体、社会组织以及贫困户。不同参与主体处于不同的利益分配地位，有着不同的利益诉求，厘清各主体的地位和利益诉求是构建合理、稳定的市场精准扶贫利益联结机制的前提。各地通过实践探索，已经形成了土地租赁、资源入股、资金入股、劳务投入、生产经营、"四统"委托等多种形式的利益分享形式。不同形式适用于不同条件，在同一个市场扶贫项目中往往通过多种利益分享形式相结合的方式吸引贫困户参与。利益联结方式主要有以下几种：

（一）资源资金入股

入股合作模式通过签订入股协议/合同进行利益联结，将可以量化入股的资产、技术、收益权等投入诚信可靠、经营状况良好、治理结构完善、财务管理健全、发展前景好、带动作用强的龙头企业等新型经营主体或产业扶贫项目，该模式可以使贫困群众分享到加工和流通环节的利润，较好地实现"利益共享、风险共担"。一是财政扶贫资金量化股权；二是农村集体所有资产折价入股；三是贫困户土地承包经营权、自有资产、技术等折价入股。

（二）土地设备租赁

租赁联结模式通过签订租赁协议/合同进行利益联结，有效解决贫困户面临的资金、技术、市场等问题，稳步提高贫困户收入。一方面是将农村集体所有资产或贫困户的土地承包经营权、自有资产等出租给龙头企业等新型经营主体，获得固定租金收益；另一方面是龙头企业等新型经营主体将购买的牲畜等租赁给贫困户饲养，并通过签订回收协议、免费提供饲养技术和品种改良、购买保险等，有效防范面临的相关风险。

（三）劳动就业

劳动投入模式通过提供就业岗位并签订劳动协议/合同进行利益联结，

有效提高贫困户的稳定收入。对于具有一定劳动技能的贫困户，可以在扶贫产业项目就业，并按照法律和合同约定获取劳动报酬。不少产业扶贫项目，地方政府与龙头企业等新型经营主体就安排贫困户就业进行约定，只有吸纳约定数量贫困户就业，才可享受或按比例享受贴息、税收优惠等系列政策。

（四）生产经营

生产经营帮扶模式通过签订产销协议/合同进行利益联结，有效解决产品销路问题。龙头企业与农牧户、合作社之间，通过签订农牧产品和民族工艺品等产销合同，并通过规定交售产品的品种、质量、时间、价格以及龙头企业承诺的服务内容和项目等，实现利益联结和约束。

（五）"四统"委托，统一管理

"四统"委托是指对产业扶贫项目进行统一监管，包括产业扶贫项目基础设施统一建设、产业扶贫资金统一管理、产业扶贫项目统一委托龙头企业经营、产业扶贫收益统一分配到村集体。根据贫困地区资源地理优势，挖掘地方特色，进行重点推进，如生态猪场、标准化厂房、光伏发电等项目。该方式既带动了贫困群众脱贫，又提高了行政村集体经济收入，确保了产业扶贫项目可持续发展、国有资产不流失。

六、市场拉动扶贫的特点

市场导向的扶贫开发，使得扶贫主体在选择、管理、瞄准及贫困主体的参与度方面远优于政府开发的扶贫项目。而且，市场在贫困治理中的效率、精度和灵活性相对于政府来说要高许多。具体表现为：

（一）资源配置效率高

市场拉动扶贫模式，也就是效率经济和效率模式，说到底就是将市场经济及其模式应用到贫困地区的发展中，帮助其顺利脱贫，实现经济社会的全面发展。市场在资源配置中发挥着决定性作用，是市场经济的一般规律。资源配置有宏观、微观不同层次，还有许多不同领域的资源配置。市场拉动扶贫就是在微观层次上进行资源配置，即多种资源在各个市场主体之间的配置，市场价值规律可以通过供求变动和竞争机制发挥非常重要的作用。十八届三中全会通过的《中共中央关于全面深化改革若干重大问题的决定》中也提到了市场在资源配置中的作用，那就是"市场在资源配置中起决定性作用"。其实，市场对于资源配置起决定性作用，也就是对于利益的初次分配起着决定性作用。独立、自主、自由的商品生产者成为市场主体，凭借不受侵犯的商品所有者权益，通过平等、充分的竞争形成商品的市场价格，最后实现市场交换。我国社会的经济形式，由于社会分工和产品属于不同的生产者（企业或个人），因而必然是以商品生产和商品交换为基础的市场经济，这是由现实的社会生产力发展水平所决定的客观经济形式。

（二）贫困户受益最大

利用市场经济发展扶贫，还有一个前提条件，就是"在国家宏观调控下"，让市场在资源配置中发挥重要作用。根据中国国情一味地追求市场效率会产生贫富差距拉大、城乡差距扩大的问题，"富的越富，穷的越穷"。因此，我国市场扶贫模式不仅注重效率，也兼顾公平，这一特点既决定于我国社会制度，也植根于我国的根本国情。在资源配置的宏观层次，如供需总量的综合平衡、部门地区的比例结构、自然资源和环境的保护、社会资源的公平分配等方面，以及涉及国家社会安全、民生福利（住房、教育、医疗）等领域的资源配置，就不能都依靠市场来调节，更不用说"决定"了。市场机制会在这些宏观领域存在很多缺陷和不足，需要国家干预、政府管理、计划调节来矫正、约束和补充市场的行为，用"看得见的手"来弥补"看不见的手"的缺陷，保证社会发展的公平性。政府在市场扶贫中利用宏观经济调节手段，通过财政、税收、货币三大政策促进贫困地区经济的发展，使政策能惠及社会弱势群体，保障社会公平。

（三）最具有可持续性

第一，贫困地区市场发展可持续。针对贫困地区的具体特点建立市场扶贫开发项目，能帮助贫困地区开发资源、培育产业，通过规模化生产、现代化管理、精细化分工、产业化经营，建立产业集群，催生贫困地区发育新经济组织，同时还将开展贫困劳动力转移培训，或直接吸纳贫困人口就业，使贫困人口接受市场经济理念，获得现代管理知识和劳动技能，有利于开阔视野，摆脱愚昧封闭的思想观念，提高自我发展的能力，具有较强的可持续性。

第二，企业发展可持续。市场扶贫的主体是企业，企业借助市场力量，按照理性交换的市场机制，实施扶贫行为，为实现政府确立的缓解贫困的目标做出了重大贡献。在扶贫新时期，扶贫的目标在于提高收入水平和增强自我发展的能力，取代以传统解决温饱的基本目标，而实现可持续发展需要市场和企业的带动作用。把贫困人口的发展需求和市场经济的发展能力有效结合起来，是新时期扶贫工作的创新举措。在扶贫开发中引入市场机制，可以规避政府扶贫的弱点，体现市场元素的积极作用。

第三，贫困户发展可持续。让贫困群众逐渐学会根据市场需求发展商品生产、借助龙头企业提高农民进入市场（参与市场合作）的组织化程度与生产的专业化程度，还有引导农民用互利原则和诚信行为谋求市场合作与效益。市场扶贫侧重于互利互惠，转变扶贫对象的被动扶贫地位，增强其自主能力，贫困群体与市场之间进行合约式投入，利用彼此的资源进行协作和互动。

（四）贫困群体参与度最高

市场扶贫不同于救济式扶贫，它鼓励贫困群体参与到产业发展、劳动就业、资产收益等扶贫模式中去，通过参与市场逐渐提高自身的市场竞争力和内生动力。通过开展市场扶贫，使得农户在市场中不断学习，提升自身素质，提高市场竞争力和在市场中的谈判能力。市场扶贫不仅能解决贫困户和贫困村的贫困问题，还能使贫困户在参与过程中逐步融入现代社会经济发展中。

（五）市场风险最难把握

现代社会是风险社会，市场扶贫在发展过程中面临一系列风险，市场扶贫的风险影响着扶贫的效果。随着贫困地区市场活动的开展，人为风险会不断增多，风险逐渐复杂化且类型多样化，使得在市场扶贫过程中，主体对风险的把握较困难。

从风险类型来看，市场扶贫风险类型具有多样化的特征。不仅市场扶贫政策制定存在风险，如政策制度风险，而且在市场扶贫政策项目执行过程中也存在风险，如市场风险、技术风险等。同时由于市场扶贫所涉及的领域不断拓展，市场扶贫新兴模式也在不断探索和运用，如市场扶贫中金融资本逐步介入等，进而由于风险所具有的关联性与传递性特征而产生新的市场风险，如金融风险等。

从市场扶贫风险影响的主体来看，具有多元化的特征，包括政府、市场、社会以及贫困对象自身。多元主体在市场扶贫中的选择与行动是市场扶贫风险产生的源头。同时，多元主体也是市场扶贫风险后果的承担者。

市场扶贫风险后果具有复杂性的特征。市场扶贫风险通常发生在市场扶贫过程中的某些环节，并且反作用于这些环节甚至整个运行过程，对市场扶贫产生重大影响。在市场扶贫过程中，市场扶贫风险并不是单一出现、独立发生，而是多种风险在一定程度上相互关联、共同产生、相互交织，共同影响市场扶贫的效果。

第二节 市场拉动扶贫案例及主要做法

一、产业拉动扶贫——渭源县金鸡产业扶贫

(一) 金鸡产业扶贫项目具体内容

2015 年，北京德青源农业科技股份有限公司将循环农业模式引入扶贫开发事业，与政策性银行联合创建了资产收益型产业扶贫新模式——"金鸡产业扶贫计划"，成为贫困地区农民发展产业、实现脱贫致富的有效模式，探索了一条带动贫困地区农民分享农村产业融合增值收益的现实途径。截至 2019 年 2 月，金鸡项目已与全国 14 个省的 28 个贫困县签约合作，累计帮助 5.7 万建档立卡贫困户脱贫。

1. 投资建设

渭源县金鸡产业扶贫项目总投资约 4.73 亿元，其中渭源县成立国投公司向农发行贷款 1.64 亿元，整合各类扶贫资金 1.84 亿元，共筹资 3.48 亿元建设固定资产并租赁给北京德青源公司，首轮租期 15 年，每年租金为固定资产投资价值的 9.5%；运营企业投资 1.25 亿元开展养殖，同时投入技术、品牌、管理和市场等要素保障项目有效推进。项目分四个厂区，总占地面积 940 亩，其中青年鸡区 140 亩，蛋鸡区 660 亩，饲料加工区 40 亩，屠宰加工区 100 亩。项目全部建成后，可饲养蛋鸡 240 万只，年加工壳蛋 4.2 亿枚，年生产有机肥 1.46 万吨，年生产加工配合饲料 18 万吨，年屠宰加工淘汰蛋鸡 800 万只。

2. 产业带动

一是带动劳务产业。县里成立劳务合作社，组织全县建档立卡户参与金鸡项目前期建设及后期养殖，首期已组织 120 名贫困户在项目工地务工，20 名贫困户在德青源公司正式就业。项目建成后，吸纳用工 430 人，

其中贫困户300人，每人每月收入3 000元以上。二是带动种植产业。成立种植合作社，与德青源公司签订种植订单，合作社组织农户种植。目前已与路园镇12个村签订种植玉米1.4万亩，后期将辐射带动全县种植10万亩。亩均预计实现收入1 000元。三是带动包装产业。成立包装合作社，吸收建档立卡户240户，通过农户自筹、县级扶贫产业资金入股、村委会集体经济资金扶持、村集体经济入股、理事会成员出资的方式，共投入资金280万元。合作社将投资建设蛋托生产线和纸箱装订生产线，通过扶贫车间吸纳30余个贫困劳动力就业，每人每天按80～100元计算，年均收入2万多元，其余贫困户可通过捡拾纸皮、废纸获得收入。四是带动运输产业。依托陇晖物流运输有限公司成立运输合作社，覆盖全镇12个村，整合现有半挂、微货等各种运输车辆50余辆，为渭源县德青源金鸡产业扶贫项目就近提供鸡蛋、饲料、有机肥、包装等运输服务。

3. 收益分配

除上述产业带动以外，金鸡产业扶贫项目主要以资产收益扶贫的方式带动贫困户实现兜底分红。

根据项目合作协议，县上每年可获租金约3 300万元。项目租金在偿还贷款本金和利息后，全部以资产收益扶贫的方式，作为全县217个村集体经济收入，村集体以购买贫困户劳动的方式，贫困户获取薪酬。每村年获得收益10万元，每村设30个公益性岗位，全县共设置6 500个岗位，每个岗位薪酬1 000～3 000元。图4-4为金鸡产业扶贫项目资产收益扶贫资金流向图。

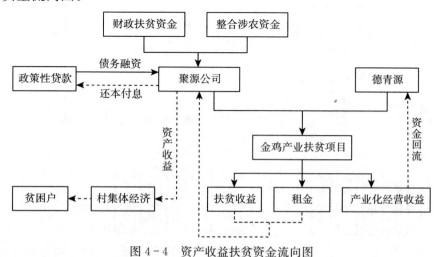

图4-4　资产收益扶贫资金流向图

（二）金鸡产业扶贫项目运行机理

　　渭源县金鸡产业扶贫项目由国务院扶贫办引进，按照"政府＋农业产业园＋国投公司＋金融机构＋龙头企业＋合作社＋贫困户"七位一体扶贫模式建设运营。图4-5为渭源县金鸡产业运行模式图。项目主要由渭源县整合财政扶贫资金和扶贫贷款，成立国投公司，即渭源县聚源产业开发有限公司，投入建设厂房、设备等固定资产，享有所有权；北京德青源农业科技股份有限公司在当地成立运营公司，投入流动资金并输出技术、管理、品牌和市场，承租运营，享有经营权；贫困群众组成合作社，参与金鸡产业扶贫项目的价值链，享有收益权。利用企业运营缴纳的租金，为无劳动能力者提供了收入，同时，通过蛋鸡产业、物流包装等关联产业及订单农业拉动，为有劳动能力者创造就业增收机会，帮助建档立卡贫困人口脱贫增收。

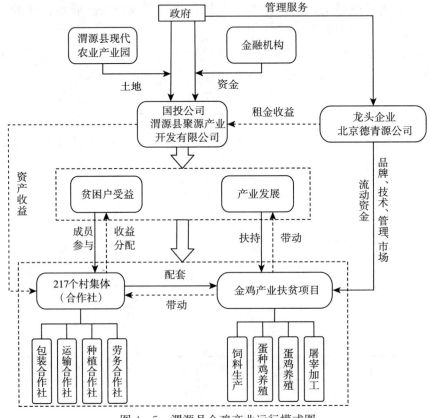

图4-5　渭源县金鸡产业运行模式图

渭源县金鸡产业扶贫模式既有效解决了贫困户"无项目、无技术、无资金、无市场"的难题，又确保了农业龙头企业发展的需要，并借此发展了贫困县的特色产业。通过政、企、农三权分置的方式打造扶贫产业联合体，带动贫困群众通过资产收益、劳动就业和关联产业三种方式实现脱贫，拓展和延伸贫困县上下游产业发展，对于打好打赢脱贫攻坚战具有重要意义。

二、就业拉动扶贫——濮阳县就业扶贫

濮阳县的就业扶贫主要从以下四个方面开展，一是摸清底数，多措并举，力促转移就业；二是加大投资，强化管理，实现就地就近就业；三是完善机制，落实政策，支持农民工返乡下乡自主创业；四是外引内联，强化培训，提升技能好就业。濮阳县的就业扶贫体系如图4-6所示。

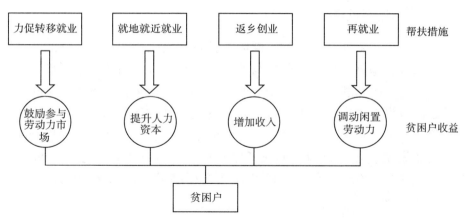

图4-6　濮阳县的就业扶贫体系

（一）力促转移就业

第一，动态掌握劳动力信息。为摸清全县贫困户劳动力底数，全面掌握就业实情，围绕习近平总书记提出的建立和完善劳务输出对接机制的要求，摸清底数，因人因需提供就业服务，提高劳务输出脱贫的组织化程度。濮阳县人社系统集中时间、集中人力开展了"百名干部包千村进万户"活动，进村入户，对全县劳动力基本情况、就业现状、就业意愿、培训意愿进行了统计，在河南省率先建立了实名制劳动力就业培训信息数据库。同时与扶贫数据进行比对，以贫困劳动力为重点，建立了劳动力转移

实名制管理台账，及时为贫困劳动力提供岗位信息和培训信息，促其就业。

第二，认真组织专场招聘会。充分发挥公共就业服务机构的作用，利用农闲、农忙、节假日等时间，采取专场招聘与日常招聘、集中招聘与分散招聘等大中小型招聘相结合的方式，组织开展招聘会。近两年来，开展"春风行动""就业援助月""就业扶贫行动日"等就业招聘会197场，提供就业岗位16.6万余个。

第三，拓宽劳务输出渠道。积极与省内外人社部门对接联系，在巩固青岛、惠州、东莞等劳务输出基地的基础上，2018年先后赴江苏宿迁、泗阳、金湖等地进行了劳务对接，签订了劳务合作协议。规范整顿劳务中介机构，充分发挥劳务中介机构的作用，把"劳务中介"和"劳务基地"有机联系起来，搭建起市场需求与市场供给的对接平台。

（二）就地就近就业

第一，建立就业扶贫车间。濮阳县针对外出困难与身体不好的弱贫困劳动力选择就地就近就业，坚持与群众生活相结合，与劳动密集型产业相结合，新建和改造相结合，传统产业与新兴产业相结合，把扶贫车间建在村头、岗位设在家门口，解决群众就近就业、脱贫增收问题。

第二，强化扶贫车间管理服务。濮阳县结合实际，在产业选择上侧重于劳动密集型企业。目前，形成了服装加工、电子电器为主的产业新业态，在建成的230个车间中，服装及儿童用品类产业占比30%，电子电器类占比20%。

（三）完善机制，落实政策，支持农民工返乡下乡自主创业

第一，建立完善工作机制。群众为了挣钱背井离乡，但心中时刻念着家乡、想回家乡，为了鼓励农民工下乡返乡创业、自主创业，濮阳县以争创农民工返乡创业示范县为载体，成立了以县长为组长的返乡农民工创业工作领导小组，出台了《关于支持农民工返乡创业的实施意见》《关于实施"两区一园""一堤两路"返乡创业示范工程的决定》等文件，加强统筹谋划，完善扶持政策，优化创业服务，加强创业保障，积极引导和鼓励创业带动就业。

第二，扎实开展电商扶贫。濮阳县成立了以县长为组长的电子商务进农村工作领导小组，出台了《濮阳县电商扶贫支持办法》，采取政府提供

场地、给予物流补贴、提供宣传包装等措施，降低电商运营成本。帮助电商开设了京东濮阳馆、京东河南农特产馆、龙都濮阳馆等网上特色馆，建立了濮阳县农特产品公共仓库，免费提供给电商企业使用，统一分拣、包装、发送。

第三，加大创业支持力度。充分发挥县人社部门创业担保贷款的作用，通过拓展扶持对象、提高贷款额度、提高贴息比例、拓宽担保范围等举措，进一步降低反担保门槛，将返乡下乡创业农民工、大中专毕业生和贫困劳动力等群体列为重点扶持对象。截至2019年初，累计为5 812户创业者发放创业担保贷款5.3亿元，其中，为128名贫困劳动力发放自主创业贷款961万元，为184家企业提供创业贷款1 590万元，累计带动就业11 066人。

第四，发挥创业平台作用。通过创业孵化园区建设，搭建创业平台，推广精准扶贫创业项目。近年来，濮阳县建成创业孵化园区4家，孵化创业实体227个，吸引3 551名农民工返乡创业，带动就业6 910人。同时加大创业补贴扶持力度，凡是在创业孵化园区内创办的实体发生的物管、卫生、房租、水电等费用，及时按照相关规定给予运营补贴。

（四）外引内联，强化培训，提升技能好就业

第一，加强技能培训。濮阳县把家政服务业作为一项主攻产业、一项朝阳产业，多次与北京易盟天地信息技术股份有限公司洽谈，引进了北京管家帮商学院，在濮阳县成立了濮阳县管家帮职业技能培训学校，培训期间免费吃住，开展月嫂、育婴师、家政、护工等工种的培训，使全县劳动力在家门口便可享受到全国知名培训品牌提供的免费技能培训。自2018年10月14日开班以来，已组织开展家政服务专业培训班6期898人，实现高质量就业266人，人均月收入3 000元以上。

第二，整合培训资源。组织濮阳市第三技工学校与濮阳县职业技术学校开展校校合作，成立校务委员会，结合濮阳市第三技工学校的培训器材和濮阳县职业技术学校师资力量强、知名度高、专业多的优势，进行合作办学。组织市、县定点培训学校15家，加大职业技能培训力度，全面开展汽修、电焊、中式面点、农村实用技术等专业培训，全面提升了贫困劳动力就业技能。

第三，提供上门培训服务。为方便服务群众，濮阳县把培训重心下移，凡是能够到乡到村培训的尽量到乡到村培训、到田间地头培训、到合

作社培训、到种植养殖基地培训。2017 年以来，全县共组织开展职业技能提升、农业技术、雨露计划、电商等各类培训班 390 余期，参加培训人数达 50 189 人次，其中贫困劳动力人数达 35 934 人次，发放培训补贴 1 623.9 万元，落实贫困劳动力生活费补贴 40.2 万元。

三、电商拉动扶贫——吉林省农村电商扶贫

（一）吉林省电商扶贫的主要内容

吉林省围绕乡村振兴战略，根据农村电子商务精准扶贫工作新要求构建了一个系统性的扶贫体系，主要从鼓励多方主体参与、因地制宜发展产业、大力培养电商人才、努力形成产业集聚效应等方面开展了农村电商扶贫，构建了实施乡村振兴战略下吉林省农村电子商务精准扶贫体系，如图 4-7 所示。

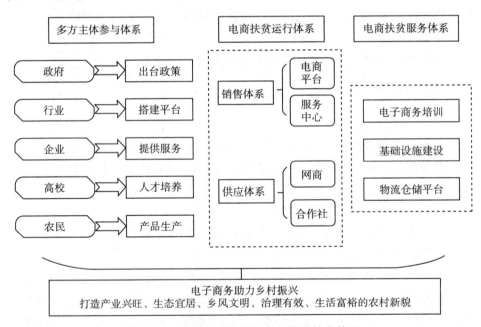

图 4-7　吉林省农村电子商务精准扶贫体系

1. 打造多方主体参与体系

吉林省农村电子商务精准扶贫工作具有系统性和全面性，因此在具体工作开展过程中，大力鼓励多方主体参与进来，包括政府、行业、企业、高校和农民等。

政府主要工作是出台政策，包括支持农村电子商务发展、精准扶贫措施、返乡农民创业政策等。政府除了制定政策外，还需要为农村电子商务精准扶贫工作提供基础设施保障，如乡村网络普及、物流快递站点建设等。行业主要工作是在政府指导下，为政府、企业、高校等主体之间的交流和合作搭建桥梁，一方面积极宣传国家和地方政府出台的相关农村电子商务政策法规；另一方面及时了解各从业主体需求，为各方主体交流和合作搭建平台，共同推动农村电子商务精准扶贫工作。企业主要是指从事农村电子商务相关工作的主体，包括第三方平台运营公司、销售农特产品的电商公司、物流公司等，它们是农村电子商务精准扶贫工作中的重要组成部分。高校主要工作是：一方面根据农村电子商务发展趋势和企业需求，培养农村电子商务人才；另一方面，高校电子商务专业相关教师可以结合自身的研究基础，以项目的形式，为政府、企业等主体提供社会服务和人才培训。农民是农村电子商务精准扶贫中比较关键的群体，他们要充分加入到农村电子商务发展大浪潮下，可以自己经营农村电子商务业务，销售农特产品。但绝大部分农民仍然以产品生产为主，需要加大对农民农产品质量意识的培育，从源头控制农产品品质，只有确保了产品的品质，才能更好地满足消费者的需求。

2. 电商扶贫运行体系

电商扶贫运行体系主要包含销售体系和产品供应体系两部分，通过完善市场的上游和下游的产业链，借助电商的思维方式、销售逻辑、销售渠道，将农村市场调动起来，最终实现农村地区的脱贫致富。电商扶贫的销售体系主要包括电商平台和公共服务中心两部分，供应体系主要包括合作社和网商两部分。

电商销售体系包含电商平台和服务中心。电商平台主要通过搭建创业就业平台，打造扶贫窗口，支持农产品营销推广来进行。服务中心是本着扎根于农村，服务于政府、企业及农民的原则，建设一批线上线下融合的公共服务体系，提供技术支持、培训孵化、产品对接、品牌建设、金融信用和其他衍生增值服务等，使县域电子商务形成抱团合力、区域特点和区域优势。

电商扶贫农产品供应体系分为合作社和网商两种形式。农户将自己的农产品出售给经纪人、合作社、收购商或供应链的其他环节主体，甚至是直接出售给消费者，使得农产品走向市场。农户可与农民合作社组织签订协议，向合作社提供稳定的货源，而不用担心农产品销路问题。网商就是运用电子商务工具，在互联网上进行商业活动的单位或个人。网商往往与合作社以及农副产品加工企业相关联，甚至部分网商就是合作社开展线上销售的渠道。电商进入农村，为农民提供一个脱贫致富的载体和手段。

3. 电商扶贫服务体系

电商扶贫的服务体系主要包括培训体系、基础设施建设和物流仓储平台。

首先是农村电子商务培训体系，培训体系可为农户普及和宣传电商相关知识，激发其内生动力。吉林省针对电子商务扶贫培养的人才主要包括主管的政府人员、网店运营人员、跨境电商人员、微营销人员、短视频制作人员、直播人员等，培训内容有农村电子商务意识，还有农村电子商务技能。

其次是基础设施建设，基础设施建设是农村电商发展最基础的工作，它关系到电商扶贫工作顺利展开和农产品上线。吉林省为推动农村电商持续发展，进一步加强农村宽带、通信等信息化基础设施的建设力度，扩大农村互联网建设规模，提高农村互联网传输效率；加快物联网、智能设备等现代信息技术和农村生产生活的深度融合，推广适合农村、方便农民的信息化产品。

最后是搭建物流仓储平台，在省委、省人民政府的支持引导下，"五通一达"、邮政、顺丰、天天等30多家快递企业入驻吉林，全省布点超过1 000个，直接带动1万多名贫困人口就业。

(二)吉林省农村电商扶贫的特点

1. 利用大数据优化资源配置

吉林省市场扶贫运用"互联网＋"思维，搭乘电商经济，帮助农户脱贫致富。网络电商时代的到来改变了传统的农产品营销方式，吉林省针对部分贫困户农产品滞销的问题进行精准扶贫，进行农业电商技术培训，大力推广农产品电商技术，如农业物联网技术、网上农产品市场调查、促销、交易洽谈、付款结算等。通过"鼠标＋大白菜"式营销，减少农产品流通中间环节，拓宽优质农产品销路，从而实现精准扶贫。简单来说，吉林省通过让资源用到更恰当的地方，分配的效率更高，针对性更强，单位资源的扶贫人数更多。与传统式扶贫不同的是，电商扶贫的精准度更高，且利用市场机制，效率更高，受众广。从经济学上讲，电商扶贫是对扶贫对象、扶贫资源进行优化，是着力提高各类扶贫资源配置效率和效果。电商扶贫完全符合经济学中最高效配置资源的要求，使得有限的扶贫资源的作用发挥到最大，提高了扶贫资源的利用率。电商扶贫对准真正贫困的人群，不仅能缩小收入差距，还能助力市场扶贫的健康运行。

2. 拓宽了农户销售渠道，培育了具有竞争力的品牌

第一，拓宽了农户销售渠道。吉林省没有电子商务时，生产经营者要么亲自跑市场，把产品直接销售给消费者，要么卖给采购商。自从有了电子商务，生产经营者既可以直接在网上销售产品，也可以通过其他网商或村级服务站等销售产品，既方便快捷，还省去了路费等销售成本。吉林省大量的线上品牌、众多的网商红人无不说明了电商市场的天生优势。吉林省的线上营销可以克服传统线下销售渠道所存在的销售范围小、销售成本高（主要体现在对接消费者方面）等困难，即线上市场与线下市场相比具有更低的市场壁垒，可对接的消费市场的范围更大。

第二，培育了具有竞争力的品牌。吉林省在传统销售方式下，贫困地区的消费市场较小，消费者的消费能力也相对较低，即使有好的产品，也很难卖上好价钱，更谈不上稳定的销路和销量。但通过电商平台，贫困地区能够与范围更广、购买力更强的大市场实现对接，让好的产品有机会获得稳定的消费人群，形成较为稳定的消费渠道。而且通过培育品牌，打造了一批具有竞争力的产品，在网上可以获得更高的售价，进而有机会获得稳定可观的收益，不仅帮助吉林省贫困人口脱贫，更实现了电商致富。

3. 激发了贫困户的热情，培育了贫困户的发展能力

第一，激发贫困户的热情。传统的线下销售渠道由于需要经过多级批发零售商，使得农户很难接收到消费者的反馈。一方面，农民不清楚自己生产的农产品究竟销往何地，卖给了哪些消费者，收不到消费者的反馈；另一方面，消费者基本上也不清楚自己买的菜是谁种的，甚至是哪个地方种的。这种联系机制的缺失使得农产品市场常常发展成劣币驱逐良币的局面，好的产品卖不到好价钱，消费者即使愿意承担更高的价格也很难找到让自己完全信得过的产品。相反，电子商务却能让农民与消费者建立直接联系，从而及时获取消费者的反馈。了解了消费者需求，就会激发贫困户的热情，鼓励农户采取措施提高产品质量，进一步扩大销售，获得更大收益。这样就会形成正向激励机制，有了销售的收入，农户的热情就被激发出来，进而促进整个产业不断发展，促进地方经济的发展。

第二，培育贫困户的发展能力。电商的出现让贫困户在很大程度上降低了市场开发、渠道建设、营销推广等方面的费用，大大降低了创业门槛，让很多农民获得了创业的机会。同时，随着电商的发展，还为当地农民提供了诸如产品包装、物流配送等大量低门槛的就业机会。另外，电商的发展不仅让贫困地区的农民更便利地获得外界的信息，还能在其中学习掌握更多的知识和技能，激发其学习潜力，使其提升自我发展的能力。

四、市场组织创新拉动扶贫——张家山合作社发展扶贫

（一）张家山两大特色产业合作社

陕西省张家山村具有自然环境差、基础设施薄弱、产业结构不完善等脱贫难点。该村采取以特色产业带动贫困户脱贫的措施，通过奶山羊和烤烟两种特色产业，同时依托合作社发展带动集体经济发展和贫困户的脱贫，对贫困户有裹挟式带动作用。"裹挟"一词本意是（风、流水等）把别的东西卷入，使之随着移动；（形势、潮流等）把人卷进去，迫使其采取某种态度。此处是指低收入贫困户处在村集体经济中，被乡村社会的各种关系网络以及经济网络包裹，通过合作社和集体经济的发展，挟使其跟随集体经济和合作社的步伐，从而实现脱贫。

张家山村民积极采取"合作社＋"的扶贫模式，推动农业农村经济发展，带动农户脱贫致富，取得了良好的成效。主要以鹏程烤烟专业合作社和陇玉养殖专业合作社为依托，截至 2019 年底，烤烟合作社带动贫困户种植烤烟 600 余亩，可常年雇佣 30 余人，务工收入 43.2 万元，平均每个贫困劳力增收 2 799 元。全县累计建成规模羊场和集中养殖区 159 家，奶山羊存栏 45.2 万只。通过"入股分红、分户扩群、基地带动、协议种草、技术培训、就业务工"等 6 种扶贫模式，带动贫困户 4 861 户，占全县有劳动能力贫困户的 38.3%，户均增收 1 580 元。

从张家山村扶贫实践来看，坚持特色产业发展，通过合作社带动，实现贫困户裹挟式发展是一种脱贫的有效途径。从产业选择来看，选用传统的地方产业发展集体经济，一方面有传统技术的传承，对于再培训的需求不大；另一方面具有政府扶持、企业带动的优势，风险较小。以张家山村的两种主要产业来说，奶山羊具有领头羊效应，掌握技术要领后，不需要投入大量人力；并且通过企业起主导作用，避免了社会资本缺乏出现的问题。烤烟产业具有市场优势，不存在市场风险。加上政府

资金的扶持，使得贫困人口避免了人力资本、经济资本和社会资本等方面的缺陷。

（二）搭上奶山羊全产业链发展快车，带动贫困户发展

1. 陇县奶山羊产业链发展状况

陇县地处北纬 35°左右，气候湿润，牧草两季，是奶山羊养殖的最佳适生区。陇县借助和氏乳业、关山乳业和飞鹤乳业等龙头企业，发展奶山羊产业。截至 2018 年底，全县奶山羊存栏 15 万只，建成各类规模羊场104 个，两个乳企年加工能力达到 10 万吨。

2. 风险共担，利益均沾的运作模式

张家山村成立了陇玉养殖专业合作社，规模化养殖奶山羊。如图 4-8 所示，政府提供一定的资金补贴给合作社，促进合作社的发展。同时贫困户的产业补助 5 000 元也作为入股资金注入合作社，合作社每年会向贫困户进行分红。由图可知，奶山羊的饲养分为规模养殖和分散养殖。规模养殖由合作社进行，分散养殖由农户进行。前期合作社购进优良品种母羊，每天挤奶一定量后送到企业，由企业对鲜奶进行加工。合作社中母羊产下的小羊羔或是企业养殖场中产下的羊羔择优出售给农户，通过分户扩群，由贫困户将羊羔养大。对企业来说，企业将自身养殖场产出的鲜奶和收购鲜奶进行智能化加工，加工成奶粉，通过物流运输到各个超市，最终流向消费者。在这个过程中实现了第一、第二、第三产业的有效融合，合作社和农户进行鲜奶的生产，企业对鲜奶进行加工、配送服务，

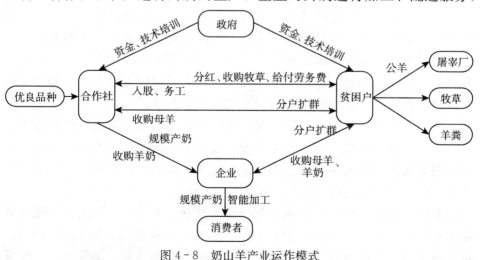

图 4-8　奶山羊产业运作模式

延长了产业的价值链，形成了农产品生产、加工、销售、服务于一体的完整的链条，获得了更多的附加价值。

3. 张家山村奶山羊养殖效益

截至 2018 年 4 月底，张家山村已建成奶山羊场 3 个，存栏奶山羊 300 只；发展奶山羊散户养殖 78 户，存栏奶山羊 594 只（其中贫困户 36 户，290 只）。

第一，规模养殖效益。张家山村奶山羊养殖场刚刚起步，以扩群增量为主，所产羊奶主要用于哺乳羔羊，实现商品奶交售的产奶羊只是一部分。2018 年 4 月，奶山羊场存栏奶山羊 300 只，月度总支出 51 774 元，总收入 73 820 元。4 月份实现纯利润 22 046 元，平均每只奶山羊月均实现纯收入 73.5 元，按 10 个月产奶计算，每只羊每年可实现纯收入 735 元，效益可观。

第二，散户养殖效益。散户养殖采用传统养殖，生产效益较低。我们调查的 10 个散养户，2018 年 4 月养殖奶山羊 56 只，月度总支出 8 885.6 元，总收入 11 180 元。4 月份实现纯利润 2 294.4 元，平均每只奶山羊月均实现纯收入 40.97 元，按 8 个月产奶计算，每只羊每年可实现纯收入 328 元，效益较规模养殖低，但投资成本低，见效快。

4. 张家山村奶山羊产业发展与脱贫攻坚的链接机制

第一，建立家庭牧场。对有养羊基础、有一定资金、又有人力资源的 1 个贫困户，在自愿的基础上，村上充分利用奶山羊产业扶持政策，积极指导建立起了奶山羊家庭牧场，直接增加贫困户收入。

第二，基地＋合作社带动。对有养羊基础、无资金、无场地的 9 个贫困户，村里成立了合作社，统一建立了奶山羊集中养殖区，吸纳贫困户入区养殖奶山羊；对无养羊基础、无资金、犹豫徘徊的 20 个贫困户，村里开展招商引资，动员社会资本建设了 1 个奶山羊规模养殖场，并配套建成了机械化挤奶站，引导贫困户发展小规模养殖上站挤奶，起到"建设一个点，带动一大片"效应，贫困户通过近距离学习，示范带动发展奶山羊。

第三，分户扩群。对有养羊基础、规模小、无法挤奶的 10 户贫困户，村里引导贫困户发展小规模养殖，培育优质奶山羊，向规模场出售优质奶山羊增收，同时享受政府补贴，增加收入。

第四，入股分红。对无养羊基础、无资金、无技术、无人力、无经营能力的 50 户贫困户，村里引导贫困户自愿将扶贫资金入股到奶山羊场，贫困户不参与生产经营，养殖场每年向贫困户分配红利，保底分红，实现增收。

第五，就业打工。对无基础、无资金、无经营能力的 6 户贫困户，由村里协调，择优聘用到奶山羊场务工，获得工资报酬。

第六，种植饲草。对不愿意发展奶山羊产业、种植农作物有一定经验的 15 户贫困户，引导种植苜蓿等优质饲草，通过向奶山羊场销售饲草，实现了增收。

（三）通过烤烟合作社组织，实现贫困户裹挟式带动

1. 烤烟合作社运作模式

依托鹏程烤烟合作社，张家山村大力发展烤烟产业，带动贫困户脱贫，烤烟合作社运作模式如图 4-9 所示。

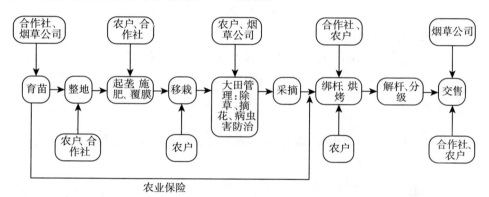

图 4-9　烤烟产业链与各个参与主体

烤烟的产业链包括育苗、整地、起垄、施肥、覆膜、移栽、大田管理、采摘、绑杆、烘烤、解杆、分级、交售等环节。首先是烟草公司免费为合作社提供烟草种子和育苗盘，由合作社进行育苗。育苗完成后，合作社以 1 盘苗 8 元的价格出售给农户。同时合作社以一定的价格提供整地、旋耕等服务。农户在进行整地、起垄、施肥、覆膜、购买种苗后，将种苗移栽到田地里。在烤烟的生长过程中，要特别注意大田管理，包括病虫害防治等。这期间，烟草公司会免费对烤烟种植、防虫、防病进行技术指导和技术培训，提高农户的种植水平。烤烟长到一定高度后，可以进行采摘、烘烤、分级和交售。这期间，农户自己或合作社雇佣农户对烟叶进行绑杆，送入合作社烤炉进行烘烤，然后进行解绑和分级。最后将分级的烟叶交售给烟草公司，这一生产过程得以完成。另外，为了预防农业生产过程中的风险，烟草公司与烟农共同出资购买产业保险，防止出现自然灾害

使农户遭受损失。

2. 贫困户受益机制

第一，种植烤烟。烤烟种植成本低、对劳动力的需求小，除去种苗费用、部分肥料费用和租用烤炉等费用，一亩烤烟的纯利润为 3 000 元左右。张家山村烤烟种植的规模较大，一般贫困户可以种植 15 亩左右。就收入来说，一年的纯收入可以达到 45 000 元，大大高于脱贫的标准。

第二，务工。在合作社运行过程中，育苗、农机作业、对烟叶绑杆、打包都需要大量的劳动力。贫困户可以通过在合作社务工获得劳动报酬，实现增收。

第三，入股分红。合作社的分红机制分为两种，一是资金分红，对于不种植烤烟的贫困户可以按每股 300 元交纳入股资金，每年每股可以分到 100 元；二是种植分红，对于种植烤烟的贫困户，每亩分 9 元。

3. 裹挟式带动作用

对于贫困户来说，当村集体中其他农户都在发展某一产业时，其有很大可能去跟随发展。另外合作社组织的带动以及分红机制，使得贫困户更容易被裹挟到这一产业或组织中，带动其增收。

第三节　市场拉动扶贫减贫经验总结与政策建议

一、市场拉动扶贫的经验总结

（一）提高贫困群体参与市场的积极性与能力

市场扶贫需牢固树立"扶贫先扶智，治贫先治愚"工作理念，在市场扶贫过程中，不断提高贫困群体参与市场的积极性与能力，促进贫困地区市场健康发展和贫困群众发展能力持续提升。发挥第一书记及"四支队伍"的模范作用，做到上引下联，运用政策动员贫困群体，把上级决策部署落实到乡村的具体实践中，充分利用各种扶贫资源，把贫困户的积极性最大限度地调动起来。同时结合贫困户自身特点，采用多种方式进行能力提高，帮助农户加强技能培训，提升贫困群众自我发展能力，解决贫困群众思想落后，缺技术的问题。比如：通过公益性岗位、技能培训等方式提高农户综合素质。当外来帮扶力量减弱的时候，贫困地区也能够通过自我发展实现稳定脱贫，建立市场集群，形成规模经济效应和市场集聚效应。

（二）依据资源禀赋、贫困群体特点选择扶贫减贫方式

新时代我国扶贫工作重点在于满足贫困户更高层次的多元化多样性需求，通过采取针对性的发展策略，在市场扶贫工作中精确划分扶贫地区及扶贫对象的类型，依据资源禀赋、贫困群体特点选择扶贫减贫方式，优化扶贫资源配置方式，提升扶贫效率，使得资源输入与地区特点高度匹配，实现平衡、协调、充分和可持续发展。要充分研究分析当地发展的内外部环境，在尊重市场规律的前提下，出台相关扶持政策，引导各类新型农业经营主体根据资源特点和市场情况自主决定扶贫方式，增强贫困地区发展的适应性和灵活性。如：对自然资源丰富、具有地方特色的地区，可以旅游产业扶贫、特色农产品扶贫等，对于劳动资源丰富的地区，可通过帮助其安排就业和转移就业等方式扶贫。

（三）避免市场扶贫过度依赖政府

我国市场扶贫的原则是政府主导，但是，近年来出现了政府过度参与市场扶贫，脱离了市场扶贫的初衷，降低了市场扶贫的效果。总体而言，尽管在不同经济发展阶段，政府与市场在资源配置中扮演不同的角色，但政府的主导作用主要体现在经济萧条或市场失灵时，政府从制度设计层面去解决市场失灵问题，比如通过财政扩张政策解决有效需求不足的问题。但在经济增长的常态时期，政府不应替代市场去配置资源。在市场扶贫机制中应明确政府的职能，避免出现政府过分参与的现象。

（四）协同发挥市场扶贫的有效性与专业性

市场拉动扶贫具有效率最高和专业性最好的双重特点。由于市场扶贫必须以市场为导向，通过市场把各种资源在社会范围内进行安排。在市场作用过程中，农户在经济利益的驱动下，必然把自己所拥有的资源投入到能够获得最大利益的领域中。这使得贫困户团结起来，以合作社，或者是以股份公司的形式进行合作，把零散的小规模生产变成大规模的生产，实现规模效益和资源的最佳配置，提高了经济效率，也实现了分配上的公平。扶贫专业化是指，由于参与市场扶贫的主体，往往是在一个领域中发展较为成熟稳定的组织、企业或个体，在市场竞争中处于一个有利的地位，并在发展过程中积累了丰富的实践经验和理论水平，能带给贫困群体专业的发展知识、专业的发展技术、提供专业的发展路径。扶贫中引入市

场机制能够利用市场扶贫专业化的特点向贫困群体提供具有针对性、创新性、灵活性、专业性、持续性、公益性、民主性和领域多元化、方式多样化的脱贫道路。根据市场的不同需求，在不同阶段推出多样化的扶贫项目，能够集中贫困地区自身优势资源，使得脱贫措施更加专业，优化了扶贫资源的配置效率，提高了扶贫工作的针对性、灵活性和可持续性。

（五）激励多元市场主体发挥合力及灵活性

脱贫攻坚战是个系统工程，扶贫工作需要调动各方资源共同发力，在市场机制中吸引、鼓励、扶持多元主体参与扶贫是我国市场扶贫的一大特点，也是我国贫困治理取得成功的重要经验之一。它有利于发挥多元主体的合力和灵活性，在全面脱贫攻坚的新阶段，通过培育多元贫困治理主体，构建多元主体协同治理贫困体系，将村民、合作组织、政府部门、金融机构、企业、社会组织等主体引入到扶贫实践中，发挥各主体的优势力量，提供多元化的发展策略。在脱贫攻坚行动中的主体，彼此地位和作用各有独特表征，具有较大的灵活性。各主体的责权关系明确、角色规范合理，可以提供多元的贫困问题解决方案。

二、市场拉动扶贫的政策建议

（一）加强贫困户能力建设

一是加大宣传引导力度，解决群众培训意识不强的问题。充分利用电视、网站、微信、广播等媒体，通过典型引领、现身说法、算账对比等方式，宣传高素质劳动者的重要贡献，宣传参加技能培训的优秀务工人员的先进事迹，引导群众转变观念，增强内生动力。

二是加大投入力度，建设公立的技能培训学校。县级职业教育学校按规定应承担部分农民技能培训的任务，但是从当前了解到的情况看，最近几年中央在县级没有农民技能培训机构建设项目安排。

三是集中封闭式培训不动摇，持续抓好培训不松懈。继续坚持按农民的个人意愿培训，给农民提供培训菜单，让农民"点菜"。人社部门和各乡镇要主动与县内外较大型的企业对接，争取培训订单，开展带薪培训，将培训补助资金拨给企业。同时贫困群体在市场竞争中处于劣势地位，政策设定应向贫困群体倾斜，照顾困难群体，切实保障贫困人口特别是农村贫困人员的权益，加强农村组织建设增强贫困人口在市场中的博弈能力。

（二）因地制宜，鼓励产业发展

第一，因地制宜选准产业，引导建设特色优势产业聚集区。在产业扶贫工作中，应突出各地特色、立足资源禀赋、找准比较优势，政府应在基础的粮食作物外进一步挖掘本地的特色产品，结合当地背景，打造差异化产品，进行深加工及附属品的开发。在市场已经饱和的情况下，独特的产品更能吸引消费者的目光。

第二，强化新型主体带动，提升贫困户内生发展动力。一方面，在贫困地区培育一批能够带领贫困农户、贫困人口脱贫致富的专业合作社、龙头企业等新型经营主体，培育或引进一批适合贫困地区生产实际的农业企业，引导和鼓励返乡人员在贫困地区创业创新，推动科技、人才、资本等先进生产要素在贫困地区落地生根。

第三，完善利益联结机制，积极探索资产收益扶贫方式。创新体制机制，引导各地改变发钱发物的简单方式，总结推广资产收益、股份合作、订单帮扶、生产托管、园区带动等帮扶模式，将共享理念贯穿到产业发展链条中去，把贫困户"黏"在产业链上，有助于促进建档立卡搬迁人口稳定脱贫。如：金鸡产业利用政策支持搭建企业投资平台，拓宽贫困户增收渠道，同时契合当地资源禀赋发展特色产业，鼓励多方合作，实现贫困户和企业的共赢。

（三）政府职能向服务型转变

在市场机制下，政府跳出具体事务，专门从事政策制定、引导、监管和考核等工作，即可保障精准扶贫的政策效果，转变了政府职能，向服务型政府发展。各级政府部门在做好农村基础设施建设、保障各项惠民政策落实到位的情况下，通过发挥自身优势，用好手中资源，为困难群众对接市场"探路""铺桥"，困难群众做到勤劳"站起来"的同时，帮助培养他们主动"走出去"的意识和能力。市场机制下的政府职能逐渐发展为"行政—服务—治理"的扶贫模式。

（四）创新资金使用形式

1. 扩大财政专项扶贫资金使用范围

第一，允许基层政府根据当地实际设计具有特色的产业扶贫项目；第二，加大扶贫资金支持产业性扶贫的力度；第三，对于绩效评价较好的基层政府，给予更大的扶贫资金分配、使用和管理权限。

2. 完善资金使用配套措施

与现代预算制度改革相结合，特别关注扶贫和涉农资金的预算编制、预算执行和预算评价的配套改革措施，在专项资金分配、拨付方面切实能够与具体扶贫项目有效衔接。

3. 建立和完善创新财政扶贫资金管理方式的交流机制

在资金管理方面做到及时推广先进经验，降低扶贫治理模式的探索成本。如：在金鸡产业扶贫项目中，为了谋求各自的利益，各参与方以契约的形式将财政资金、金融资源和产业资本有机地结合起来，从而放大了财政资金的扶贫效应。

（五）吸引多元主体参与

大力倡导多元主体参与扶贫，鼓励企业、专业大户、合作社、社会组织及个人积极承担社会责任，发挥它们在资金、技术、市场、管理等方面的优势，到贫困村投资兴业、吸纳就业、捐资助贫，积极参与扶贫开发、脱贫攻坚。加强与外界市场的联系，动员更多力量为减贫事业献智出力，畅通与社会各界的交流交融、互帮互助的渠道，引导社会爱心人士开展志愿服务、爱心结对、扶贫助学等。加强与各类商会、公益组织等非政府组织的沟通联系，积极倡导扶贫济困、乐善好施的中华传统美德，引导社会组织多尽一份社会责任。利用现代传媒引导扶贫，通过微信公众号、QQ群、朋友圈等方便、快捷、高效的新媒体发布信息，让更多主体了解农村贫困现状，引导和动员他们关注贫困、走进贫困村、参与脱贫攻坚。

主要参考文献

［1］白利友，张飞. 精准扶贫贫困治理的"中国样本"与"中国经验"［J］. 西北民族大学学报，2018，24（4）：40－47.

［2］魏百刚. 千方百计提高产业扶贫质量为巩固脱贫成果防止返贫提供有力支撑［J］. 农村工作通讯，2020，34（5）：15－17.

［3］郭劲光，俎邵静，邓韬. 扶贫资源配置低效问题研究：生成机制与治理路径［J］. 农业经济问题，2019，12（7）：56－65.

［4］黄承伟，邹英，刘杰. 产业精准扶贫实践困境和深化路径——兼论产业精准扶贫的印江经验［J］. 贵州社会科学，2017，32（12）：110－117.

［5］黄娟娟，孙计领. 产业扶贫对贫困户的收入增加效应实证分析［J］. 调研世界，

2020, 32 (3): 3-9.

[6] 贾金才, 杨颖辉, 王亚荣. 张北县藜麦产业发展现状分析 [J]. 农业与技术, 2020, 40 (5): 29-30.

[7] 金塘. 中国扶贫经验值得中等收入国家借鉴 [J]. 世界社会主义研究, 2017, 24 (6): 76-72.

[8] 李博, 左停. 集中连片贫困地区"购买服务式"综合性扶贫治理模式研究——以陕南秦巴山区"公益岗位"为例 [J]. 农业经济问题, 2017, 38 (2): 85-91.

[9] 李如海. "三变"改革助推乡村旅游的模式、困境与路径研究——以贵州六盘水市为例 [J]. 市场论坛, 2019, 22 (10): 41-45.

[10] 卢钇名. 大数据背景下产业扶贫的路径初探 [J]. 中国商论, 2020, 32 (5): 29-30.

[11] 马隽. 农村电子商务发展与农村富余劳动力安置问题研究 [J]. 中国农业资源与区划, 2016, 37 (2): 135-137.

[12] 商思旭, 刘毅. 乡镇政府买服务的成功案例 [J]. 机构与行政, 2015, 11 (3): 58-59.

[13] 邵晓贵, 胡奕, 王海. 精准扶贫背景下农村集体产业发展探析——以安顺市西秀区为例 [J]. 安徽农学通报, 2020, 26 (4): 3-4, 31.

[14] 史常亮, 栾江, 朱俊峰, 等. 土地流转对农户收入增长及收入差距的影响——基于8省农户调查数据的实证分析 [J]. 经济评论, 2017 (5): 152-166.

[15] 滕祥河, 文传浩. 冗余资源配置视角下的可持续减贫策略研究 [J]. 云南师范大学学报 (哲学社会科学版), 2019, 51 (4): 108-115.

[16] 王博, 朱玉春. 改革开放40年中国农村反贫困经验总结——兼论精准扶贫的历史必然性和长期性 [J]. 西北农林科技大学学报, 2018, 32 (6): 32-40.

[17] 王国勇, 邢溦. 我国精准扶贫工作机制问题探析 [J]. 农村经济, 2015, 14 (9): 46-50.

>>> 第五章 社会联动大扶贫的主要做法与经验

　　政府主导式的大扶贫体系可能会存在缺乏弹性、扶贫信息不对称和针对性不强等问题。随着中国扶贫工作的逐步开展，扶贫难度越来越大，贫困人口也呈现出整体集中度下降和边缘化程度上升、共同性致贫因素弱化、多元性致贫因素显著等特征。社会扶贫作为一种区别于政府推动、市场拉动的扶贫模式，具有行动主体的多元性，分布分散化、内容广泛性以及行动方式灵活性的特点和优势，成为中国大扶贫体系的有机组成部分，是对大扶贫体系扶贫减贫功能的有效补充。本章将社会扶贫分为定点扶贫、东西部协作扶贫、对口支援扶贫、军队和武警部队扶贫、企业扶贫、社会组织扶贫等六种扶贫方式，并结合社会扶贫各类案例，论述社会扶贫的各个主体在参与扶贫的过程中形成的各具特色的经验、特点和问题，总结出具有普遍性、可传递性的显性知识，从而促进扶贫减贫经验的交流与分享。

第一节　社会联动大扶贫内涵及分类

一、社会联动扶贫内涵

　　社会扶贫有广义与狭义之分，与政府、市场扶贫主体共同构成三大主体，是大扶贫格局或体系的重要组成部分。狭义的社会扶贫主要是指民营企业、社会组织、志愿者等多元主体，而广义的社会扶贫还包括国有企业、事业单位、军队和武警部队以及东西部协作中的政府组织等。在政府各个组织部门的工作划分中，社会扶贫工作相对于各个组织部门主要工作而言，具有弹性、临时性和机制性欠缺等特点。例如，军队和武警部队、东西部协作中的东部政府等组织，它们有自己原有功能职责、更为重要的工作，扶贫减贫仅是这些部门组织一定阶段必须但非关键工作，国有企业、事业单位如大学等扶贫减贫的定位也是一样。所以，把具有这类性质或特点的扶贫减贫工作放到广义的社会扶贫来论述，感觉更为合适。

社会扶贫作为一种具有中国本土特色的扶贫模式，有着自身独特的理论、实践及政策背景。社会扶贫是社会治理理论在减贫领域的有效实践，是政府单主体向社会多主体扶贫模式的转变。随着经济、社会结构的发展演变，贫困问题及减贫环境日益复杂，需要不断创新已有的扶贫模式，构建多元共治的包容扶贫政策，才能降低减贫系统的复杂性，推进减贫领域的治理创新。

二、社会联动扶贫分类

（一）定点扶贫

定点扶贫是指各级党政机关、企事业单位、社会团体有组织有计划地筹措扶贫资金以及派遣由干部组成的工作队驻村帮扶，并且凭借各自部门、单位的职能优势促使贫困地区脱贫致富的一种扶贫模式。开展定点扶贫是各级部门践行使命的重要举措，不仅直接体现各级党委政府对扶贫工作的高度重视，更是充分体现出中国特色社会主义制度的优越性。

从 1986 年开始至今，定点扶贫工作已历时 34 年，各级定点扶贫部门认真贯彻中央的决策部署，倾心、倾力开展扶贫工作，各单位充分发挥部门优势，通过政策倾斜、资金投入、项目引进、市场对接、社会动员等各种方式，积极为定点村县的发展做贡献。特别是党的十八大以来，定点扶贫的参与单位不断增加，帮扶领域不断拓宽，工作方式更加精准，影响和效果越来越大，已经成为我国扶贫开发事业中不容忽视的一支重要扶贫力量。

（二）对口支援扶贫

对口支援是指在政府的主导和动员之下，组织并安排经济相对发达地区的政府部门以及企事业单位，对边疆地区、灾害损失严重地区以及重大工程等给予人才、资金、技术和管理等方面的帮助和支持，它是政府基于中国经济发展水平和资源分配水平不平衡基础上的宏观调控手段。

1979 年 4 月 25 日，时任政治局委员乌兰夫在中共中央全国边防工作会议上指出："根据党中央的指示，国家还要组织内地省、市实行对口支援边境地区和少数民族地区。"这就是理论界和实务界广泛使用的对口支援最权威和最正式的来源，从此，对口支援在国家层面得到确立，并且在经济对口支援、技术对口支援、干部对口支援、教育对口支援、卫生对口支援等多个方面得到启动，形成了一套体系。

（三）东西部协作扶贫

东西部协作扶贫这一扶贫方式的产生，主要是因为国家区域经济发展战略的调整，即在邓小平同志"两个大局"战略和"部分先富"的构想指导下，国家开始实施鼓励东部地区优先发展的区域经济非均衡发展战略。生产力布局重新向东部地区倾斜，生产要素和扶持政策大规模向东部地区聚集，经济自生能力尚未巩固的西部地区的发展在东部地区率先开放、率先改革和发展的过程中再次被边缘化。因此要改变西部地区贫困落后的局面，东西部地区扶贫协作，就成为促进西部地区脱贫和发展，从而实现东西部地区协调发展的必然选择。

此外，东西部协作扶贫还是对口支援的另一种表达形式，2016 年 3月，国务院扶贫办社会扶贫司李春光司长在国新办关于进一步加强东西部扶贫协作工作指导意见发布会上，针对东西扶贫协作和对口支援之间的区别问题做出如下解释：东西扶贫协作和对口支援，从本质上讲有两个共同点，第一，它们都是中国对西部欠发达地区、贫困地区做出的一项加快扶贫开发进程的重大决策；第二，东西部扶贫协作和对口支援是相辅相成的。中国先是在 1996 年开始组织东部发达省市帮助西部贫困地区，后来中央出台对口援疆、对口援藏、对口支援青海四省藏区等政策，它们都是围绕扶贫攻坚，坚持精准扶贫、精准脱贫的战略方略。

（四）万企进万村联动扶贫

当前，社会扶贫的重要力量之一就是企业，企业参与扶贫，由于其自身所具备的市场资源优势，能够有效解决传统行政扶贫难以突破的问题，相对于传统行政模式而言，企业扶贫优势明显：首先企业管理、技术人才多，可以保证开发项目尽快建成投产获取回报；其次企业作为经济法人，需要独立承担责任，更注重项目的可行性；最后企业更了解市场的需求，对在扶贫项目中如何利用市场力量比政府工作人员更有经验。因此，企业参与扶贫有利于实现帮扶和市场需求的对接，有助于丰富扶贫资金，从而服务于三位一体的大扶贫格局。

此外，为了进一步呼吁和倡导我国企业参与到扶贫事业中。2015 年

10 月 17 日，全国工商联、国务院扶贫办和中国光彩会在京举行"万企帮万村"精准扶贫行动启动仪式，并且颁布了《"万企帮万村"精准扶贫行动方案》。方案中指出："万企帮万村"行动的扶贫主体是民营企业，扶贫对象瞄准建档立卡贫困村，主要通过签约结对、村企共建的形式，在三到五年间，动员全国一万家以上民营企业结对帮扶一万个以上贫困村，从而加快脱贫攻坚进程。由此可知，这些民营企业通过创造和提供就业岗位，参与扶贫和公益慈善活动，先富带动后富，帮助贫困群众走上脱贫致富之路，已经成为中国扶贫开发事业中不可或缺的重要力量。

（五）社会组织联动扶贫

社会组织是指为了解决社会或环境问题且不以营利为目的的组织，它所包含的领域非常广，例如科学研究、教育、卫生、社会服务、文化、农业及农村发展等。如图 5-1 所示，近些年来，随着社会组织数量的不断增长，我国社会组织的整体实力也得到了不断提升，经过几十年的发展，社会组织已经达到了相当的规模，成为在社会生活各个方面、各个领域有重要影响的社会景象。

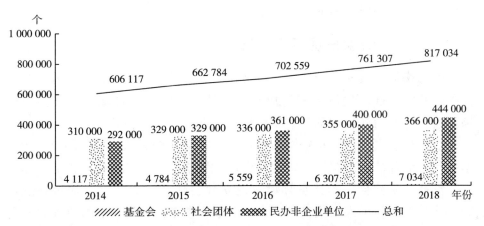

图 5-1　2014—2018 年基金会、社会团体、民办非企业单位情况

社会组织在中国的扶贫工作中发挥了至关重要的作用，基于社会组织具有民间性、自治性、自愿性、非营利性、公益性的特征，其主要表现在反映贫困人口的实际需求、整合筹措社会扶贫资源、注重扶贫资源投入的实效等方面。社会组织参与中国社会扶贫的大格局之中，不仅起到了查缺补漏的作用，而且也扮演着政府、贫困人口、企业之间协调发展的角色。

（六）军队和武警部队扶贫

军队和武警部队扶贫是指军队和武警部队根据国家扶贫开发总体规划，主动作为，发挥优势，军民共建，参与实施整村推进扶贫、定点扶贫，支援农田水利、小流域治理以及乡村道路等农业基础设施建设等扶贫活动。从革命战争时期，军队就开始参与我国扶贫开发事业，2000 年以来，实施《中国农村扶贫开发纲要（2001—2010 年）》之后，军队和武警部队参与社会扶贫的形式也逐步走向了制度化、正式化。2005 年 8 月，国家出台《关于进一步加强部队参与扶贫开发工作的意见》，明确驻贫困地区部队要就地就近挂钩扶贫开发重点村，建议部队集中力量参与治水、改路等基础设施建设项目，为贫困地区加快发展创造条件。

2013 年 12 月，国家提出"创新社会参与机制"，支持军队和武警部队参与地方扶贫开发事业，实现军地优势互补。2016 年 3 月，中央军委政治工作部和国务院扶贫开发领导小组办公室联合印发《关于军队参与打赢脱贫攻坚战的意见》，明确了军队参与打赢脱贫攻坚战应把握的"五条原则、十项任务"，提出了帮扶对象精准到位、帮扶责任定到具体单位、帮扶方案具体到册到表的明确要求。

三、社会联动扶贫运行机理

社会扶贫减贫通过帮扶主体、帮扶客体、帮扶措施、帮扶方式、帮扶资源以及内外部环境等要素，形成社会扶贫合力，才能取得扶贫减贫效果。具有特色的社会联动扶贫运行机理，如图 5-2 所示。

依靠社会责任形成帮扶网络体系，以社会组织为依托，运用政府大数据平台，整合社会组织扶贫资源，合理配置扶贫力量和资源，倡导共享理念，营造"强社会"的扶贫环境。设立社会扶贫咨询平台，通过各级政府、社会组织与个人收集贫困信息，形成全覆盖的贫困信息数据库，对贫困类型进行分类，结合多维贫困理论，测算贫困类型与相关社会组织之间的关联度，从而更好地实现社会组织与贫困个体的衔接。

此外，形成资源共享、信息互通机制，在各类贫困个体的帮扶过程中，充分发挥社会组织的统一性和协调性作用，运用整体思想，解决信息不对称、资源使用效率低的难题，借此打破贫困深层次困境，提升贫困个体自我发展意愿和能力。

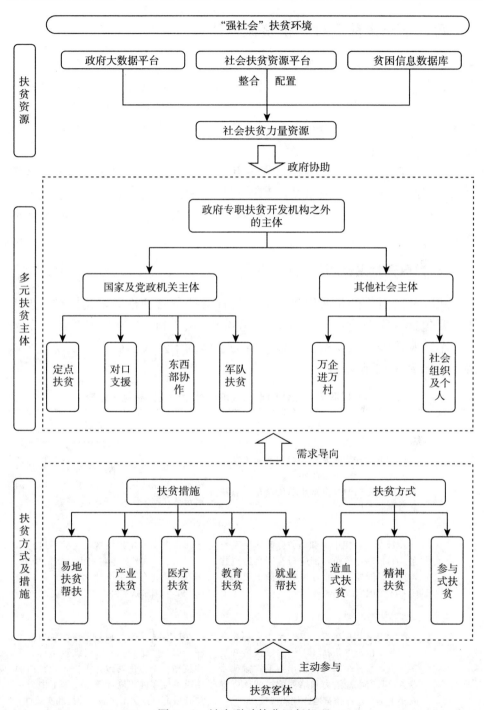

图 5-2　社会联动扶贫运行机理

四、十八大前后社会扶贫做法比较

党的十八大以来，扶贫早已不是政府"内部事务"，而是全社会共同推进的大战略。习近平总书记对此也指出，扶贫开发是全党全社会的共同责任，要动员和凝聚全社会力量广泛参与。十九大上，习近平进一步指出扶贫"要动员全党全国全社会"共同参与，构建政府、市场、社会协同推进的大扶贫开发格局。

从组织形式上看，社会扶贫在近几十年的实践探索中逐步形成了政府主导，组织、动员社会力量共同积极参与贫困治理的局面。为此以政府主体和社会主体"双轮驱动"的社会扶贫角度分析问题具有一定的实际意义。

（一）具有社会性质的政府主体

政府部门对应的是政府主体参与的社会扶贫管理格局，其扶贫开发工作主要包括国家及党政机关主持的定点扶贫、对口支援及东西部扶贫协作、军队及武警部队扶贫等。以政府为主体的十八大前后社会联动扶贫做法比较如表 5-1 所示。

表 5-1　以政府为主体的十八大前后社会联动扶贫做法比较

	十八大之前	十八大之后
定点扶贫	1987 年，定点扶贫成为我国政府下达的一项政治任务。1993 年底，我国已经有 81 个中央部委和中央企事业单位参与定点扶贫工作	2012 年，确定了新一轮定点扶贫结对关系，第一次实现了定点扶贫工作对国家扶贫开发工作重点县的全覆盖
	1994 年，提出中央和地方党政机关及有条件的企事业单位，都应与贫困县定点挂钩扶贫。同期，国家在原有基础上重新划定 592 个国家级贫困县	2015 年，对定点扶贫结对关系进行了局部调整，调整后参与定点扶贫的中央、国家机关和有关单位共 320 个，帮扶全国 592 个国家扶贫开发工作重点县
	2002 年，国家确定了 272 个中央部委和企事业单位定点帮扶 481 个国家扶贫开发工作重点县。2010 年，提出定期选派德才兼备、具有发展潜力和培养前途的优秀中青年干部赴定点扶贫地区挂职扶贫	2017 年，从帮扶成效、组织领导、选派干部、督促检查、基层满意情况、工作创新六个方面对包含中央企业在内的中央单位实施年度考核，确保了中央单位开展定点扶贫工作的主动性和实效性

（续）

十八大之前	十八大之后
	1979 年，东西部地区对口支援由此开始。该阶段主要是以输血式扶贫为主	2012 年，新一届党中央和国务院推动着东西部地区扶贫协作向互惠式阶段转变
对口支援及东西部协作	1983 年，东西部对口支援开始强调以协作的途径实现扶贫。1984 年，东西部对口支援正式从救济式扶贫阶段进入开发式扶贫阶段。战略实施重点从物资拨付转向企业与项目的联合建设	十八大以来，各地各部门以前所未有的力度，展开了东西部扶贫协作新实践。一是东西部各省（区、市）成立了由党政主要领导同志为组长的领导机构，建立了党政高层联席会议制度，广泛开展高层互访、调研规划、签署协议等多种形式对接
	1995 年，国家将东西部协作对口支援工作明确列入国家战略，对东西部地区扶贫协作的范围进行了扩大	二是优化了结对关系，帮扶责任进一步明确，加强了云南、四川、甘肃、青海等西部深度贫困市州的帮扶力量，落实了北京、天津与河北的扶贫协作任务，体现了对深度贫困地区的特殊帮扶
	2011 年，东西部地区扶贫协作由经济领域全面向社会领域拓展，其作为国家战略的社会性更加显现	三是强化了帮扶措施，帮扶力量进一步增强，资金支持明显增加，2016 年东部各省市财政援助资金近 30 亿元，比 2015 年翻了一番
军队扶贫	1987 年，中国人民解放军总政治部就军队开展扶贫济困工作专门作出安排部署	2013 年，国家提出"创新社会参与机制"，支持军队和武警部队参与地方扶贫开发事业
	2005 年，明确助贫困地区部队要就近挂钩扶贫开发重点村，建议部队集中力量参与治水、改路等基础设施建设项目	

（二）狭义社会主体

　　社会主体对应的是各种社会力量参与的社会扶贫的管理格局，其主要包括社会组织扶贫、民营企业扶贫等形式。以社会为主体的十八大前后社会联动扶贫做法比较如表 5-2 所示。

表 5-2 以社会为主体的社会联动扶贫做法比较

	十八大之前	十八大之后
社会组织扶贫	1978—1993 年，这一阶段社会组织扶贫的主要任务是为政府扶贫筹措资源	党的十八大以来，社会组织进入增速发展期： 一是社会组织蓬勃发展，从而为精准扶贫战略提供了大量的人员支持，他们来自各行各业，为扶贫工作贡献了重要力量；
	1994—2004 年，这一阶段社会组织扶贫的主要特点是积极开发扶贫项目，开始形成以实施项目为主导的发展战略	二是扶贫方式及领域的改变，社会组织扶贫摆脱以往"大水漫灌"式的扶贫方式，聚焦于精准扶贫下的活动领域，即产业、教育、健康、易地搬迁、互联网＋扶贫等；
	2005—2011 年，首先，政府与社会组织开始进行合作扶贫的实践探索。其次，社会组织扶贫行业内部开展联合，社会组织整体力量提升。最后，社会组织形式不断创新。这些新形式包括社会企业、企业家基金会、虚拟组织等	三是扶贫模式的创新。首先社会组织参与精准扶贫战略创新了金融扶贫的模式，为贫困人员提供小额信贷服务。其次，社会组织创新了扶贫平台。最后，社会组织还依托互联网创新精准扶贫的参与方式，创新了扶贫资金的筹集渠道，产生了巨大的经济效益和社会效益
民营企业扶贫	1949—1977 年，企业主要通过间接的方式推动贫困和欠发达地区的脱贫，即企业创造的价值服务于国民经济的发展，为增加居民收入进而推动脱贫提供物质基础	党的十八大以来，民营企业在精准扶贫战略的指导下积极投入资金、人才、技术等参与扶贫工作
	1978—1993 年，在"开发式扶贫"的背景下，民营企业除了发挥了创造价值、提供就业、贡献税收等方面的作用，也开展了形式多样的对口扶贫工作	在这一阶段，一是民营企业重点解决贫困地区农村发展的"资本门槛"，既加大了农村基础设施投资，又加大了对农村产业发展的投资；
	1994—2011 年，一方面在"农民工进城"的背景下，民营企业为解决就业、增加收入、缴纳税收创造了条件，进而促进了我国社会整体贫困问题的解决；另一方面，以农业龙头企业和农民专业合作社为代表的农业产业化发展，为农民更加广泛地参与市场创造了条件，促进了农村地区的脱贫	二是民营企业优化了精准扶贫人才队伍，加强了农村创业和知识培训，在农村形成了良好的创业氛围； 三是强化了企业扶贫工作的重点，集中在产业扶贫、教育扶贫上，从而促进资源优势转变为经济优势，真正帮助贫困民众融入现代市场经济体系

第二节 社会联动大扶贫案例及主要做法

一、河南农业大学定点帮扶案例

(一) 河南农业大学参与脱贫攻坚的情况

自 2015 年河南农业大学扶贫工作队进驻冯老村后，从组织建设强化、基础设施改善、精准扶贫到户、产业项目带动、人居环境提升等方面全力推进该村加快发展、尽早脱贫。先后申请专项资金近 180 万元，为冯老村引进"种养肥"一体化集体经济项目，带动 20 余个家庭实现创业和就业，在帮助群众脱贫致富的同时，每年还为村集体带来数十万元的红利，切实提升了冯老村自我造血、自我发展的能力。

驻村工作队还采取"短平快"扶贫方式对接冯老村贫困户，通过"一对一""多对一"的形式实施精准帮扶，先后为村民捐赠小麦良种 2 万余斤、玉米良种 500 余斤、价值 14 万元的小麦"一喷三防"药剂及灌浆肥等，并建立了良种示范田，以科技示范引领冯老村步入脱贫致富的快车道。近三年时间的帮扶让冯老村的贫困发生率大幅下降，截至 2018 年尚未脱贫的贫困户仅有 3 户、11 人，贫困发生率已经降到 0.8%以下。

(二) 河南农业大学定点帮扶主要做法

1. 结对帮扶一家亲，倾心凝力助脱贫

河南农业大学坚持把脱贫攻坚作为政治任务，一是选配好驻村干部。河南农业大学先后选派 3 名处级干部担任驻村第一书记，选拔优秀科级干部作为驻村队员和第一团支书，配合第一书记工作。二是建立校领导定期驻村制度。学校领导班子成员每月、学校主要领导每季度都前往冯老村，调研指导精准扶贫和驻村工作，现场为驻村工作队和贫困家庭解决实际困难。三是开展结对帮扶活动。河南农业大学将 49 个处级单位分成 10 个工作组，选派 23 名副处级干部作为帮扶责任人对接冯老村 29 户贫困户。五年多来，在河南农业大学的倾心帮扶下，冯老村已经实现整村脱贫，贫困发生率降为 0.36%。

2. 精准识别夯基础，帮扶措施因户宜

2015 年，河南农业大学扶贫工作队进驻后，坚持在精准上下工夫，在务实上做文章。学校 10 个工作组和帮扶责任人同驻村第一书记一起，深入每家每户详细了解情况，认真核算收入，进行了近千人次的走访调查，掌握了困难群众家庭情况、人员构成、致贫原因、发展瓶颈等第一手资料。严格对照"两不愁，三保障"的标准，重新认定了 29 户贫困户。按照"每户有方案、每户有台账、每户有措施、每户有进展、每户保脱贫"的要求，通过"分类指导、一户一策"开展"一对一"结对到户扶贫，"因户制宜、因人而异"进行精准帮扶。

3. 产业发展初见效，集体经济显活力

入村以来，驻村工作队一方面详细了解当地的人文历史、水土成分、资源环境、交通路网等情况，另一方面认真询问了当地作物品种、种植习惯等信息，在与干部群众的交流中，逐渐形成了以"规模养殖带动特色种植"的发展思路。为此，河南农业大学充分发挥自身人才、技术优势，申请专项资金近 179 万元，在冯老村实施"高效农业种植、现代畜牧养殖、有机肥加工"一体化的现代农业循环经济项目，通过土地集约化经营，培育职业农民，引导原来一家一户、无序的传统农业向现代化集体农业方向发展。

4. 环境改善顺民意，乡风文明树新风

河南农业大学驻村工作队争取县人居环境改善专项资金 25 万元、协调学校环境整治专项资金 8 万元，将村内有两个多年闲置的垃圾坑塘改建为 1 500 多平方米的绿色游园，大大改善了村内卫生状况和整体环境；驻村工作队还先后组织了年度"好媳妇、好公婆、好丈夫""五好家庭""十星级农户"的评选，为群众树立了标杆和榜样，更让村里的社会主义道德新风尚蔚然成风。文明乡风的培育进一步丰富了群众文化生活，提振了群众干事创业的精气神，坚定了干部群众打赢脱贫攻坚战的决心和脱贫致富奔小康的信心。

5. 党员干部率先垂范，基层组织引领发展

首先抓好阵地建设。工作队协调学校捐赠 9 万元，新建了党群活动中心，并配备办公设备，接通了百兆宽带，改善党员群众活动条件，强化组织阵地建设；建立了"美丽冯老"微信公众号，开通了党建学习板块，方便了党员，特别是流动党员的学习交流。其次抓好队伍建设。开展了党员"戴党徽、亮身份、做表率"活动，以清扫道路积雪、清理村内垃圾、帮扶贫困群众等形式开展了特色党日活动，引导广大党员身体力行、率先垂范，树立起党员良好形象。

二、黄石市对口支援案例

（一）黄石市对口支援西藏曲松县的情况

曲松县隶属于西藏自治区山南市，位于喜马拉雅山北侧，雅鲁藏布江中游南岸，它曾是湖北省 4 个对口支援县中自然环境最恶劣、生存环境最差、发展任务最重的贫困地区。

黄石市原市委书记王建鸣曾指出，黄石将成为曲松发展的坚强后盾，视曲松为黄石的第 7 个县（市）区，将曲松的发展纳入黄石经济社会发展的总体规划之中，同谋划、同部署、同安排。自从 2007 年黄石市第一批援藏干部开启首轮援藏工作以来。援藏扶贫工作队主动融入曲松中心工作，全方位、多层次向纵深推进援藏工作，取得了卓越的成效。2018 年 9 月，曲松县成功实现脱贫摘帽，退出贫困县行列。

（二）黄石市对口支援的主要做法

1. 创新援藏理念，适应援藏工作新要求

为了进一步适应援藏工作新要求，黄石市第二批援藏工作队提出了"快乐援藏、奉献援藏、科学援藏"三大理念。"快乐援藏"是指情感上的真情融入，注重与当地藏民打成一片。这样彼此之间的距离感没有了，班子团结、和谐共事、积极向上的工作局面也就形成了。"奉献援藏"是指做到作风上的真心投入。为了尽快进入工作角色，扶贫工作队的成员们承受着强烈的高原反应，用了一个月时间开展调查研究，听取了大家对县委和援藏工作的意见和建议，为全县的工作开展打下了坚实基础。"科学援藏"是指做到事业上的真正投入。工作队聘请黄石市规划设计院编制了曲松一县两镇的发展规划，聘请西藏大学编制了曲松旅游发展规划，这些规划的制定为曲松县持续发展奠定了基础。

2. 创新援藏思路，呈现援藏工作新气象

一是加大项目争取进度，夯实发展后劲。按照"五个一"工作责任制（即一个项目、一名领导带头、一个工作专班服务、一个部门负责、一套工作方案），真正做好项目衔接和协调服务等工作。2011 年全年共实施农牧业产业化、新农村建设、基础设施建设等项目 88 个，总投资达 3.8 亿元，完成投资 2.28 亿元。

二是抢抓资源整合的机遇，做大做强矿业经济。经过大量艰苦工作，封闭了滥采乱挖矿井 12 座，从 13 家采矿企业整治为 3 家，实现了矿井秩序"大乱"到"大治"，矿区整治得到了自治区的肯定。

三是扎实抓好平安建设，确保社会稳定和谐。紧紧围绕"反对分裂、加强团结、维护稳定、促进发展"这一主题，真正做到了责任到位、排查到位、化解到位、稳控到位、督查到位。

3. 创新援藏模式，实现援藏工作新突破

一是产业援藏。借助华新水泥西藏分公司在山南扩建生产线的机遇，采取入股 1 000 万元，年分红不少于 20％股金的方式，借鸡下蛋、借梯上楼，为县财政培育可持续的财源；同时，通过"走出去、引进来"的方式，引进了投资 500 万元的藏鸡养殖项目、安徽生态科技园林公司投资 6 000 万元的现代苗木花卉生产示范基地项目等。

二是项目援藏。针对曲松县实际，从城镇建设、新农村建设、农业产业化建设、民生工程等方面入手，加大援藏项目建设力度，进一步提升城镇功能，改善农牧民人居环境，增加农牧民收入。目前，投资 1 300 万元的县行政综合服务中心项目、投资 500 万元的城镇功能提升项目已竣工，投资 200 万元的幼儿园项目已开工建设，农业产业化、安居工程等项目正在有序推进。

三是人才援藏。确定了三年人才援藏规划，三年中，黄石市在医疗、教育、规划设计、安全监督、技能培训等方面将有 20 多人进藏工作，曲松县有 10 余人到黄石对口部门培训。

四是立体援藏。根据湖北省委、省人民政府提出的援藏工作多层次覆盖、立体式发展的要求，援藏工作队积极主动、广泛深入地推进黄石与曲松手拉手、心连心，开展结对帮扶活动。黄石 5 个乡镇、6 个村、24 个部门与曲松县乡镇、村、部门签订了对口支援协议，累计援助资金达到 100 余万元，真正体现了黄石曲松一家亲，藏汉人民心连心。

三、东西部合作扶贫案例

（一）闽宁协作的情况

闽宁镇隶属于宁夏回族自治区银川市永宁县。1996 年 5 月，在中央确定了东西扶贫协作关系后，当年 10 月福建省成立了以时任福建省委副书记的习近平同志为组长，19 个省直机关为成员单位的帮扶宁夏领导小组。第二年，习近平同志提议福建和宁夏共同建设生态移民点，以福建、宁夏两省区简称命名为"闽宁村"。2002 年 1 月，经银川市人民政府批准成立闽宁镇。这个仅有不到 20 年历史的小镇，经过几代人的努力，以及"闽宁模式"的开展，现已成为中国贫困地区通过东西扶贫协作走向全面小康的成功范例镇，也成为中国东西部省区产业扶贫协作模式的一面旗帜。

（二）闽宁协作的主要做法

1. 民生为先

为了进一步探索为民服务的措施和方法，提高办事效率，最大限度为群众提高优质高效的服务，2010 年 11 月，闽宁镇民生服务中心建成并交付使用。闽宁民生服务中心不仅为当地群众提供优质高效的线下服务，而且进一步抓住自治区政务服务平台建设向基层延伸的机遇，通过互联网形成了区、市、县、乡、村五级联通的服务平台。这种线上线下相结合的服务模式，有力推动了便民服务中心顺畅运行，保证了群众"少跑路、只进一家门就能办成事"，最大程度地方便了群众。

2. 产业为重

闽宁镇在福建、宁夏两省区的大力支持下，紧紧围绕自治区"1＋4"主导产业，坚持主业突出、多业并举、各具特色的扶贫产业发展思路。如表 5－3 所示，2017 年闽宁镇重点扶贫项目，共有 18 项，其中产业发展项目有 14 个，投资资金 45 662.4 万元，占全年投资资金的 65.1％。按照 2014 年贫困人口识别建档国家扶贫标准线和"两不愁、三保障"标准，闽宁镇共识别建档立卡贫困户 1 640 户 7 039 人，贫困发生率 13.5％，闽宁镇 6 个村被列为贫困村。闽宁镇通过大力推行产业扶贫，截至 2017 年底，全镇建档立卡贫困户实现脱贫退出 1 531 户 6 553 人，贫困发生率降至 0.9％，6 个贫困村全部符合贫困村脱贫出列条件，2017 年 6 个村村集体收入达到 233 万元。

表 5－3 闽宁镇 2017 年产业提升和基础设施完善项目

项目种类	项目名称	项目资金总额（万元）
产业发展项目	肉牛养殖项目	11 200
	黑毛驴标准化繁育基地建设项目	14 700
	闽宁镇蛋鸡养殖项目	750

（续）

项目种类	项目名称	项目资金总额 （万元）
产业发展项目	宁夏财富源长毛兔、肉兔繁育基地扩建项目	491
	红树莓产业扩建和新建项目	3 200
	现代设施农业大棚新建项目	7 500
	葡萄、枸杞项目	1 800
	闽宁镇鲜切花卉产业项目	228
	生态农业观光休闲旅游采摘园项目	1 200
	食用菌产业扶贫项目	813.4
	银川盛源菌链科技有限公司菌菇加工线项目	2 000
	原隆村旅游扶贫重点村建设项目	1 600
	青川管业二期工程设备补助项目	50
	宁夏优素福泽丽哈民族服饰有限公司闽宁新镇生产线项目	130
基础设施项目	基础设施建设项目	20 000
金融扶贫项目	金融信贷担保基金	4 000
	村级发展互助基金	450
劳务输出	劳务输出	100
合计		70 212.4

资料来源：永宁县人民政府网站。

闽宁县在脱贫攻坚的进程中，探索出以下宝贵的脱贫经验。

一是借助于宁夏环境资源优势，突出发展特色种养业。例如，闽商陈德启放弃了东南部地区的房地产业务，转而把目光聚集到这块与法国波尔多维度相同、气候相近的戈壁滩上种葡萄，酿造具有世界品质的葡萄酒。当地贫困人口通过参与葡萄种植、加工、分拣、运输和销售为一体的整个生产流程，真正走上了脱贫致富之路。

二是注重产业融合发展。闽宁县注重将农业、养殖业与文化、旅游产业融合发展，针对葡萄种植业而言，现已经形成了一个"葡萄—葡萄酒—酒庄"庞大的产业集群。这种"闽商入宁"的形式不仅使得中国的红酒走向了世界，吸引国内外的专业人员以及游客入宁参观学习，而且也使得葡萄酒业深深地扎根于曾经荒芜的戈壁滩上，真正实现了造血式扶贫。

3. 人才为本

一方面就是要促进闽宁两地人才全方位、多层次的交流。20 多年来，福建省先后选派 9 批 140 名援宁挂职干部，这种"部门牵手、干部挂职"的帮扶方式培养锻炼了一批又一批基层年轻干部，为厚植党在基层的执政基础提供有力支撑。

另一方面是"引凤还巢"。闽宁镇大力推进"优秀人才返乡计划"，引导和鼓励更多的能人志士、优秀青年回村带领广大群众创业致富。一是通过严格的选人机制为每个村选定一名返乡人才充实到村级组织中。二是搭建人才信息平台，加强对人才信息的管理，从而及时弥补当地医疗、教育、党政等人才的缺陷。三是发挥人才优势，优先从"返乡人才"中推荐选用村干部，切实把优秀后备干部用起来，形成良性循环、动态管理的人才机制，为闽宁镇经济社会发展贡献力量。

四、恒大集团结对帮扶案例

(一) 恒大集团结对帮扶情况

大方县隶属于贵州省毕节市，它作为国家扶贫开发工作的重点县，积极响应"万企进万村"精准扶贫政策，于 2015 年 12 月 19 日正式与恒大集团签约结对，恒大集团计划在 3 年内投资 30 亿元，整体帮扶大方县 389 个村，励志实现大方县人口全部脱贫。

恒大集团作为中国著名的一家房地产公司，其注重的高效率、高执行力的工作作风，体现出恒大集团"真扶贫"的实干精神。这种实干精神被当地大方县政府称之为"恒大速度"，从 2015 年 11 月 29 日恒大集团首次到大方考察，到 12 月 19 日帮扶协议正式签订，恒大只花了 20 天的时间。如表 5-4 所示，在签约后的 20 天，恒大同样以惊人的速度向前推进。恒大专门成立了由集团副总裁直管并兼任主任的扶贫办公室，从全国抽调人员赶赴大方组成攻坚团队，日夜兼程，狠抓扶贫方案落实。

表 5-4　恒大公司扶贫工作

日期	恒大扶贫行动
2016 年 1 月 8 日	首批 10 亿元扶贫资金捐赠到位
2016 年 1 月 10 日	完成了首批援建的移民安置区等 40 项重点工程总体规划方案，"恒大大方教育奖励基金"正式设立

（续）

日期	恒大扶贫行动
2016 年 1 月 11 日	首批扶持的 200 个特色农畜产品基地建设方案确定，并设立担保总额 10 亿元的产业扶贫专项贷款担保基金
2016 年 1 月 15 日	为全县 14 140 名特困群众购买商业保险
2016 年 1 月 16 日	已成功引进广东一力制药集团作为中草药产业龙头企业共同参与帮扶
2016 年 1 月 17 日	第二期培训班结业，共 2 000 人参加了就业培训。

资料来源：中华全国工商业联合会官网、大方县人民政府、中国小康网。

立说立行，说干就干。恒大入驻大方县的短短 20 天内，产业扶贫、易地搬迁、吸纳就业、发展教育和特困保障等五项扶贫举措已全部展开，后续工作也提上了日程。

（二）恒大集团结对帮扶主要做法

1. 产业扶贫

近年来，大方县依托恒大优质资源，建立肉牛育种、育肥、饲草饲料、屠宰加工、市场营销一体化产业链，形成了"买牛不愁钱，养牛没风险，产牛有奖励，卖牛有保障"的产业扶贫模式。截至 2018 年全县牛存栏 76 298 头，出栏 7 110 头；建成牛交易市场 9 个；发展优质肉牛养殖专业合作社 56 个，规模化养殖场 156 个。

（1）买牛不愁钱。一是贷款有保证。由恒大集团设立 1 亿元的产业扶贫贷款担保基金，担保总额 10 亿元，提供买牛贷款担保支持。二是贴息有扶持。由县政府和恒大集团予以全额贴息。三是买牛有补助。对贫困户购买一头牛的，县政府予以补助 1 000 元饲草饲料费用，同时出资 175 元给每头牛购买 5 000 元保险。

（2）养牛没风险。一是品种有保障。从澳大利亚引入纯种安格斯种母牛，从内蒙古、吉林引进西门塔尔育成母牛改良本地黄牛品种。二是防疫有保障。按照每 500 农户 1 名防疫员的标准配齐配强村级防疫队伍 372 人，构建县、乡、村三级疫病防控体系。三是饲草有保障。采取"公司＋专业合作社＋农户＋基地"的合作模式，组织引导成立38家公司种植高产牧草3.32万亩。

（3）产牛有奖励。一是输配有补助。采取以奖代补方式，产犊后（按3月龄计算）给该技术员100元奖金、给农户1000元奖金，同时奖励乡镇100元工作经费。二是产犊有奖励。通过冻精输配每繁殖成活一头犊牛（按3月龄统一核定），恒大集团奖励1000~2000元。三是代养有资助。建立专业合作社给贫困户代养杂交牛模式，合作社吸纳带动贫困家庭养牛在30头以上，由县政府和恒大集团出资对所需基础设施予以资助。

（4）卖牛有保障。一是生产有基地。实施龙头企业带动，集中饲养为主、农户散养为辅的牛肉养殖模式，建立纯种安格斯种牛养殖场，配套建设饲料厂、屠宰场、育肥场及相关设施设备。中禾恒瑞（贵州）有限公司依托恒大援建养殖场及配套设备，进行租赁养殖经营。二是加工有企业。引进四川蓝雁集团建成屠宰加工厂1个、屠宰15万头肉牛先进生产线1条。三是销售有市场。由四川蓝雁、中禾恒瑞等集团以农牧产品屠宰、加工、销售为主，完成年屠宰、加工、销售优质肉牛25万头以上，并销往欧美、澳洲等市场。

2. 易地搬迁扶贫

作为主业是房地产的民企，恒大在易地搬迁方面发挥了其自身优势。恒大建设县城移民搬迁社区和新农村，就近配建适宜贫困户务工的产业，配套教育、商业等设施，确保贫困群众"搬得出、稳得住、能脱贫、能致富"。作为房企，不管是房屋设计、建设方面都有上下游资源，也有管理社区的经验。所以在易地搬迁方面能发挥恒大的专业优势，也能更好地满足贫困户的需求。恒大集团指出，除了建好房子外，还会给贫困户配上简单的家具、电器，贫困户们只需'拎包入住'就可以了。

3. 就业扶贫

针对大方县贫困家庭实际情况，一方面恒大在职业技能培训上下工夫，对全县贫困户中18~45周岁的青年进行技能培训，计划三年吸纳3万人到恒大物业、园林、酒店等下属企业及合作企业就业，稳定贫困家庭收入来源。另一方面恒大投入3亿元设立"恒大大方贫困家庭创业基金"，采取以奖代补方式直接奖励给创业户，鼓励贫困群众自主创业、促进就业，帮助3万人脱贫致富。目前已扶持贫困创业家庭942户。

五、韶关市乡村振兴公益基金会扶贫案例

(一) 韶关市乡村振兴公益基金会的情况

何享健先生家族于 2017 年 7 月 25 日发布 60 亿元捐赠计划，其中包括1亿股美的集团股权和 20 亿元现金捐赠，构成了一个立体、可持续的慈善捐赠体系。如图 5 - 3 所示。

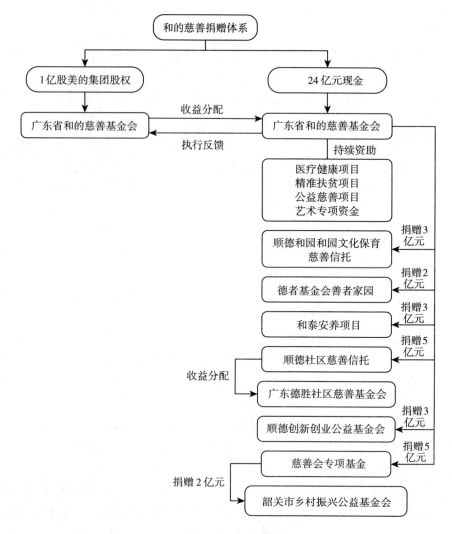

图 5 - 3 "慈善信托＋基金会"形式实施捐赠
资料来源：广东省和的慈善基金会官网。

2018年起，何享健先生家族将重点关注精准扶贫与乡村振兴、医疗健康等领域的战略性投入，继续推动公益慈善事业的发展。在2017年和2018年的两年时间内，和的慈善基金会持续参与广东省630扶贫济困日活动，连续两年共捐赠2亿元用于支持广东省精准扶贫、精准脱贫与乡村振兴事业。为了保证资金的高效管理和项目的专业化管理，2018年6月，韶关市乡村振兴公益基金会在广东省和的慈善基金会以及韶关市政府的支持下正式注册。

（二）韶关市乡村振兴公益基金会的主要做法

1. 乡村建设

乡村建设是基金会的重点投入项目，以基础设施改造、环境治理为主，弥补新农村建设方面的基建短板。早在2018年8月，韶关市乡村振兴公益基金会汇集各界力量，邀请了建筑、艺术、民宿行业的专业人士和达人，走进仁化南雄项目村，对建筑规划、产业发展等方面进行考察。基金会希望在充分了解乡村现状、村民需求的前提下，充当起桥梁的角色，为乡村嫁接跨界资源，为接下来的乡村规划、产业发展和社区营造工作提供坚实的基础（图5-4）。

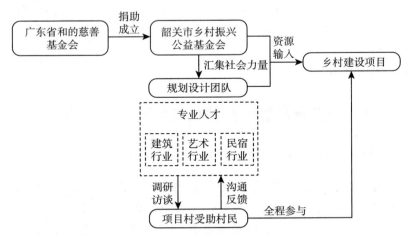

图5-4 韶关市乡村振兴公益基金会乡村建设项目
资料来源：韶关市乡村振兴公益基金会。

2019年2月，和的慈善基金会联合美的置业集团下属广东天元建筑设计有限公司的专业资源，邀请台湾、广东等地的规划、建筑、社区营造等方面的专家资源，组建了韶关项目的规划设计专家团队。2020年2月开始，规划设计团队前往项目村开展调研、勘测、访谈、资料收集工作，并启动了第一阶段的乡村规划编制工作。经过 4 个月的规划方案设计、会审、修改后，8 月上旬，基金会团队开始与南雄泰源村、仁化车湾村、新龙村、高莲村的村委、村民就方案进行沟通和会审。须确保村民对方案充分知晓和同意后，基金会和施工团队再根据方案进场。

截至 2019 年 6 月，新农村建设已规划、建设中和完成的工程项目包括：10 个乡村广场、3 个乡村文化室、3 个自然村的景观步（栈）道、2 个行政村的园林绿化、3 个篮球场建设、4 口池塘水质及景观提升、3 个乡村社区中心、2 个社区公园、1 所乡村小学的翻新改造、1 座牌坊、1 个古井修复、1 处河道修复、1 个行政村的水土生态修复。

2. 慈善筑底

着力提升乡村基础设施与人居环境的同时，基金会提出"慈善筑底"的发展思路，旨在夯实韶关的产业基础，提高产业竞争力；改善教育基础环境，提升教育水平。慈善筑底项目包括：乡村青年赋能、公益组织孵化、智库建设、教育扶贫等范畴的内容。

乡村青年赋能是指引入创新创业机制，为乡村青年提供技术培训、创业的机会；公益组织孵化是指支持建立和培育当地公益组织发展与能力提升，推动当地公益生态发展；教育扶贫是指建立贫困学生帮扶机制，对接外部资源提升韶关教师教学能力；智库建设是指通过清华大学公共管理学院社会创新与乡村振兴研究中心的研究，梳理总结乡村振兴案例，为制定乡村振兴政策提供依据。

六、驻冀部队参与驻地扶贫攻坚案例

（一）驻冀部队参与驻地扶贫攻坚的工作历程

2012 年年底，习近平总书记视察河北省阜平县不久，河北省军区就联合省政府相关职能部门，召集驻冀部队代表召开了首次驻冀部队参与扶贫开发工作会议。会上，他们成立了驻冀部队参与扶贫开发工作领导小组办公室，联合省委省政府下发了《驻冀部队 2013—2015 年参与扶贫开发工作规划》。

近些年，尽管自身扶贫任务很重，但河北省军区的统筹协调工作一直都在积极进行：2014 年联合河北省扶贫开发工作领导小组办公室，下发《关于开展服务人民助力小康活动及创建驻冀部队参与扶贫开发示范村的意见》；2016 年联合省委省政府下发《驻冀部队 2016—2018 年参与打赢脱贫攻坚战工作规划》；2017 年联合省委省政府，召集驻冀旅以上单位领导召开驻冀部队参与打赢脱贫攻坚战工作会议。一个个驻冀部队扶贫工作的文件相继出台、活动相继开展，在河北省军区统筹协调下，驻冀部队"大扶贫格局"逐渐形成。

（二）驻冀部队参与驻地扶贫的主要内容

驻冀部队作为河北省主要的社会扶贫力量之一，在河北省扶贫开发工作中扮演着重要的角色。近些年来，驻冀部队和武警部队将定点扶贫工作纳入地方扶贫计划，与贫困县、贫困村建立定点挂钩关系，开展定点扶贫工作。通过军民共建、集团攻坚等形式，实施教育助学、技能培训、医疗卫生、基础设施、生态治理等民生工程，实现了帮扶一村、脱贫一村、致富一村。

1. 建立挂钩关系，开展持续帮扶

驻冀各部队普遍成立参与脱贫攻坚领导小组，并根据部队改革实际，及时进行调整完善。2017 年，一些新组建和移防换防部队第一时间与帮扶村建立联系、接续帮扶，保证了工作不间断。各单位把扶贫工作作为党委工程、主官工程，领导带头挂帅出征，带头进村入户，现场调度协调，保证了各环节工作落地落实。

2018 年以来，军委办公厅、军委国防动员部、军委政法委等军委机关领导先后到定点帮扶村调研指导。中部战区陆军、81 集团军、82 集团军、国防大学联合作战学院、武警河北省总队、空军飞行学院等单位领导多次到帮扶村考察论证，推进帮扶项目落实。许多师团级单位主官坚持定期到帮扶村现场办公，建立起周联系、月办公、季调度工作机制，形成责任明确、稳步有序强势推进的良好局面。

2. 打造特色产业，推动乡村振兴

河北省军区本着"宜农则农、宜工则工、宜林则林、宜牧则牧、宜游则游"的原则，协调驻冀部队帮扶 100 个贫困村，其中 1/3 的村有了自己的特色产业。而黄北坪村是河北省军区打造特色产业扶贫攻坚的一个例证。驻冀部队结合黄北坪村当地特色，积极协调有关部门，帮助开发集红色旅游、电商扶贫、农家餐饮于一体的特色产业，形成产业聚集效应。

在驻冀部队的号召下，昌鎏集团通过互联网建立红鲸商城，以"互联网＋"技术营销工具与农产品相结合的方式，做精准扶贫解决方案，打造"互联网＋乡村"，把贫困地区的东西卖出去，帮助农民增加收入。

如图 5-5 所示，红鲸商城是由昌銮集团为了响应省军区、县委县政府号召，扶贫攻坚，加快助力美丽家乡建设贡献的一份力量。昌銮集团有自己的信息化公司，在信息化建设方面有着得天独厚的条件，希望通过红鲸商城（军队在冀扶贫商城），增加致富路径，通过以物扶贫将河北省军区的各扶贫点的农副产品等销往各地，让更多人了解贫困村的产品和扶贫成果，通过商城带动扶贫村人口致富，增加扶贫村的收益，改善扶贫村的生活质量。同时也希望通过红鲸商城做到宣传的目的，让更多人了解河北省军区对扶贫工作做出的贡献。

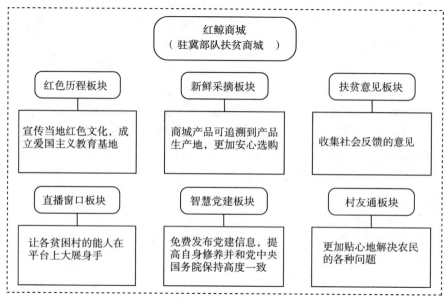

图 5-5　红鲸商城（驻冀部队扶贫商城）功能模块图

（三）驻冀部队参与驻地扶贫的运行机理

驻冀部队类型多、条件各异，担负的任务既有相对独立性，又有整体协调性。为此驻冀部队加强组织协调能力，形成工作合力，确保取得扎实的扶贫成效。部队参与扶贫开发工作，一是应该在地方党委、政府的统一领导下进行；二是积极号召当地民营企业及社会组织参与到当地扶贫开发工作之中；三是制定各阶段驻冀部队参与扶贫开发工作计划，以及明确驻冀部队扶贫开发工作机制；四是因地制宜、因村施策、因人施策，发掘当地贫困人口的内生动力（图 5-6）。

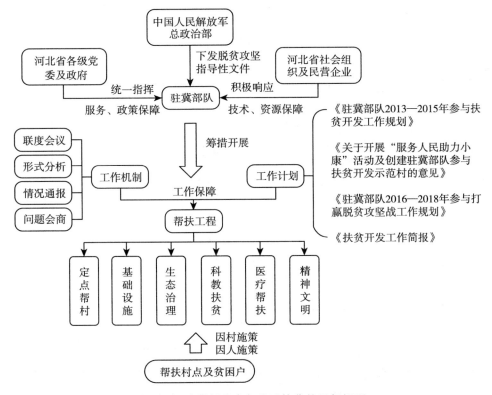

图 5-6　驻冀部队参与驻地扶贫的运行机理

第三节　社会联动扶贫减贫特点、经验及分享

一、社会力量联动扶贫特点

（一）扶贫减贫主体的多元性

自从 2013 年以来，中国的扶贫开发工作已经由粗放式扶贫迈向精准扶贫时代。扶贫主体也就相应地由政府单一主体模式转向全社会多元协作模式。在中国政府的宣传和指引下，社会扶贫动员了一批又一批社会各界力量参与到中国扶贫开发工作中，既有国家行政事业单位、军队武警部队、驻村工作小组等，也有社会中的民营企业、非营利社会组织以及志愿者等。但是各个社会扶贫主体由于缺乏全面的扶贫经验和稳定的扶贫资源，所以很难独自解决扶贫工作中出现的所有问题。社会扶贫机制如图5-7所示。

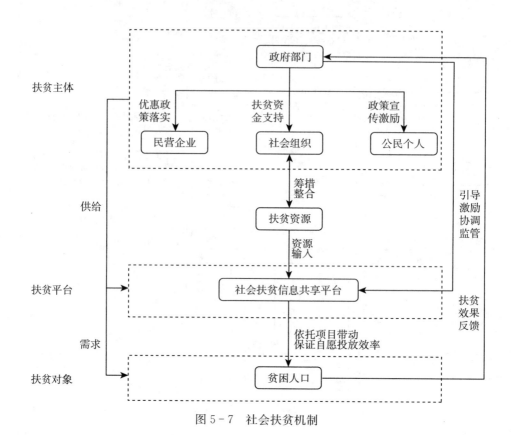

图 5-7　社会扶贫机制

　　为了确保扶贫工作快速有效推进，必须加强领导，完善各政府部门、各系统的联动机制，整合分散的扶贫资源，形成合力。

　　首先，在贫困户识别中，要充分调动村支两委的工作主动性，乡镇政府工作人员要深入村组做好指导和审核把关工作，确保公平公正，扶贫主管部门要深入调研，及时发现存在的问题并督促解决。

　　其次，要整合各类扶贫资源和扶贫政策，尤其是要做好民政和扶贫两个部门的沟通协调工作，同时加强与其他涉农部门的协调，形成部门联动机制，整合分散的扶贫资源和扶贫政策，形成规模效应。

　　此外，为了保证扶贫开发工作的精准性，使扶贫政策真正落实到每个贫困群众，就要构建一种由政府引导、全社会扶贫主体合作协商的伙伴关系，以社会扶贫信息共享平台为媒介，以因地制宜的扶贫项目为实施途径，从而实现扶贫主体的优势聚集和劣势规避，打通获取贫困群体需求信息的壁垒，为贫困群体构建更为宽阔的扶贫治理格局。

（二）实现扶贫减贫的工具理性和价值理性有机统一

1. 工具理性与价值理性的概念

工具理性和价值理性的概念由马克斯·韦伯提出。他认为，价值理性是通过有意识地坚信某些特定行为的——伦理的、审美的、宗教的或其他任何形式——自身价值，无关于能否成功，单纯由其信仰所决定的行动。纯粹的价值理性行动是一个人不顾及他所预见的后果，只求维护他对义务、荣誉、美感、宗教、情操、忠诚或某件"事务"重要性的信念而义无反顾的行动。

一些学者将工具理性和价值理性概念置于贫困治理领域并提出了一些观点，例如周晶等人认为在工具理性原则下，民营企业以满足自身基本物质需求为导向，在扶贫行动中会考虑追求企业自身利益的最大化；在价值理性原则下，企业坚持以传统思想为取向，扶贫行动受扶贫主体的价值观、情绪制约。

2. 工具理性和价值理性的有机统一

中国政府针对不同的社会扶贫主体采取了不同的措施，从而满足各自价值理性及工具理性的需要。例如积极落实针对民营企业捐赠税前扣除、税收减免等优惠政策；给予非营利社会组织一定的运营资金支持，以及相关扶贫资金和管理权力；针对社会公民积极开展全民扶贫、全民慈善的外围环境。社会扶贫主体在政府的引导下，不仅使得自身得到了进一步的发展，而且也满足了其自我实现的需要，实现价值理性与工具理性的统一，发挥出最优的扶贫效果。

（三）扶贫方式的灵活性与精准性

目前贫困人口具有如下三个特点：第一，我国贫困人口众多，结构复杂。乡村、城市、城乡间流动的贫困人口并存，这些贫困结构的复杂性给政府的减贫工作带来了巨大的挑战。第二，致贫原因越来越复杂，表现形式越来越多样化，这就需要政府构建贫困的社会治理格局。第三，贫困瞄准对象不断变化，精准度不断提高，这就使得政府贫困的系统工作压力越来越大。

以上三个特点可以表明，扶贫工作仅仅依靠政府的力量无法实现，必须引导社会组织有序参与到脱贫攻坚中来。社会扶贫主体相对于政府而言更贴近于贫困群众，其扶贫方式更具有灵活性与精准性。社会扶贫往往能够起到"查缺补漏"的作用，真正实现精准扶贫。它们的介入，能够有效地促进我国反贫困事业的开展，确保到 2020 年我国贫困人口如期完成脱贫，实现共同富裕。

二、社会联动扶贫减贫主要经验

（一）定点扶贫减贫经验分享

定点扶贫工作之所以取得显著成效，一方面与定点扶贫工作制度的优越性有关，另一方面也依赖于中国国有企业、科研院校、政府机构等自身强大的资源优势和整合能力。但是，由于制度设计及实践方面的局限，定点扶贫推广应用方面还需注意以下问题。

1. 明确部门权力界限，着重提升自我发展能力

在实践过程中，贫困地区群众急切的物质需求和发展需求，使得部分帮扶干部或工作队利用自身关系和单位职能权力跑要扶贫项目和资金，导致既定的专项扶贫和行业扶贫计划难以有序推进。所以，在推进定点扶贫工作时需要从源头上厘清定点扶贫工作队的权力界限，防止在实践过程中出现权力的界限不清和紊乱，造成行动目标的偏离、运动式扶贫及成效评估缺失等现象。进一步矫正已经偏离的定点扶贫目标，从注重经济偏向或强调跑要项目的帮扶陷阱中挣脱出来，回归到注重厘清发展思路、强化基层组织建设及提升贫困群众自身发展能力的目标上来。

2. 明确扶贫单位的特殊权威，精准选择帮扶单位

参与定点扶贫的单位有中央和国家机关、国有企业、军队和武警部队、高校和科研院所等，而各单位拥有的权力有大小，意味其能整合用于定点扶贫的资金差异较大。这与帮扶单位拥权大小、整合能力大小有很大关系。因此，在推进定点扶贫工作时需要明确扶贫单位的特殊权威，深入分析各贫困地区的主要致贫原因，针对致贫原因精准选择定点扶贫单位，如因学致贫的地区可以选择高校作为定点扶贫单位，因病致贫的地区选择卫生部作为定点扶贫单位，这样可以使得各部门充分发挥自己的优势，发展有利于地方实际的扶贫项目。

3. 明确定点扶贫目标，构建定点扶贫成效评估体系

目前情况下，定点扶贫工作队申请或落实多少扶贫项目一定程度上成为考核工作队能力和成效的主要内容，但是对于该扶贫项目实际产生的脱贫效果本身却缺乏科学合理的评估办法和标准，甚至不被重视。此外，针对定点扶贫的第三方评估体系还没有成熟地建立起来，仍处于谁出资谁监督的阶段。而评估内容上也没有标准化的指标体系。严格意义上讲，定点扶贫及其工作队的核心工作目标是帮助贫困群众厘清发展思路、制定发展规划、搞好基层组织建设以及帮助提升贫困社区群众的自身发展能力。因此，需要构建针对定点扶贫成效的标准化评估体系，重点将扶贫项目实际产生的效益、基层组织的能力建设、基层组织的服务能力与党的方针、政策的贯彻执行能力提升、农村社区参与机制的建立、农村社区公平的促进、社会福利的生产与供给、农村公共事务管理能力提升等领域列入评估内容。

（二）东西部协作、对口支援现状及其经验分享

东西部扶贫协作和对口支援是相辅相成的。中国先是在 1996 年开始组织东部发达省市帮助西部贫困地区，后来中央出台对口援疆、对口援藏、对口支援青海四省藏区等政策，尽管它们在实施时间上具有前后差异，实际上性质相同，都是围绕扶贫攻坚，坚持精准扶贫、精准脱贫的战略方略。东西部协作及对口支援推广应用方面需注意以下问题：

1. 完善组织领导，发挥政策制度优势

如在黄石市对口援藏工作中，各地市组织部门高度重视，在十几年对口援藏期间，先后派遣一批又一批的援藏干部入藏开展扶贫工作，推动当地扶贫工作中的人事、资金等相关政策的落地实施，为当地扶贫开发工作提供了支撑与保障。

2. 注重人才培养，激发扶贫内生动力

外力支援如资金、设备等有形资源输送所起的作用虽大，但依靠外力、外因实现脱贫致富往往缺乏可持续性。而内力、内因诸如教育、人才引进和培养等无形资源输送可推动贫困地区实现可持续发展。例如，福建省对口支援宁夏回族自治区闽宁镇的案例，从提高贫困地区内生发展动力出发，大力推进"优秀人才返乡计划"，引导和鼓励更多的能人志士、优秀青年回村带领广大群众创业致富。

3. 瞄准实际需求，适应社会经济发展

即在开展对口支援工作时应与受援地社会经济发展阶段、文化传统，以及自然环境、资源禀赋、贫困类型、致贫原因等实际情况相适应，瞄准受援地实际需求，确定支援领域并规划支援项目，确保支援有成效，帮助贫困地区人民脱贫致富。黄石市对口支援西藏的案例充分考虑西藏自治区

曲松县当地自然资源状况，从实际问题出发，明确了"农牧稳县、工矿强县、旅游活县、依法治县"四大发展战略和"南牧、中禽、北矿"的产业布局，为曲松经济社会全面发展明晰了思路，使得曲松当地的资源优势转化为经济优势。

4. 发挥协同效应，注重扶贫综合效果

随着对口支援工作的不断完善和发展，支援领域、形式更加多元，更加注重各级党政机关、企事业单位、社会组织和人民团体等多方参与，强调援受双方的利益互联互通。对口支援工作应着重发挥各类支援领域的协同作用，实现对口支援的综合效益。无论是黄石市对口援藏还是闽宁协作，均致力于改变受援地某一领域的贫困面貌，发挥各自领域的对口支援优势，进而实现协同效应和提高综合效益，推动贫困地区可持续发展。

(三)"万企进万村"扶贫减贫经验分享

"万企帮万村"精准扶贫行动在带动贫困群众增收的同时，自身企业也获得了发展，成为民营企业持续参与扶贫、贫困百姓不再返贫的不竭动力源泉。但由于帮扶项目运行及实践方面的局限性，"万企帮万村"精准扶贫在推广应用方面还需注意以下问题：

1. 注重帮扶产业的可持续发展

"万企帮万村"精准扶贫行动的关键环节是民营企业进村帮扶，直接参与到与贫困村结对的项目中去，根据贫困村当地的自然资源条件，因地制宜选择合适的帮扶路径及帮扶项目，帮扶产业才能在贫困村长久、可持续地发展壮大，才能帮助贫困户持久脱贫。

一方面，针对受帮扶的贫困村，帮扶企业及政府应对其进行充分的实地调研，针对有条件、有资源、可持续发展的贫困村进行企业进村帮扶，针对于空心化严重、自然灾害频发、无特定的条件和资源等制约经济发展的贫困村，应采用相应的扶贫措施进行帮扶。

另一方面，对参与帮扶的企业，当地政府或工商部门应对企业资质及财务状况进行详细调查，确保帮扶企业有良好的企业信誉、先进的技术及管理经验等，具有足够的实力，从而保证扶贫产业可持续发展。作为当地政府应及时总结"万企帮万村"的扶贫经验，拓宽"万企帮万村"的帮扶参与面，进一步配强帮扶力量，更精准地做好帮扶工作，将帮扶措施落实到户到人，将精准扶贫工作帮到点上、扶到根上，推动"万企帮万户"深入开展。

2. 充分发挥帮扶企业优势

"万企帮万村"精准扶贫行动要充分发挥帮扶企业优势，着力抓好帮扶产业扶贫，重点解决好帮扶产业"选得准""接得上""联得紧"的问题，确保扶贫产业精准对接市场，充分发挥帮扶企业在扶贫产业的选择、管理及经营方面的独特优势。

一方面，相关政府部门应切实指导帮扶企业掌握贫困对象致贫原因、资源优势及贫困现状，确保扶贫举措精准、帮扶对象精准、帮扶企业确定的产业扶贫方向精准，做到一村一策、一户一策，实现帮扶企业与贫困村的完美融合。

另一方面，尊重民营企业根据自身的产业优势和特点、生产经营现状、资金、技术、管理及人才等情况，积极引导帮扶企业精准扶贫，使企业自身实力和贫困村承载能力相结合，尽力安排产业类型与贫困村、贫困户有共同点、结合点的企业结对帮扶，提高自主发展能力，并指导企业制定帮扶规划，针对帮扶企业优势制定帮扶措施，做到一企一策，确保扶贫项目能够做实落地。

3. 精准"万企帮万村"帮扶对象

在"万企帮万村"精准扶贫行动中，应精准帮扶对象，确定在帮扶产业中最大受益人是贫困村、贫困户，防止"能人带能人"的情况发生，偏离扶贫本质。

一方面各级政府应加大对帮扶企业经营活动及驻村干部和非贫困户的监督工作，确保帮扶企业真扶贫、扶真贫。

另一方面，应及时收集贫困村的基础设施建设、村集体经济的发展状况及贫困户收入水平的相关数据，做到及时掌握脱贫的动态信息，深刻了解贫困户的脱贫状态，并以此为依据，及时查找贫困户的未脱贫原因并做相应的行动调整，及时完善脱贫计划，确保贫困群众高质量可持续脱贫。

4. 注重帮扶措施的独特性

"万企帮万村"精准扶贫行动应做到对不同区域制定不同的帮扶措施，形成不同的产业扶贫项目，因地制宜、因户施策，注重扶贫措施的独特性，杜绝对"万企帮万村"精准扶贫典型案例进行完全仿制，避免出现没有因村、因户、因人制定帮扶措施，造成扶贫产业与当地资源及贫困户脱离，产业无法持续经营，难以发挥产业效益和辐射功能，从而导致扶贫行动失败的现象。由于贫困地区地理位置及自然环境不同，贫困农民经济基础及教育背景不同，帮扶企业的的规模、资金及发展状况不同，因此帮扶措施不能千篇一律，应结合当地各级政府的政策支持、帮扶企业的帮扶实力及贫困村的贫困现状，制定符合当地特点的帮扶措施，开展符合当地特色的产业扶贫，注重帮扶措施的独特性。

（四）社会组织扶贫减贫经验分享

截至 2018 年底，全国共有社会组织 81.7 万个，比上年增长 7.3%；吸纳社会各类人员就业 980.4 人，比上年增长 13.4%。在中国政府的大力支持下，其中大部分社会组织通过不同的形式参与到中国扶贫工作之中，并且成为脱贫攻坚任务中一支重要的力量。与此同时，社会组织扶贫工作在推广应用方面还需注意以下问题：

1. 明确社会组织和志愿团队参与脱贫攻坚的重点领域

把脱贫攻坚的主力军确定为全国性和省级社会组织和志愿团队，尊重社会组织和志愿团队平等主体地位，实行社会组织和志愿团队分级登记、直接登记和双重管理体制并存的管理办法。按照《"十三五"脱贫攻坚规划》《关于打赢脱贫攻坚战的决定》等中央文件中对扶贫方式的分类，结合不同类型社会组织和志愿团队的专长和优势，支持社会组织和志愿团队积极参与产业扶贫、教育扶贫、健康扶贫、易地扶贫搬迁、志愿扶贫等重点领域脱贫攻坚，支持社会组织和志愿团队参与其他扶贫行动。

2. 明确社会组织和志愿团队的职责

一是至少面向贫困地区开展一次扶贫活动。二是主办、承办的博览会、展销会、年会、专题会等，优先在贫困地区举行，积极与贫困地区经济发展、招商引资、扶贫开发等相结合，并减免贫困地区参展参会费用。三是鼓励通过多种方式（设立慈善信托、实施项目、结对帮扶、捐赠款物、消费扶贫、资助贫困地区公益慈善组织等），参与脱贫攻坚。四是公益慈善类、科技类、行业协会商会类、民办教育培训、养老、卫生等社会服务机构，提高业务活动成本中用于脱贫攻坚的比例。五是对接政府扶贫工作计划和扶贫工作部署。

3. 明确相关部门和单位的职责

实行社会组织和志愿团队直接登记和双重管理并存的管理体制，对国务院扶贫开发领导小组各成员单位、中央国家机关各有关单位、各省（区、县）扶贫开发领导小组，民政部门和扶贫部门，业务主管单位和行业管理部门分别提出具体要求。

一是要求国务院扶贫开发领导小组各成员单位、中央国家机关各有关单位、各省（区、县）扶贫开发领导小组要通过思想动员、政策支持、典型宣传等方式，支持引导社会组织和志愿团队参与脱贫攻坚，为社会组织和志愿团队参与脱贫攻坚活动提供"三个服务"，包括信息服务、优惠政策服务和能力建设服务。

二是要求社会组织和志愿团队参与脱贫攻坚的主要职责部门，民政部门和扶贫部门要建立协调服务机制，建设共享合作平台和信息服务网络，建立健全信息核对和抽查机制。

三是要求业务主管单位要定期检查，统计公布本单位、本系统、本部门社会组织和志愿团队参与脱贫攻坚情况，并通报登记管理机关和扶贫部门；要求行业管理部门等有关单位要依法对社会组织和志愿团队参与脱贫攻坚监督管理。

四是要求引导社会组织和志愿团队自行公开参与脱贫攻坚的工作情况，接受社会各方监督，要求部署贫困地区县级民政部门会同扶贫部门建立健全本行政区域内各级各类社会组织和志愿团队参与脱贫攻坚活动的信息统计制度，定期向社会公布，并向省级民政部门和扶贫部门报送，省级民政部门和扶贫部门汇总后，报送民政部和国务院扶贫办。

（五）军队和武警部队扶贫减贫经验分享

军队和武警扶贫是扶贫开发的一支重要力量，是社会扶贫的一个重要方面。20多年来，军队和武警部队始终紧紧围绕国家扶贫开发总体规划部署，充分发挥自身优势，为改变贫困地区面貌、帮助贫困人口脱贫致富做出了重要贡献。军队和武警部队扶贫工作在推广应用方面还需注意以下问题：

1. 深化认识，自觉增强部队参与扶贫攻坚的自觉性和使命感

一是实践军队性质和宗旨的内在要求。军队担负着保卫祖国和建设祖国的双重任务，积极参与扶贫攻坚，帮助贫困群众脱贫致富，是新形势下践行军队性质和宗旨的具体体现。二是践行军队职能使命的基本体现。军队要坚持充分发挥自身特点和优势，把扶贫攻坚作为加强国防后备力量建设的一项重要任务常抓不懈。三是推进新时期军民融合式发展的有力举措。在扶贫攻坚中锻炼摔打队伍，使军分区部队的自身建设得到有效加

强，真正达到双向受益，实现军民融合式发展。

2. 加强领导，确保部队参与扶贫攻坚富有成效

一是将军分区人武部扶贫工作纳入地方党委、政府扶贫攻坚总体规划，实现同步推进，协调发展。二是建立完善领导干部包扶责任制。组织领导和机关层层落实包扶责任制，深入开展"一部一村""一人一户"定点扶贫活动。三是发挥桥梁纽带作用，协调地方部门共同参与。

3. 厘清思路，确保部队参与扶贫攻坚走上经常化、制度化轨道

一是处理好"扶贫"与"扶志"的关系，增强贫困群众脱贫致富的信心，激发脱贫致富的热情，增强脱贫致富的勇气。二是处理好"治穷"与"治愚"关系，提高贫困群众的科学文化素质。三是处理好"输血"与"造血"的关系，增强贫困群众靠自我脱贫致富的能力。四是处理好"参建"与"自建"的关系，促进军分区部队自身队伍素质的提高，进一步增强广大官兵践行当代革命军人核心价值观的自觉性。

三、社会联动扶贫中存在的问题

（一）定点扶贫中存在的问题

定点扶贫工作为中国脱贫攻坚事业的发展做出了重要贡献，但是，也要看到定点扶贫工作中存在的问题，具体来说主要有以下几个方面：

一是定点扶贫部门责任落实不到位，部分单位仅是为了完成上级政府安排的政治任务，产生了对脱贫攻坚任务责任落实不到位、敷衍了事的现象。

二是部分地区定点扶贫机制建设不健全，主要体现为定点扶贫部门和贫困村的沟通机制、定点扶贫部门与其他政府部门之间的分工合作机制、定点扶贫工作考核管理机制的不健全。

三是部分地区定点扶贫中参与度不均衡，主要体现为定点扶贫部门与贫困客体之间责任与权力的不对等、定点扶贫部门与当地政府责任界限不清等问题。

（二）东西部协作、对口支援中存在的问题

东西部协作、对口支援工作为中国脱贫攻坚事业的发展做出了重要贡献，但是，也要看到其扶贫工作中存在的问题，具体来说主要有以下几个方面：

一是法律制度方面，缺乏专项立法难以形成针对性法律制度，使得两地政府间合作成了完成政治任务。与此同时，已有的法律法规未能形成体系，缺乏协调性，甚至彼此冲突，增加了合作难度。

二是机制方面，管理机制不完善，存在"盲目铺摊子、多头指挥"的现象。

三是实施效果方面，对口支援的实施效果在东西部地区存在明显的不平衡现象，"马太效应"突出，从而造成了东部人才聚集和西部人才流失。

（三）"万企帮万村"精准扶贫行动中存在的问题

"万企帮万村"精准扶贫行动为中国脱贫攻坚事业的发展做出了重要贡献，但是，也要看到其扶贫工作中存在的问题，具体来说主要有以下几个方面：

一是扶贫方式欠妥，扶贫未落到实处，限于表面宣传。在扶贫过程中，部分企业为了宣传自己的企业形象，会短暂性地参与一些公益活动，并未重视扶贫的方式，聆听救助对象的心声，了解他们的真正需求。

二是国家政策激励力度不够，企业家有心而无力。部分民营企业由于缺少相关证件，在贫困地区投资兴办的项目无法得到应有的支持和保障，严重打击了民营企业家参与精准扶贫的积极性。只有当政策落实到实处，才会吸引越来越多的民营企业加入到精准扶贫的队伍，互惠互利，合作共赢。

（四）社会组织扶贫中存在的问题

社会组织扶贫工作为中国脱贫攻坚事业的发展做出了重要贡献，但是，也要看到其扶贫工作中存在的问题，具体来说主要有以下几个方面：

一是社会组织参与精准扶贫法律保障缺失。国内的相关法律有待完善，应该规范明确社会组织法律地位、职能内容和权利结构等内容。

二是社会组织参与精准扶贫的自身能力不足，主要体现在扶贫项目缺乏个性化设计、社会组织扶贫方式单一。

三是社会组织监管体系不规范，部分社会组织监管理念比较落后，与政府部门之间没有形成合力，许多扶贫组织的行为仍然游离于政府管理和法律约束之外，另外媒体和公众对社会组织的监管也没有形成良好的互动机制。

（五）军队和武警部队扶贫中存在的问题

军队和武警部队扶贫工作为中国脱贫攻坚事业的发展做出了重要贡献，但是，也要看到其扶贫工作中存在的问题，具体来说主要有以下几个方面：

一是扶贫力量难统筹，扶贫效果不明显。目前部分部队在扶贫工作中存在对贫困村（户）底数不清、针对性不强等问题，造成扶贫力量和项目指向不明确、扶贫效果不明显。因此，推进精准化扶贫，实现扶贫工作由"漫灌"到"滴灌"必须采取实事求是的态度，充分认清军地双方实际情况。

二是存在着"输血式"扶贫导致贫困地区脱贫后又返贫的现象。扶贫开发是一项长期工程、系统工程，必须着眼长远，科学规划，突出特色，精心组织，站在打造适应当地特色的产业角度，提高贫困地区的"造血"能力，确保贫困地区脱贫后不返贫。

主要参考文献

［1］ 崔论之．大扶贫格局下企业扶贫的理论和实践研究［D］．成都：四川省社会科学院，2015．

［2］ 范春光．辽宁省社会组织参与精准扶贫存在的问题及对策研究［D］．沈阳：沈阳师范大学，2018．

［3］ 高小波，陈湘洲，何思奇．关于推进精准扶贫的思考——以 C 市 G 县、R 县为例［J］．贵阳市委党校学报，2016（2）：34－37．

［4］ 黄西雨．基于优势视角理论浅析"万企帮万村"精准扶贫行动［J］．社会与公益，2019（4）：38－41．

［5］ 孔令虎．成都市龙泉驿区对口支援甘孜县项目实施案例研究［D］．成都：电子科技大学，2018．

［6］ 柯东海．快乐援藏奉献援藏科学援藏——黄石市第二批援藏工作队对口支援西藏山南曲松县纪实［J］．民族大家庭，2012（3）：25－27．

［7］ 兰英．对口支援：中国特色的地方政府间合作模式研究［D］．西安：西北师范大学，2011．

［8］ 莫燕铭．精准扶贫中的公共部门定点扶贫研究［D］．海口：海南大学，2018．

［9］ 陶国根．定点扶贫的实践困境与出路探寻——基于江西九江的个案分析［J］．佳木斯大学社会科学学报，2019，37（1）：56－58，73．

［10］ 王春燕．动员社会力量参与扶贫攻坚的建议［J］．财政科学，2016（12）：110－116．

[11] 向德平，刘风.价值理性与工具理性的统一：社会扶贫主体参与贫困治理的策略 [J].江苏社会科学，2018（2）：41-47.

[12] 向苗."互联网＋"背景下社会组织参与扶贫研究 [D].武汉：中南财经政法大学，2019.

[13] 于永利.对口支援向对口合作的演进研究 [D].上海：复旦大学，2014.

[14] 曾小溪，汪三贵.中国大规模减贫的经验：基于扶贫战略和政策的历史考察 [J].西北师大学报（社会科学版），2017，54（6）：11-19.

[15] 张莉.中国东西部地区扶贫协作发展研究 [D].天津：天津大学，2016.

[16] 吴奶金，等.基于共享发展理念的社会扶贫机制研究 [J].中南林业科技大学学报（社会科学版），2019，13（5）：94-98.

[17] 张瑞宇.甘肃省社会扶贫研究 [D].西安：西北师范大学，2016.

[18] 郭卫东.探索部队参与扶贫新模式 [N].中国国防报，2015-08-27（3）.

> > > **第六章　兜底保障大扶贫的主要做法与经验**

　　兜底保障扶贫减贫是一个国家扶贫减贫体系的最后一道防线。它通过收入再分配、促进贫困人口重新参与就业，增强贫困人口抗逆力等方式保障了绝对贫困人口的基本生存，对降低绝对贫困程度发挥最直接、最明显的减贫作用。经过四十年来扶贫救助实践和国家财力的持续增长，兜底保障扶贫减贫逐步发展成为以最低生活保障、特困人员供养为核心，以医疗救助、住房救助、教育救助等专项救助为辅助，以临时救助、社会帮扶为补充的覆盖城乡的新型社会救助体系；逐渐形成了包含基本收入救助兜底扶贫、医疗救助兜底扶贫、教育救助兜底扶贫、住房救助兜底扶贫、临时救助兜底扶贫和兜底保障防返贫的兜底保障扶贫减贫体系，并形成自身运行机理。在剖析基本生活救助兜底扶贫、医疗救助兜底扶贫、教育救助兜底扶贫、住房救助兜底扶贫、临时救助兜底扶贫和疫情防控期间临时救助等案例的基础上，总结中国兜底保障扶贫减贫特点、经验、存在问题与分享建议。

第一节　兜底保障扶贫减贫体系及减贫机理

一、兜底保障扶贫内涵

　　兜底保障扶贫是指政府制定各种保障政策，帮扶困难群体，尤其是帮扶绝对贫困人口基本生存的一种制度安排，对降低贫困人口绝对贫困程度发挥最直接、最明显的作用。2015 年，习近平总书记在贵州调研时明确提出，要"低保政策兜底一批"，随后，在中央扶贫开发工作会议中习近平总书记又强调，要"社会保障兜底一批"。兜底保障扶贫的内涵可以从以下几个方面来理解：

（一）发展干预顺序上的底

2015 年 11 月，《关于打赢脱贫攻坚战的决定》（以下简称《决定》）提出了一批扶贫政策措施，即产业脱贫、易地搬迁脱贫、生态保护脱贫、教育发展脱贫以及兜底脱贫。如果前几个措施还不能帮助贫困人口脱贫的话，就要通过低保兜底的办法来解决。据扶贫部门相关负责人预测，通过开发式扶贫，如果到 2020 年所有中部县贫困发生率降到 2％以下，西部降到 3％以下，全国仍将剩下 800 万左右贫困人口，那么这部分人口需要通过低保、医保、农村五保等措施"兜底"，确保他们到 2020 年收入都达到国家扶贫标准以上，实现"两不愁、三保障"的生活水平。

（二）贫困群体分类中的底

中国相当多的地方把兜底的"底"主要理解为没有劳动能力的群体，认为"扶贫管有发展能力的群体，兜底保障管没有能力的群体"。这样的"二分法"的理解从微观细节上看，可能过于简单化。建档立卡中的一般贫困户主要是具有一定的劳动力、土地，但缺乏资金、脱贫思路等农村贫困家庭。扶贫建档立卡中的兜底保障贫困户其面临的自然条件较差，经济基础薄弱，基础设施和公共服务缺口大，致贫原因复杂，贫困程度深，主要是残疾人、孤寡老人、长期患病者等老病残弱群体，他们很多不具备自我发展的能力和条件。

（三）"家庭—集体—国家"帮扶主体顺序上的底

从对困难群体的帮助主体来讲，中国的基本制度设计应是"家庭—集体—国家"，即在家庭、集体经济等都无力帮助时，由国家的低保政策予以救助。

在打赢脱贫攻坚战的过程中，社会保障既被列为反贫困的重要目标，也被列为反贫困的主要路径。把坚持扶贫开发与社会保障有效衔接作为脱贫的指导思想之一，"两不愁"、"三保障"与中国社会保障制度密切相关，是社会保障兜底在满足基本需求、增加人民福祉、降低风险和脆弱性、减少社会不公和促进社会融合等方面的具体体现。

二、兜底保障扶贫减贫体系

兜底保障扶贫是一个国家大扶贫体系的最后一道防线，它通过保障绝对贫困人口的基本生存、降低绝对贫困程度发挥最直接、最明显的减贫作用。经过改革开放 40 多年来的发展和实践，中国传统社会救助制度逐步发展为以最低生活保障、特困人员供养为核心，以医疗救助、住房救助、教育救助等专项救助为辅助，以临时救助、社会帮扶为补充的覆盖城乡的新型社会救助体系。在减贫进程中，随着经济增长减贫效应的下降，兜底保障扶贫减贫政策体系发挥越来越重要的减贫作用，成为中国精准扶贫战略体系的重要支柱。

（一）基本收入救助兜底扶贫

基本收入救助兜底是对家庭人均收入低于当地最低生活保障标准的贫困家庭给予差额现金救助，使其收入能高于贫困线，从而实现"兜底"脱贫的目标。具体包括城乡居民最低生活保障制度和特困人员救助供养制度。对于一些受先天条件所限，完全或部分丧失劳动能力的扶贫对象，依靠自身努力很难如期脱贫，只有通过基本收入救助实现兜底保障，帮助他们脱贫，才能实现 2020 年全面脱贫的战略目标。同时，对于"五个一批"中前四个脱贫措施实施后，仍无法脱贫的人口和返贫的人口，也应通过政策性保障兜底来脱贫。

（二）医疗救助兜底扶贫

医疗救助兜底扶贫主要是帮助困难人群参加基本医疗保险，并为其个人无力承担的自付费用提供补助，避免或缓解因病致贫现象的发生。目前主要由城乡医疗救助制度和在部分省市试点的大病医疗救助两个制度组成。医疗救助兜底扶贫对有效防止家庭发生灾难性医疗支出、分担因病致贫风险、发挥托底保障功能具有积极的作用。

（三）教育救助兜底扶贫

教育救助为贫困家庭子女在各级各类教育就学过程中提供学杂费减免和学费补助等，避免低收入家庭因子女教育费用支出而陷入贫困，鼓励寒门学子掌握更多的技能，切断贫困的代际传递。初步建立了以国家助学贷款为主体，包括助学金、奖学金、勤工助学、特殊困难补助、学费减免、绿色通道、免费教育、营养改善计划、免费发放教科书、寄宿生生活补助、高校毕业生求职补贴、"三助"岗位津贴等多种形式的教育救助项目。

（四）住房救助兜底扶贫

农村困难群众住房救助，就是按照建立覆盖城乡的新型社会救助体系和住房保障体系的要求，拓宽资金筹集的渠道，建立健全并落实贫困弱势群体危房和旧房救助政策，实现农村贫困家庭和低收入家庭居住环境的改善。农村困难群众住房新建和改造维修的资助对象：五保户、农村低保户、无房及住房困难户。住房救助包括对危房直接改造以及资助农村特殊困难农民搬迁、修缮和新建住房。

（五）临时救助兜底扶贫

2014 年 10 月，国务院下发《关于全面建立临时救助制度的通知》，在全国范围内推行临时救助制度，进一步发挥社会救助托底线、救急难作用，解决城乡困难群众突发性、紧迫性、临时性生活困难。临时救助制度的建立，为城乡社会救助制度"打上最后一块补丁"，意味着任何公民不管因何种原因陷入生存危机，都能够得到国家的帮助，同时进一步健全了兜底保障扶贫减贫体系。

（六）兜底保障防返贫

衡量脱贫攻坚成效的关键条件是能否做到脱贫不返贫，不返贫就意味着脱贫攻坚的成效要具有长期性和可持续性。2020 年 3 月 20 日发布的《国务院扶贫开发领导小组关于建立防止返贫监测和帮扶机制的指导意见》指出，建立防返贫监测和帮扶机制，应当坚持事前预防和事后帮扶相结合，开发式帮扶与保障性措施相结合，政府主导与社会参与相结合，外部帮扶与群众主体相结合的原则。具体的帮扶措施应当包括产业帮扶、就业帮扶、综合保障、扶志扶智和其他帮扶。落实防返贫工作任务，建立有效防返贫长效机制，巩固提升兜底保障脱贫成果。

三、兜底保障扶贫减贫机理

从字面上讲兜底有全部承受的意思，扶贫兜底保障就是不论什么原因、状况，不论是经常性的，还是暂时性的，若贫困群体的基本生存受到威胁，政府应从社会公正的角度进行无条件的救助。兜底保障扶贫减贫政策就是为了解决现实存在的贫困现象，通过发挥兜底保障政策的"兜底"功能，对收入水平在标准以下的贫困家庭和个人提供支持，再根据实际情况帮助这些贫困家庭和个人通过有效的方式寻找可持续生计，逐渐摆脱贫困的困扰。通过发挥兜底保障扶贫减贫的"兜底"作用，弥补初次分配的不足，进而保障社会公平和社会稳定的反贫困目标的实现。兜底保障扶贫减贫政策是一个国家社会保障体系的最后一道防线。兜底保障扶贫减贫运行机理，如图 6-1 所示。

图 6-1　社会兜底保障扶贫减贫机理

（1）收入再分配。兜底保障扶贫能够通过国家的手段实现转移支付，有利于缩小因市场配置资源导致的收入差距，降低社会中的相对贫困程度。兜底保障与国家税收发挥的再分配作用相似，与税收相比，兜底保障更聚焦于社会弱势群体，并且能够带来更多的正外部性，在未来更长时期内有助于社会稳定发展。

（2）增强抗逆力。农村贫困人口由于健康状况差、文化水平低、市场参与意识弱，导致在市场竞争中容易被淘汰，或无力参与市场竞争，处于明显的劣势地位，其基本生计依靠自身能力难以得到满足，必然会影响社会稳定和长久发展。兜底保障扶贫运用国家财政资金和社会资金给予贫困人口过渡性经济补偿，保障贫困人口及其家庭的基本生活，通过互助共济和风险分散机制为贫困人口提供生存和生活保障，增强贫困人口的抗逆力，为摆脱贫困和降低返贫几率提供了基础支撑。

（3）促进社会参与和就业。兜底保障扶贫在保障其基本生存权益的基础上，增强贫困人口的发展能力。一方面将更多资金投入到人力资源开发上，增加贫困人口人力资本投资收益，加快脱贫致富的步伐，最终形成贫困地区人力资源质量持续提高长效机制；另一方面贫困地区农村社会保障制度为贫困人口的生老病死、衣食住行和子女教育等方面提供基本保障，减轻贫困人口负担，稳定贫困人口预期，可以在一定程度上释放消费力，扩大贫困地区市场需求，促进贫困地区经济发展。

综上来看，兜底保障政策正在逐渐增强在减少支出型贫困、满足贫困者发展性需求上的作用；尤其在主要依靠市场手段帮助贫困人口增收脱贫时，建立起坚固的兜底政策措施是防止贫困劳动力返贫的必要条件。

第二节 兜底保障扶贫减贫案例与主要做法

一、基本生活救助兜底扶贫案例

（一）安溪县基本情况

安溪县是历史上福建省最大国定贫困县。至 2016 年底全县有建档立卡贫困人口 1 341 户 4 339 人，市级扶贫开发重点村 108 个。安溪县 2018 年 GDP 为 572 亿元，全体居民人均可支配收入 2.2 万元。在中央和省市的高度重视和大力支持下，经过多轮大规模扶贫，目前已是全国百强县。

（二）安溪县农村低保对象的保障标准和档次

对于农村低保对象，结合每年度最低生活保障标准，并综合其他家庭经济信息，初步判断低保户的贫困程度，分别将低保对象分成三个不同的档次，分别按照 100%、70%、45% 进行差额补助。2018 年农村居民救助供养标准每人每月 460 元（实行差额补助）；城乡特困供养人员集中救助供养每人每月 880 元，城乡特困供养人员分散救助供养每人每月 730 元（全额补助）。以上人员每人每月增发困难补助金 100 元。其中，城乡特困供养人员照料护理标准根据特困人员生活自理能力分类发放，全自理每人每月补助 140 元、半自理每人每月补助 345 元、全护理每人每月补助 560 元。安溪县 2008—2018 年农村最低生活保障标准如表 6-1 所示。

表 6-1 安溪县 2008 年—2018 年农村最低生活保障标准

年份	2008	2009	2010	2011	2012	2013	2014	2015	2016	2017	2018
保障标准（元）	100	110	150	170	200	220	250	250	295	420	460

数据来源：安溪县人民政府门户网。

（三）安溪县农村最低生活保障对象

农村低保严格执行"以户为单位"进行申报，除重点残疾等特殊情况，其他一律以实际共同生活家庭成员进行认定。保障重点是无生活来源、无劳动能力以及鳏、寡、孤、二级以上重病残、因灾造成生活特别困难的对象。对重点优抚对象，农村中计生三户，特别是"二女"结扎的特困户，在同等条件下给予优先保障。对刑满释放或服役期间其家庭经济确系困难的特困户，根据调查情况属实同样可以列入保障范围。

(四)安溪县农村低保对象瞄准的程序

乡镇民政部门按照有关工作规范要求，综合运用信息核对、入户调查、邻里访问、民主评议等方式，规范最低生活保障审核审批程序，加强最低生活保障动态管理。农村低保按季度进行滚动管理，新增的农村低保需履行以下程序：一是农户提出低保申请。由共同生活的家庭成员向户籍所在地的乡镇提出书面申请，并提供相关材料。二是乡镇开始入户调查。村协助乡镇对申请对象家庭进行逐一调查，并对申报信息进行核实，提出审核意见。三是村居开展民主评议。乡镇入户调查结束后，乡镇牵头组织村民代表进行民主评议，形成记录并公示。四是乡镇进行审核把关。民主评议完后，乡镇根据入户调查、经济状况核对、民主评议票决结果综合决议，并汇总公示。五是县民政部门审批确认。

(五)安溪县农村低保对象监督审核机制

一是低保申请审核。各乡镇政府根据各村（居）上报情况，按照省民政厅对申请对象家庭经济状况核查要求，各地政府要通过入户调查、访问邻居、公开公示、民主评议等方式进行信息核查，有针对性对申请人声明的相关信息的真实性和完整性进行调查核实，提出审核意见。二是年度复核管理。县纪委监委、审计、财政、民政等部门密切配合，通过定期检查和临时抽查的办法，对低保资金的运行管理和审批环节进行不定期的监督检查，及时查处、纠正和解决基层低保管理中存在的问题。银行按季度与乡镇民政办交换数据，以便民政办进一步了解低保对象保障金的领取情况。

二、医疗救助兜底扶贫案例

(一)红安县基本情况

红安县位于湖北省东北部大别山南麓，是国家级重点贫困县、大别山片区扶贫攻坚重点县。2015年底，全县居民人均可支配收入13 099元，农村常住居民人均可支配收入8 826元，因病致贫是当地贫困的首要原因。2015 年 12 月，红安县卫计局组建了健康扶贫领导小组，在深入调研的基础上，制定和实施兜底性医疗救助政策，力求达到"绝不让一个贫困户再因病致贫、因病返贫"的精准健康扶贫目标。

（二）精准确定医疗救助对象及健康扶贫定点医疗机构

红安县兜底性医疗救助政策主要用于帮扶精准识别后的重点贫困户。重点贫困户由该县扶贫办和民政部门依据"四看五步法"精准扶贫认定，同时将其中的因病致贫、因病返贫户确定为精准健康扶贫重点帮扶对象。此外，红安县根据各医疗机构的服务能力，按分级诊疗的要求，统筹县内 3 家二级医院和 14 家一级医院作为定点医院，要求逐级转诊；确定 2 家省级综合医院和 3 家省级重点专科医院为定点机构。

（三）取消贫困人口住院起付线，确定 5 000 元为兜底标准

红安县政府在充分调研、深入研究的基础上，确定医疗救助的兜底标准和报账方式。对患病需要住院的医疗救助对象，县新农合取消住院起付线，按政策标准及时给予患者"一站式"报结。对政策报销后补偿水平仍未达到 90% 的，由县政府资金整合办公室补偿到 90%。同时，个人当年自付累计超过 5 000 元的部分，由县政府资金整合办公室兜底解决。这意味着，红安县贫困人口看病每年最多花费 5 000 元，剩下的都由政府兜底。

（四）充分整合各方资源，合理设计筹资结构

在筹资结构上，红安县通过整合新农合、大病保险、商业医疗补充保险、城乡居民医疗救助基金综合施策。救助对象的医疗费用报销以新农合为主（占 60%），政府兜底保障 30%，患者自付 10%。经测算，政府每年拿出新增 3 600 万元即可解决，其中，医疗救助资金 2 246 万元、健康体检费用 200 万元、临时救助资金 1 154 万元。此外，县政府还在整合民政部门五保户、低保户大病救助基金的基础上，为精准扶贫救助对象购买大病医疗救助保险。按建档立卡户中一般贫困户每人 300 元、低保贫困户和五保贫困户每人 550 元的标准，共计筹资 2 302 万元。

（五）加大监管力度，完善服务配套措施

一是为防止目录外药占比过高，从制度上对医疗机构进行约束，明确

要求县内定点医疗机构目录外药占比不得超过 10%，省级定点医疗机构目录外药占比不得超过 15%，并建立了高值耗材申报审批制度。二是大力推行支付方式改革，在总额控费的基础上实行按病种付费，加强医疗机构主动控费意识。三是实行片区管理的方式，与保险公司协同查房、共同监管，严防冒名顶替和挂床行为。四是做好政策宣传工作，提高患者就诊的依从性，减少患者主动要求过度医疗的现象。

(六) 构建健康扶贫信息系统，创新打造"互联网＋健康扶贫"模式

红安县根据自身的健康扶贫工作模式，自主研发并启用"红安县健康扶贫服务管理信息系统"，创新打造"互联网＋健康扶贫"模式。该系统以户为单位，建立了县域内扶贫对象花名册，并实时采集贫困对象住院就诊信息、公共卫生服务的健康体检信息、医疗救助信息。此外，该系统实时或定期以手机短信的形式自动、分类向健康扶贫对象开展"两推送"服务，进行健康知识、健康扶贫政策、就诊及救助情况等信息推送，让健康扶贫对象对自身健康状况、疾病发生情况、医疗救治情况、医疗费用发生与补助情况、脱贫情况都清楚明白。该系统的数据查询、数据挖掘与分析功能，可以实现贫困对象综合信息精准查询、管理和服务，创新性、实用性很强，值得其他地方借鉴。

三、教育救助兜底扶贫案例

(一) 琼中县基本情况

琼中黎族苗族自治县位于海南省中部生态保护核心区，2015 年底，琼中县共识别贫困建档立卡 6 569 户，26 917 人，其中建档立卡家庭在校生 6 397 人。截至 2016 年，琼中县建档立卡家庭适龄人口学前三年毛入园率为 78.3%，九年义务教育阶段入学巩固率为 94.5%，高中阶段教育毛入学率为 86.1%。两年多以来，琼中县遵循省级制度和政策框架，实施教育发展脱贫工程，结合自身实际，探索出了以基层教师深度参与为特点的"精准识别、精准资助、精准关爱"教育扶贫新路径。

(二) 开展拉网式教育信息核查，提升识别精准程度

为了进一步确保贫困学生识别的准确程度，琼中县不是以建档立卡数据为资助和后续服务的直接依据，而是在建档立卡数据基础上进一步核实

确认。首先，琼中县建立贫困生核查机制和网络。琼中县在教育局成立由局长任组长的建档立卡贫困户子女上学信息核查工作领导小组，下设 5 个信息核查工作小组。每个工作小组由 3 人组成，负责 2 个乡镇的教育扶贫工作，对应的责任单位是各乡镇中心学校。各乡镇中心学校在全乡镇范围内调配教师资源，每 2 人组成一个调查组，再以自然村为单元划分调查小区，每个组负责一个自然村。全县共动员 1 100 多名教师组成 550 多个调查组，分片调查了 550 多个自然村，实施"地毯式"信息核查。琼中县教育扶贫信息核查网络，如图 6-2 所示。

图 6-2　琼中县教育扶贫信息核查网络

（三）追加资助，解决发放困难，提高资助力度和效果

在教育资助方面，琼中县有三个特色做法，致力于提高资助力度和效果。首先，琼中县较早制定完整的普惠性与特惠性资助政策，进一步提高了资助标准。与省级政策一样，琼中县实施义务教育阶段建档立卡学生"四免四补"，高中教育阶段实行"三免一补"，对学前教育阶段和高等教育阶段贫困学生也实行特惠性资助。在省定标准基础上，琼中县基于对正常生活费估算，由财政列支，将学前教育资助标准由每生每年 1 750 元提高到每生每年 3 000 元；高中教育资助标准由每生每年 2 500 元提高到每生每年 3 500 元，县外就读为 1 000 元；中职教育阶段，在国家助学金基础上追加生活费补助，县内和县外就读分别增加 2 500 元和 1 500 元，直至毕业；高职学校就读的学生一次性发放实习交通费 2 000 元；对在高等学校就读的本地生源大学生每生每年补助生活费 2 000 元和学杂费 5 000 元。追加的教育资助经费来源于县级财政专项扶贫资金和低保资金。

（四）开展三方面关爱工作，探索县域贫困学生关爱体系

"促成长"是海南省提出的教育精准扶贫目标之一，是在常规德育基础上更加重视贫困儿童的身心健康培养。琼中县围绕促成长目标构建覆盖全部贫困学生的精准关爱体系。学校为建档立卡贫困生安排指导老师，根

据师生比，结成老师与贫困学生"一对一""一对二"或"一对三"的关爱对子。在此基础上建立"四个一"关爱机制，即"每天见一次面，每周谈一次话，每月进行一次家访，每学期进行一次帮扶评估"，并都记录留档。

四、住房救助兜底扶贫案例

（一）南阳市基本情况

南阳市，位于河南省西南部，南阳市农村贫困人口众多，达104.3万人，占全部农村人口的近2%。农村贫困群众住房保障的落实是精准扶贫工作的重点。因此，要解决这一问题将会面临较大困难。南阳市政府推动农村住房建设的举措因地制宜，具有一定的启发性和借鉴意义。

（二）农村危房改造

农村危房改造行动是住房保障的重点。在针对C、D级危房的补助资金方面，根据南阳市政府下达的有关规定，农村危房改造中央补助标准为每户平均14 000元，省级扶助标准为每户平均3 000元。除此之外，南阳市政府原则上鼓励农户在政府提供一定补助资金的基础上，自行负责危房的修缮加固或新建翻建，对于确实没有能力自行组织施工的危房改造对象，则由镇、村组织施工队进行施工，并进行施工质量安全管理。

（三）危房改造之外的补充措施

农村住房保障以危房改造行动为主，但由于资金有限，因此南阳市政府又探索了其他一些举措作为补充措施，即根据帮扶对象具体情况的不同采取不同类型的帮扶举措。

第一，采取集中统建的方式，进行"大院式"的居住区建设。为了方便帮扶对象的生产生活，由村镇统一选址和设计，选择有资质的施工队伍统一建设大院模式的居住区。这类"大院"主要安置的是居住在D级危房内的独居老人、散养五保户等，这类对象往往不和子女一同居住，并且独居的生活质量偏低。在这种情况下，危房改造并不是最适宜的方式，并且容易造成资源浪费。因此，南阳市政府采取集中统建的方式，在危房原址上建设集中大院，鼓励邻居之间自由自愿结合，配对养老，互相帮扶。同时，还建设了公园、菜园、医务室等配套设施。

第二，采用租赁模式，最大限度地合理利用资金。南阳市农村有大量安全房屋由于居民外出务工而闲置。为了减少资源浪费，充分利用现有闲置资源，市政府针对无劳动能力、无经济基础、无生活保障的帮扶对象，按照租赁双方自愿的原则，通过政府和法律服务中心牵头，采取长期租赁的方式解决部分帮扶对象的住房问题。

第三，鼓励孤寡老人投靠亲友，解决住房问题。针对四类帮扶对象中有子女或亲朋并且子女亲朋有赡养能力和赡养意愿的孤寡老人，通过宣传教育进行正确引导，鼓励孤寡老人投靠亲友，在双方自愿的情况下，经政府工作人员协调，签订赡养协议书，解决了部分孤寡老人的住房问题和赡养问题。

（四）"百日冲刺"行动

为了尽快完成农村贫困群众的住房建设工作，南阳市政府还开展了全市农村危房改造"百日冲刺"行动，即从2019年7月3日开始，在一百天内集中开展农村危房改造行动。主要行动内容包括继续集中进行房屋鉴定，并且完成相关信息录入，加强施工工程建设和监督。同时，"百日冲刺"行动还包括强化督导检查，严格考评奖惩等，南阳市政府将农村危房改造工作的完成情况纳入下级政府及其工作人员个人的绩效考核体系中，提高工作人员的工作积极性。

五、临时救助兜底扶贫案例

（一）吴起县基本情况

吴起县隶属于陕西省延安市，总人口仅为14.3万人。近年来吴起县经济发展相当迅速，2014年国内生产总值211.5亿元，城镇居民人均可支配收入为33 518元，农村居民人均纯收入为10 480元。吴起县经济的快速发展和财政收入的增加为其临时救助制度的完善、有效运行、可持续发展提供了坚实的经济基础和物质基础。

（二）救助类型和标准

吴起县在《吴起县城乡困难群众临时救助暂行办法》中将临时救助的类型分为四大类：因病因残生活救助、突发灾害生活救助、其他生活救助、县政府认定的其他应予救助等；并且明确了各救助类型的具体内容和救助标准，以及根据困难程度确定救助额度的原则等，具体内容见表6-2。这个标准充分考虑救助水平与经济社会发展相适应以及物价水平上涨等因素，具有重要的现实意义。

表6-2 吴起县临时救助类型

类型	范围	条件	额度（元）	备注
因病因残生活救助	家庭成员患危重疾病和重度残疾（二级以上）	扣除各种医疗保险、医疗救助、残疾补助和其他社会帮困救助资金后负担仍然较重，直接导致基本生活暂时低于城乡居民最低生活保障标准的困难家庭	3 000～5 000	救助额度根据困难程度确定，死亡人员最高不超10 000元
突发灾害生活救助	家庭成员遭遇车祸、溺水、矿难等人身意外伤害（死亡）	在扣除各种赔偿、保险、救助等资金后负担仍然较重，或因火灾等突发性意外事件造成重大财产损失，导致其基本生活暂时低于城乡居民最低生活保障标准的困难家庭	3 000～5 000	救助额度根据困难程度确定，死亡人员最高不超10 000元
其他生活救助	其他特殊原因造成经济特别困难	经各种救助措施帮扶后，基本生活暂时低于城乡居民最低生活保障标准的困难家庭和低保边缘户暂时性的生活困难家庭	1 500～2 500	救助额度根据困难程度确定
县政府认定的其他应予救助的人员，其救助标准视情况而定				

数据来源：吴起县人民政府网站。

（三）申请与审批程序

临时救助办理包括一般程序和特别程序。特别程序是指，对于紧急情况，镇政府（街道办事处）、县民政部门及相关救助管理机构应先行救助。紧急情况解除后，再按规定补齐审批手续。而一般程序的主要流程是，以家庭为单位，直接向乡镇人民政府（街道办事处）提出申请并填写相关表格和提交各项材料。接到申请后，镇人民政府（街道办事处）开展入户调查、收入核定、民主评议、张榜公示。公示期满，对符合救助条件的报县民政局审批。县民政部门对上报材料进行审查、审批，并进行公示。这些具体的规定对于规范临时救助管理，明确相关部门和人员的职责，充分保障困难群众的基本生活权益发挥巨大作用。

（四）救助基金管理

吴起县临时救助政策，不但对临时救助的基金来源进行了明确规定，而且对基金管理等进行了原则规定。指出临时救助资金来源包括省、市等上级财政安排的临时救助资金；市级财政在城乡低保资金中安排配套资金的5％用于临时救助；在不降低补助水平的前提下，县级财政按照配套的城乡低保资金的10％用于临时救助。而且，临时救助资金实行专账核算、专款专用。年度结余资金可结转下年度继续使用，不得用于平衡预算或挪作他用。县审计和监察部门负责对救助资金的审计监督等。这些规定对充分保障临时救助基金的来源稳定、管理规范、监督有力等具有显著作用，保障临时救助制度的顺利运行。

（五）临时救助制度的实施效果

从近年的情况来看，吴起县临时救助制度以季度为周期对其救助人员及家庭进行公示，公示内容包括姓名、所在乡镇（社区）、家庭人口、救助金额、救助原因等。经过对公示信息的整理，发现2018年前两个季度获得临时救助的家庭均在50～60个左右，涉及的人口为190人左右。从每个家庭的救助额度来看，平均而言，基本上都达到了3 000元，人均救助额度也达到了1 000元左右。吴起县2018年第1、2季度临时救助人数及金额如表6-3所示。

表6-3 吴起县临时救助人数及金额

单位：个、元

季度	家庭数	人口数	总金额	平均家庭救助额度	人均救助额度
2018年第1季度	58	194	171 000	2 948	881
2018年第2季度	62	195	199 500	3 218	1 023

数据来源：吴起县人民政府网站。

六、疫情防控期间临时救助案例

（一）田林县基本情况

田林县是广西少有的集国定贫困县、滇桂黔石漠化片区县、自治区深度贫困县于一体的山区县。2019年该县累计脱贫摘帽79个村13 055户

54 364人，贫困发生率降至 1.57%，经批准顺利脱贫出列。田林县在疫情防控期间采取多种临时救助措施，保障贫困人群在疫情防控期间的基本生活。

（二）采取多种措施保障困难群众基本生活

各乡镇人民政府组织有关工作人员通过电话、微信、QQ 等多种方式，了解城乡低保对象、特困人员等救助对象以及新型冠状病毒感染的肺炎患者家庭生活状况，对基本生活存在困难的，通过发放临时救助金等措施及时予以救助。必要时，可采取发放口罩等个人防护用品等方式实施临时救助。疫情防控期间，对新申请低保、特困等社会救助的，可简化审核审批程序、特事特办。通过电话、微信、QQ 等方式指导申请对象本人及其家庭成员通过网上自助申请平台足不出户申请低保、特困救助，入户调查、授权核对等环节待疫情解除后再完善或补办。

（三）加强分散供养特困人员照料服务和疫情防控

各乡镇人民政府全面落实特困人员的委托照料服务，确保分散供养特困人员"平日有人照应、生病有人看护"，密切关注贫困人群身体状况，协助做好服务对象疫情防控工作。各乡镇人民政府全面落实定期探访制度，及时了解分散供养特困人员身体状况和生活状况，发现特困人员出现疑似症状的，要在所属乡镇卫生防疫部门的指导下，按规定送到指定医疗机构就诊。一旦确诊新型冠状病毒感染的肺炎，协助做好相关密切接触者的隔离管理，防止疫情扩散。

（四）加大新型冠状病毒感染的肺炎患者临时救助力度

充分发挥临时救助"救急难"作用，及时将因患新型冠状病毒感染的肺炎导致基本生活陷入困境的家庭和个人纳入临时救助范围。对于急难型救助对象，乡镇人民政府在发现或接到有关部门、群众报告救助线索后，通过电话、微信、QQ 等方式主动核查情况，指导急难型救助对象通过网上自助申请平台进行急难型临时救助申请。疫情防控期间，各乡镇人民政府、异地扶贫搬迁管委会、工业园区管委会审批临时救助金额可由 2 000 元提高到 4 000 元。对低保对象、特困人员以及农村建档立卡贫困人口、城镇困难群众脱困解困对象中的新型冠状病毒感染的肺炎患者，各乡镇人民政府可根据需要直接给予临时救助。

第三节　兜底保障扶贫减贫特点、经验及存在问题

一、兜底保障扶贫主要特点

（一）兜底保障是扶贫减贫的后防线

在扶贫减贫体系中，兜底保障处于基础地位，兜底保障是保证贫困人口基本生活的最后一道防线。尽管社会福利与社会保险等保障项目已经为保障贫困人口生存设置了一道又一道防线，但是仍然会有没有被纳入保障范围的边缘贫困人口因意外事件而陷入贫困状态。例如，有的失业者在领取失业保险金期满后仍未找到工作，没有了生活来源不能维持低生活而沦为新的救助对象，这就需要通过兜底保障向他们提供物质帮助。兜底保障所保障的对象是社会中底层人员以及弱势群体的基本生活保障，其目标就是缩减贫困差距和缓解社会矛盾。因此，兜底保障是扶贫减贫的最后防线。

（二）针对特殊群体、特殊事件、特殊时点

兜底保障扶贫针对的群体是无收入或收入较低的绝对贫困户以及在发生意外的自然灾害和社会灾害极易陷入贫困或具有高风险致贫因素的贫困边缘群体。这类贫困边缘群体的基本生存受到威胁时，兜底保障扶贫政策对其提供支持，再根据实际情况帮助这类群体通过有效的方式寻找可持续生计，逐渐摆脱贫困的困扰。兜底保障针对的是意外事件使贫困人群的基本生存受到威胁和影响时，通过低保救助和相关的兜底政策对其提供支持，提升自我发展能力，增强人力资本，提升贫困群体的抗风险能力，实现可持续发展。兜底保障扶贫具有事件节点限制，在贫困户自身生存能力不足或发生意外事件时为其提供支持，在脱贫或解决生存问题后退出，以发挥兜底保障扶贫的"兜底"作用。

（三）"多层次、跨部门、强基层"的体系特征

"多层次、跨部门、强基层"的体系特征主要表现在：

（1）兜底保障扶贫体系的多层次建构。为保障贫困人群的基本生活

权益，在现行规定基础上，按照与经济社会发展水平相适应、与社会保障制度相衔接的原则，规范了兜底保障扶贫的内容。其中，最低生活保障、特困人员供养解决基本生活问题；医疗救助、住房救助、教育救助等解决专门问题；临时救助解决突发问题；社会力量帮助解决个性化突出问题。

（2）兜底保障扶贫体系的跨部门整合。兜底保障扶贫体系所涉及的部门和单位包括国家扶贫办、民政部、中央宣传部、中央编办、中央农办、发展改革委、教育部、公安部、财政部、人力资源与社会保障部等。通过兜底保障扶贫体系中的部门协作配合，解决社会救助行政管理中所面临的重大问题，在顶层设计上推进兜底保障扶贫减贫体系建设。

（3）兜底保障扶贫体系建设把强化基层作为重点。一是在基层建立"一门受理、协同办理"平台。二是政府购买救助服务，提升基层救助办能力。采取政府购买服务方式，促进社会力量参与，从而提升基层救助经办服务能力，打通社会救助服务的"最后一公里"。

（四）十八后兜底保障扶贫制度更全、力度更大

十八大以前，社会救助的措施主要包括农村低保和特困救助。低保制度经历快速扩张后趋于成熟，五保供养制度逐步完善，医疗、教育等专项救助和临时救助制度平稳发展，覆盖城乡的新型社会救助体系初步形成，并且成为反贫困体系的重要组成部分。社会保障兜底扶贫的作用开始显现，社会保障扶贫之后的贫困发生率和贫困深度指数均有所下降，但减贫效果仍不显著。由于社会救助的瞄准存在偏差，其扶贫效果也大打折扣。

十八大以后，国务院颁布了《社会救助暂行办法》，这是中国第一部统筹各项社会救助制度的行政法规，将最低生活保障、特困人员供养、受灾人员救助、医疗救助、教育救助、住房救助、就业救助和临时救助等八项制度以及社会力量参与作为基本内容。综合型社会保障体系的建立，为中国的扶贫减贫事业"打上最后一块补丁"，它意味着贫困人群的基本生活得到了保障，且不管因何种原因陷入生存危机，都能够得到国家的帮助。作为精准扶贫体系的重要支柱，它打破了部门分割、城乡分割，标志着中国兜底保障扶贫减贫事业进入制度定型和规范发展的新阶段，为农村贫困人口 基本生活保障建立了"安全网"，是中国兜底保障扶贫减贫事业发展的一个里程碑。

二、兜底保障扶贫主要经验

（一）制度优势，低保救助与扶贫开发联动扶贫减贫

农村低保是社会保障的重要组成部分，社会保障与扶贫开发联动扶贫是当代中国精准扶贫战略实施的主要路径。通过低保的兜底保障作用，使得无法通过其他帮扶措施增加收入、减少支出的农村贫困人口（包括建档立卡贫困户、长期低保户、五保户、困难残疾人），其收入水平不低于贫困线，同时通过其他措施保障他们的住房、医疗和义务教育等方面的基本权利。两项制度总体上有同有异，在政策瞄准群体方面尽量一致，而在政策措施上则保持区分度，两项基本制度的互嵌可以有效地发挥各自制度优势，互相补充，大大提升了整体的反贫困效果。

（二）分类救助，针对性服务提升健康扶贫效果

针对于贫困户，将其分为三类：一类是患普通疾病，第二类是门诊慢性病，第三类是患大病。除此之外，还包括疾病的预防工作。应当针对不同的种类，实施分类救助，采取针对性的服务。针对患普通疾病的贫困患者，主要实施的是门诊统筹。建档立卡贫困户患一般疾病就医，合规医疗费用报销不设起付线。门诊慢性病和普通疾病还是有所差别，门诊慢性病又包括 18 种普通慢性病和 4 种重大慢性病。对于普通慢性病和重大慢性病，提高其报销比例和封顶线，此外还有医疗救助和医疗扶贫救助基金对贫困户进行扶持。大病保险降低起付线，提高封顶线，在一些地方的实践中，大病保险不设起付线。针对患大病的贫困户，不仅有大病保险还包括医疗救助，在基本的合规费用经过报销后，再给予一定比例的救助。

（三）创新方略，精准聚焦实现教育扶贫全覆盖

十八大以来，中国全面落实教育精准扶贫的基本方略，采取超常规政策举措，精准聚焦贫困地区的每一所学校、每一名教师、每一个孩子，启动实施教育扶贫全覆盖行动。第一，精准识别。教育扶贫必须精准识别工作对象，既要把现有的贫困家庭确定出来，又要把已经脱贫的家庭退出去，把返贫的家庭纳为帮扶对象。这是精准教育扶贫的基础性工作。第二，精准帮扶。依托建档立卡准确资料，对贫困家庭成员在义务教育、学历教育、职业教育及青壮年职业技能培训等方面，视其困难情况，开展针

对性帮扶，助力贫困家庭中经济困难学生就学、就业、创业；同时，调动社会各方面力量，采取"一帮一"或"多帮一""一帮多"的方式，开展精准帮扶。第三，精准资助。中国已建立起了从学前教育、九年义务教育到高等教育"全覆盖，无缝衔接"的家庭经济困难学生帮扶体系，确保贫困家庭中的孩子"上得起学"。

（四）创新模式，住房分类救助整合扶贫资源

各地积极按照整合资源，规划先行，突出重点，厉行节约，加强相关惠农支农政策衔接的基本原则，在完成农村危房改造任务，稳步推进改造的同时，积极研究政策，创新改造模式，各地根据自身特点创造出房屋置换模式、公有产权模式、与移民搬迁相结合模式、与村庄整治相结合模式。通过这些方式，节约危房改造成本，发挥政策叠加优势，同步推动移民搬迁、村庄整治等工作，整体改善村庄人居环境。在改造资金筹集上，农村危房改造的主体是农村贫困农户，农村危房改造资金也以农民自筹为主，中央和地方政府补助帮扶为辅。建设方式上以农户自建为主。各地引导贫困农户充分利用自筹资金，就地取建材，以亲友帮建等方式，降低建设成本，建设最基本的安全住房。

（五）完善机制，临时救助更加灵活高效

完善临时救助受理机制。规范统一受理平台，进一步完善服务窗口建设，安排固定的服务窗口工作人员，"一门受理"因重大疾病、教育负担、火灾、车祸、溺水、人身伤害等意外事件造成生活困难的家庭（个人）的救助申请，及时为突发性、紧迫性、临时性基本生活困难群众提供方便、快捷的救助服务，确保困难群众"求助有门"。完善乡级备用金制度。确保困难群众"受助及时"，落实"先行救助""分级审批"规定，若当年度下拨资金不足，可视情再追加下拨资金。同时，建立紧急程序，在规范群众申请、乡级审核、县级审批程序的基础上，对于情况紧急、需立即采取措施以防止造成无法挽回的损失或无法改变的严重后果的，乡镇人民政府（街道办事处）、县级民政部门予以先行救助，再按规定补齐审核审批手续。完善主动发现机制。进一步完善"早发现、早救助、早干预"的快速响应机制，充分发挥乡镇人民政府（街道办事处）工作人员、村（居）干部、社会工作者、网格员特别是综治民政协管员作用，及时发现并核实辖区居民遭遇突发事件、意外事故、罹患重病等特殊情况并给予主动救助。

三、兜底保障扶贫存在的问题

（一）不完整的制度构建阻碍减贫合力的形成

尽管覆盖城乡的新型兜底保障扶贫体系已基本形成，但兜底保障体系的构建仍然不够完整，这就阻碍了兜底保障减贫合力的形成。

第一，兜底保障扶贫减贫政策碎片化特征较为明显，多个项目分属不同的部门管理，并且缺乏有效的协调，在设计和实施过程中既有一定的交叉重复，又存在着一些漏洞。如医疗、教育、住房救助等专项直接与低保挂钩，导致低保家庭重复受益产生"福利依赖"；而由于制度分割和统筹层次低，一些救助项目不能及时适应人口流动和城镇化加速发展的需要，"福利缺位"的现象依然存在，如仍然欠缺对农民工、失地农民、失独老人、留守人员等群体的应有的保护。

第二，兜底保障与社会保险、社会福利等社会保障项目的衔接不到位。兜底保障扶贫与社会保险和社会福利等社会保障项目的发展阶段不一致，减贫机理也不同，基本独立运行，且存在较大的整合阻力，使得兜底保障扶贫减贫能力大打折扣。过去二十多年里，社会保险体系的不健全以及普惠型社会福利体系的缺失，客观上为兜底保障政策的发展提供了更大的空间，使兜底保障政策得以快速发展。随着社会保险体系的不断完善，包括城乡养老保险制度全覆盖的实现和全民医疗保障体系的建立，以及残疾人福利、老年人福利和妇女儿童福利体系的发展，兜底保障扶贫减贫政策在重新审视自身功能和定位的同时，要加强与社会保险和社会福利项目之间的分工与协作。

第三，作为应对中国农村贫困问题的两项重要制度安排，农村低保和扶贫开发共同保障了困难群众的生存权和发展权。由于制度设计和运行机制的不同，在反贫困过程中，两项制度的工作对象和具体措施各有侧重，两项制度衔接仍然不充分，各地的衔接程度主要取决于地方的贫困状况、财政能力、脱贫攻坚的整体规划等。在衔接不到位的地区会造成两项制度的覆盖人群存在差异，政策实施缺乏分工和协调，减贫合力难以形成。

（二）财政资金的不足和保障水平的低下抑制了减贫能力的提高

中国的兜底保障主要靠政府财政投入，农村低保资金占财政支出的比重在 2011—2016 年基本保持在 0.5％～0.6％。由于财政投入比重低，社会救助标准也不高。尽管农村低保的平均标准从 2006 年的 850.8 元逐步提高到 2017 年的 4 300.7 元，占农村居民人均可支配收入的比值也提高到了 2017 年的 32％，但是相比于发达国家中位数收入 50％或 60％的贫困标准，中国的农村低保标准依然偏低。社会救助的财政投入实行中央政府与地方政府分担的形式，但这种财政分担机制并不健全，中央财政的投入有一定的弹性空间，每年都有一定的波动，如 2009—2014 年农村低保资金中央财政补助的比例在 60％～70％之间不等。这种非制度化的补贴模式对于中央和地方都缺乏有效的约束，一方面不利于中央财政将社会救助投入作为一项重要的长期性和经常性财政支出，另一方面会导致地方政府不断增加对中央财政的需求。尽管近年来中央政府不断加大转移支付，但是在中国经济发展进入新常态的背景下，随着兜底保障扶贫减贫体系的日益完善和保障标准的逐步提高，兜底保障实践将会面临着福利刚性增长与财力增速减缓的矛盾，这对各地社会救助的可持续发展带来了挑战。

（三）救助范围的狭窄和救助瞄准的误差制约减贫空间的拓展

虽然中国的兜底保障扶贫标准不断提高，但当前救助的主要范围仍然瞄准的是绝对贫困人口。随着人们生活水平的普遍提高以及扶贫开发力度的不断加强，贫困人口的基本生计问题已基本解决，收入型贫困大幅下降，但是支出型贫困仍然严重，特别是在深度贫困地区，相当一部分中低收入家庭会因为医疗、教育等意外大型支出而陷入支出型贫困。与此同时，随着现行扶贫标准下绝对人口的基本消灭，未来中国的贫困问题会变得更加复杂，慢性贫困、能力低下型贫困会成为贫困的主要类型；而随着人口结构的改变和城镇化的推进，老年贫困、儿童贫困、外来人口贫困等特殊人群的贫困问题也会更加突出。

兜底保障扶贫存在一定程度的瞄准误差，如在低保制度中，财政能力约束引起的供需矛盾、动态管理的低效和低保获取的机会成本等因素，都会导致漏保和误保的发生。在农村低保中，33.7％领取者属于最低收入户，27.1％属于次低收入户，分别有 14％和 5.4％的农村低保领取者属于次高和最高收入户。也就是说，有相当一部分高收入人群享受了低保福利。当前狭窄的救助范围和瞄准误差的存在将在一定程度上制约未来社会救助减贫空间的拓展。

（四）发展的不平衡和基层经办管理能力的薄弱损害了减贫的公平和效率

地区发展不平衡、公平性不足是兜底保障扶贫减贫政策改革和发展中面临的重要问题之一。发展的不平衡首先体现在救助标准存在较大的城乡差异和地区差异。根据民政部门的统计数据，2017 年 12 月，全国城市平均低保标准（每人每年 6 487 元）是农村平均低保标准（每人每年 4 300 元）的 1.5 倍；农村低保标准显著低于城市，特别是在经济水平落后、自然条件恶劣的地区更是如此。医疗救助也存在显著的地区差异，由于地方政府财力的不均等，医疗救助的筹资水平和救助水平都存在显著的横向不平等。城乡分割和地区分割的社会救助模式制约了减贫效率，也不利于实现扶贫减贫的均等化。这样的格局无疑与兜底保障实现地区间协调和均衡发展的目标相悖，不利于兜底扶贫政策的可持续发展。

兜底保障扶贫政策发展的不平衡还体现在越是落后地区、贫困地区，地方经办管理的能力越弱。兜底保障减贫效率在很大程度上取决于基层社会保障的经办管理能力。但是在农村，特别是在贫困地区，基层工作人员数量不足、专业素质不高、硬件设施条件差、工作经费有限，直接导致兜底保障项目难以有效落实，也造成救助政策与其他扶贫政策难以有效衔接。此外，贫困地区基层人员的工作积极性不高，对兜底保障扶贫减贫政策的实施和宣传推广仍然不够，这也限制了兜底保障减贫效率的提升。

四、兜底保障扶贫经验分享建议

三年脱贫攻坚任务与 2020 年"两不愁、三保障"脱贫目标的完成，意味着绝对贫困的消除，但必须认识到贫困是一种常态化的社会现象，相对贫困仍长期存在。兜底保障扶贫作为精准扶贫"五个一批"中的重要组成部分，接下来的工作要继续加强面向弱势群体的社会服务，增强社会保障力度。

（一）优化制度设计，加强资源整合，促进减贫合力的形成

优化兜底保障扶贫体系，加强与社会保险、社会福利和其他扶贫开发项目的有效衔接和资源整合，增强多领域、多主体之间反贫困协作治理能力。首先，整合兜底保障救助内部的各类项目。其次，促进兜底保障与社会保险和社会福利政策的融合，通过提高统筹层次和加强主管部门的协

调，适应人口流动和城镇化建设的需要。最后，加强兜底保障与其他扶贫开发的衔接，以贫困对象的致贫原因和脱贫需求为导向，打通政策"梗阻"，形成各方力量各司其职、各展其长、责任共担的机制。

（二）建立多元化资金筹集机制，合理分配救助资金，提高保障水平和减贫能力

建立多元化救助资金筹集机制，合理分配救助资金，稳步提高各项救助水平。第一，完善多级财政分担机制，以制度化的方式明确各级财政责任；第二，通过深化税制改革提高地方政府的财政创收能力；第三，优化中央财政的补贴结构；第四，动员更多社会力量与市场资源参与兜底保障扶贫减贫体系建设；第五，增强资金分配的合理性，加大对医疗救助、教育救助、住房救助和临时救助的投入，提高资金的使用效率和边际效用。

（三）建立发展型救助制度、拓宽减贫空间，切断贫困代际传递

建立发展型救助制度，改善救助方式，增强社会救助的风险预防功能。首先，根据贫困主体的变化合理调整救助范围，及时关注贫困边缘群体和特殊贫困人群的需求以及脱贫人口的后续支持，避免相对贫困的恶化和返贫现象的发生。其次，进一步提高救助制度，特别是低保的瞄准精度。在尽力核查收入和财产的同时，通过科学合理的制度设计建立相对统一的多维识别和定量评价体系，并形成规范的操作办法。最后，建立贫困预警系统，对于那些处于贫困边缘或者具有高风险致贫因素的群体提供事前的帮助和支持，切断贫困代际传递。

（四）缩小地区差距，健全管理体制，提升减贫作用的公平和效率

在全面实施精准扶贫、乡村振兴战略和区域发展战略的背景下，推进城乡统筹改革，尽快消除因制度分割造成的救助权益不平等。加快完善兜底保障扶贫管理体制，提高贫困地区基层经办管理人员的业务能力，提升救助质量和减贫效率。首先，增加民生事务领域的工作人员编制，并提升基层工作人员的待遇水平。其次，加强对乡镇干部和基层工作人员的知识、政策和工作技能培训。再次，建立健全社会救助信息系统和服务网络的建设。最后，保障必要的工作经费，避免因为经费不足导致工作无法开展的情况。

主要参考文献

［1］方鹏骞，苏敏．论我国健康扶贫的关键问题与体系构建［J］．中国卫生政策研究，
　　　2017，10（6）：60－63.

［2］公丕明，公丕宏．精准扶贫脱贫攻坚中社会保障兜底扶贫研究［J］．云南民族大学学
　　　报（哲学社会科学版），2017，34（6）：89－96.

［3］冀慧珍．社会救助的政策建构和实践完善：发展型社会政策的视角［J］．经济问题，
　　　2014（3）：23－27.

［4］李芳萍，吴军民，赖水源，赖建宁．农村贫困残疾人家庭住房保障问题研究——基于
　　　江西省9县区的抽样调查［J］．残疾人研究，2016（3）：32－36.

［5］林闽钢．我国社会救助体系发展四十年：回顾与前瞻［J］．北京行政学院学报，2018
　　　（5）：1－6.

［6］刘玉安，徐琪新．从精准扶贫看完善农村社会保障制度的紧迫性［J］．东岳论丛，
　　　2020，41（2）：74－82.

［7］李兴洲，邢贞良．攻坚阶段我国教育扶贫的理论与实践创新［J］．教育与经济，2018
　　　（1）：42－47，56.

［8］潘华．改革开放40年来我国社会救助事业发展成就、历程与经验［J］．市场论坛，
　　　2018（12）：1－5，8.

［9］唐钧．追求"精准"的反贫困新战略［J］．西北师大学报（社会科学版），2016，53
　　　（1）：5－13.

［10］吴本健，罗玲，王蕾．深度贫困民族地区的教育扶贫：机理与路径［J］．西北民族
　　　研究，2019（3）：97－108.

［11］王延中，王俊霞．更好发挥社会救助制度反贫困兜底作用［J］．国家行政学院学报，
　　　2015（6）：67－71.

［12］谢快生．完善临时救助制度研究［D］．南昌：南昌大学，2014.

［13］杨穗，鲍传健．改革开放40年中国社会救助减贫：实践、绩效与前瞻［J］．改革，
　　　2018（12）：112－122.

［14］左停，赵梦媛，金菁．路径、机理与创新：社会保障促进精准扶贫的政策分析［J］．
　　　华中农业大学学报（社会科学版），2018（1）：1－12，156.

［15］左停，贺莉，赵梦媛．脱贫攻坚战略中低保兜底保障问题研究［J］．南京农业大学
　　　学报（社会科学版），2017，17（4）：28－36，156－157.

［16］左停，贺莉．制度衔接与整合：农村最低生活保障与扶贫开发两项制度比较研究
　　　［J］．公共行政评论，2017，10（3）：7－25，213.

［17］朱薇．社会保障兜底扶贫的作用机理［J］．人民论坛，2019（7）：64－65.

第七章　激发内生动力与能力建设大扶贫的主要做法与经验

　　贫困群体内生动力一直伴随扶贫减贫的全过程，在扶贫减贫的全部环节、要素中，与外部扶贫力量发生偶合反应。没有贫困群体内生动力结合的扶贫大多是一厢情愿，很难持续。本章以贫困地区贫困户内生动力和能力建设有关政策为背景，分析激发内生动力的现实困境，介绍激发贫困户内生动力的典型案例，然后基于二维视角将贫困户划分为生产资料缺乏型、懒汉型、劳动力缺乏型、陷入型、摆脱型、多维型六种类，并利用模糊综合评价模型对影响贫困户内生动力的因素进行排序，得出基准层"戴帽"后安于现状的依赖行为因素，次级指标层户主偏向内部意见而忽视外部意见、龙头企业、合作社实际上无法分担风险因素是影响内生动力的关键因素。最后，探讨了贫困户能力建设有关理论、存在问题以及激发内生动力和能力建设大扶贫经验。

第一节　激发内生动力的理由及逻辑

一、激发内生动力的背景和理由

　　内生动力指系统内部形成的驱动力，根据系统主体不同分为个人、组织、地区和其他层面的内生动力。贫困人口内生动力指贫困人口在脱贫和发展的过程中，由个体内部需求激发的自主性、积极性和创造性，进而影响个体行动。

　　2013 年底，中办、国办印发《关于创新机制扎实推进农村扶贫开发工作的意见》，明确提出要构建政府、市场、社会三主体协同推进的大扶贫格局，整合配置全国范围内的扶贫开发资源，形成扶贫开发合力。大扶贫工作格局所包括的政府、市场与行业扶贫为激发贫困地区及贫困户内生动力与加强能力建设提供了坚实的外部基础，没有外部帮扶措施，就难以激发贫困地区和贫困户内生动力；2016 年，国务院印发《"十三五"脱贫攻坚规划》，指出"十三五"时期中国脱贫攻坚的指导思想，其中一项就是坚持激发群众内生动力活力。可见，激发贫困人口内生动力是大扶贫工作格局的内在要求和重要内容。

改革开放以来，中国扶贫开发取得巨大成就，走出了一条中国特色扶贫开发道路。特别是党的十八大以来，全面打响了新时代脱贫攻坚战并取得决定性进展，为国际减贫事业贡献了巨大力量，同时也形成了中国扶贫的智慧和经验。但是，在扶贫实践中，贫困地区还存在着贫困人口内生动力不足，"等、靠、要"思想较为严重，自身发展能力薄弱，返贫风险依旧较大等问题。党的十九大把精准脱贫作为决胜全面小康社会的三大攻坚战之一。贫困人口内生动力及自我发展能力不足问题则是今后巩固拓展脱贫攻坚成果的重要内容之一。

2015 年，《中共中央国务院关于打赢脱贫攻坚战的决定》指出"坚持群众主体，激发内生动力"是打赢脱贫攻坚战的基本原则之一。2017 年，习近平总书记在深度贫困地区脱贫攻坚座谈会上强调，要加大内生动力培育力度，坚持扶贫同扶智、扶志相结合。2018 年，国务院扶贫办等多部门联合发布了《关于开展扶贫扶志行动的意见》，进一步强调了"加强扶贫扶志，激发贫困群众内生动力，是中国特色扶贫开发的显著特征，是打赢脱贫攻坚战的重要举措。"2019 年，中央1 号文件提出要着力解决部分贫困人口"等、靠、要"问题，增强贫困群众内生动力和自我发展能力。由此可见，国家从顶层设计层面对激发贫困地区和贫困人口内生动力提出了战略要求。因此，贫困人口内生动力和自我发展能力不足是脱贫工作中需要解决的难点问题，也是打赢脱贫攻坚战的重点问题。

二、激发内生动力的理论逻辑

贫困人口内生动力具有多维属性，因而其理论基础来源于多个学科。本书依次从内外因理论、贫困文化论、人性假设理论、内生式发展理论阐述关于内生动力的研究结论。

（一）内外因理论

唯物辩证法认为，外因是事物变化和发展的条件，内因是根本和源泉，外因通过内因起作用。内因是事物发展的本质原因，外因是非本质的但也是必要条件。在贫困人口脱贫和发展的过程中，内生动力作为内因起到根本性作用，外部帮扶作为外因是必不可少的条件。只有内因和外因共同作用，内生动力与外部帮扶融合才是贫困人口脱贫的必然路径。因此，应当形成外部多元扶贫和内部自我脱贫的互补机制。内外因理论从辨证的角度强调了内生动力的重要作用，为研究贫困人口内生动力提供了哲学层面的理论支撑。

（二）贫困文化论

1959 年，奥斯卡·刘易斯从社会文化角度解释了贫困的产生，他提出贫困人口由于长期生活在较封闭的环境中，社交网络受限，逐渐形成了一种脱离社会主流文化的生活方式、行为规范和价值观念，主要表现为消极自卑、不思进取、因循守旧等现象，这些现象会随着贫困人口间的交往和代际传递发展成一种思维和行为定式。由于思维观念和习惯难以改变，就会使贫困人口难以产生摆脱贫困的内生动力。也就是说贫困文化对贫困人口的心理和精神产生负面影响，并通过行为体现。刘易斯提出的这一理论从社会文化的角度为研究贫困的产生和内生动力不足问题提供了一个全新的视角。

（三）人性假设理论

18 世纪，亚当·斯密提出"经济人"假设，认为人都是理性的且追求自身利益最大化。20 世纪 30 年代，梅奥提出了"社会人"假设，认为人除了关注自身物质利益，还追求安全感、归属感和人际关系。"自我实现人"假设认为当人们的较低层次需求如生理需求、安全需求得到满足时，就会转而追求较高层次的需求如社交需求、尊重需求和自我实现需求。20 世纪 60 年代，艾德佳·沙因在以上三种人性假设的基础上提出了"复杂人"假设，他认为人的需求是不同的，并会在不同的环境和人生阶段发生变化。以上四种人性假设理论都是根据个体的不同需求提出的，不同的需求形成了不同的内生动力，并外化为行动。

（四）内生式发展理论

"内生式发展"是在广大发展中国家的扶贫实践中形成的，并由学者们逐步纳入研究框架使之上升为研究理论。在中国，毛泽东同志早在新中国成立初期就提出了"自力更生、艰苦创业"思想，并以此激励全国人民投入社会经济建设。许多学者针对内生式发展理论做过大量理论和实证研究、案例调查、总结归纳。综合国内外学者观点，总结出内生式发展理论的主要内容，如表 7-1 所示。

表 7-1　内生式发展理论主要观点

序号	主要内容
1	注重内生性，将促进人的全面发展作为目标
2	利用本地自然资源和人文环境，成员共同参与本区域内经济建设，实现自主发展
3	在发展过程中注重生态环境保护，实现可持续发展
4	受益群体为本区域成员，而非外部群体或个人
5	内部形成的经济社会结构能够灵活应对外部环境变化，实现外部资源的本地创新

三、激发内生动力的现实困境

根据中国多数学者的研究成果，本研究主要探讨贫困人口的内生动力不足问题，激发贫困人口内生动力在实践中的困境主要体现在精神、行为和结果三个方面，精神控制行为，行为导致结果，三者相互影响且存在因果关系。

（一）精神层面："等、靠、要"思想依旧存在

中国贫困人口内生动力不足在精神层面表现为存在"等、靠、要"思想，贫困人口脱贫和发展意愿不足。"等"是指安于现状，不思进取，等政策、等项目、等落实；"靠"是指依赖心理，靠政府、靠媒体、靠推动；"要"就是坐享其成，要资金、要条件、要头衔。"等、靠、要"是贫困人口缺乏艰苦奋斗和自力更生精神的一个表现，这种思想会严重阻碍其脱贫致富的行动，如扶贫干部为贫困人口安排就业岗位时，贫困人口会寻找理由放弃脱贫机会。

（二）行为层面："干部干，群众看"行为主体缺失

贫困人口是脱贫的目标主体和行为主体，但中国大部分贫困地区在脱贫攻坚工作中存在主体缺失的问题，在扶贫工作中将重心放在了扶贫干部上而忽视了贫困人口的主体地位，造成了行为主体的缺失。行为主体缺失是贫困人口内生动力不足在行为层面的表现。由于贫困人口内生动力不

足，扶贫干部需要承担扶贫攻坚的重担。贫困人口对农村基础设施建设和产业发展不愿出资出力，导致扶贫陷入被动局面，难以发挥贫困人口在脱贫攻坚中的主体作用。

（三）结果层面："扶则立，不扶则废"存在返贫风险

贫困人口内生动力不足在结果层面表现为"扶则立，不扶则废"。外部帮扶短期内可以帮助贫困人口脱贫，但当外部帮扶程度减少或消失后，贫困人口会面临返贫风险。中国实施开发式扶贫注重由"输血"向"造血"转化，但由于贫困人口内生动力不足，无法从根本上发挥"造血"功能，在外界帮扶退出时就可能会出现返贫现象。"扶贫—返贫"现象形成了一种恶性循环，成为当前中国巩固精准脱贫成果的风险因素，如图7-1所示。

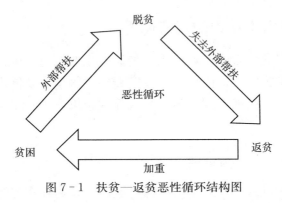

图 7-1　扶贫—返贫恶性循环结构图

第二节　激发内生动力典型案例

中国自实施开发式扶贫以来，逐渐完善了与激发贫困地区贫困人口内生动力有关的各项政策和措施，也在全国多个贫困地区脱贫攻坚的实际工作中，积累了大量成功案例。依照中国行政区域划分，本节主要从省、县、乡三个层级逐一介绍脱贫攻坚中激发贫困地区贫困人口内生动力的典型案例。

一、省级案例

本节选取了福建省建瓯市"党建＋"基层组织建设案例，分享其通过基层党组织建设激发贫困户内生动力的成功做法。

（1）"党建＋产业"，提高发展动力。福建省建瓯市注重发挥党支部在扶贫产业发展中的政治引领作用，开发本地优势资源，发展现代特色农业和乡村旅游业，实现了党支部建在产业上，哪里有产业，哪里就有党支部。逐步建立起"党支部＋公司（合作社）＋基地＋贫困户""党支部＋集体经济""党支部＋电商"的党群机制，引导村集体通过转让、租赁、参股等形式将山林、土地等资源转化为"红色股本"，鼓励农户将山林、土地流转参与股份分红或通过务工增加收入，整体推动贫困户和贫困村脱贫致富。

（2）"党建＋能人"，提高发展引力。发挥农村党员能人的致富、帮富、带富作用，探索实施"红色细胞"工程，创建党员创业示范基地，开展"三定三帮"活动，"三定"即定片、定人、定责，"三帮"即帮群众解决困难、帮群众代办事项、帮群众致富增收，帮助贫困人口找贫困原因，采取应对措施。

（3）"党建＋金融"，提高发展活力。建瓯市东峰镇井歧村党支部在培育和发展雷竹产业过程中，推行"支部协调、五户联保、统贷统还、分散使用"金融扶贫计划，向银行低息贷款 560 多万元，为农户发展产业或创业提供资金支持。

（4）"党建＋项目"，提高发展助力。坚持将贫困人口致富需求和党建项目结合起来，开展党员脱贫专项帮扶、"双技"培训帮扶、就业全程帮扶、无住房解困帮扶的"三项帮扶计划"，为贫困人口提供全面帮扶。

福建省建瓯市的"党建＋"扶贫实践将基层党组织建设和脱贫攻坚相结合，互利共赢，有效地激发了贫困人口的内生动力。

二、县级案例

（一）陕西省汉中市略阳县实施产业奖补政策案例

缺资金、缺技术、不敢作为和不想作为是阻碍贫困户脱贫致富的主要因素。2017 年，陕西省汉中市略阳县积极落实推进"扶智＋扶志"的扶贫政策，推出因地制宜的产业奖补政策，以满足贫困群体的现实利益诉求，激发其内生动力。略阳县采取奖补结合、资金到户的方法，按照每户不超过 1 万元的标准，分三个年度向全县所有建档立卡贫困户提供补助和奖励以支持其发展产业。具体实施过程中，主要分三个类别进行扶持管理。例如在产业补助方面，对发展特色种养业的一类贫困户，每户补助资金总额不超过 1 万元，分三年兑付到户，原则上第一年补助 5 000 元，第二年 3 000 元，第三年 2 000 元。在奖励方面，对发展特色种养业全年销售收入累计达到 5 000 元以上的贫困户，连续三年按照销售收入的 10％给予资金奖励，每年最高奖励金额不超过 1 000 元。得益于产业奖补政策，发展产业规模越大、种类越多的贫困户，获得的补助和奖励资金就越多，脱贫致富的内生动力就会逐渐提高。在重奖实补产业扶贫政策的激励下，越来越多的贫困户根据自身需求选择了发展产业。

略阳县通过实施产业补助和奖励政策，较好地解决了贫困户资金难、技术难的问题，提高了他们脱贫致富的信心，而且在实施政策的过程中逐渐树立起依靠自身努力勤劳致富的价值导向，实现了贫困户产业脱贫和内生动力的双重促进。

（二）四川省乐山市峨边彝族自治县移风易俗文化建设案例

四川省乐山市峨边彝族自治县依托自然和人文环境，推出了以移风易俗为主的多项精神扶贫措施。第一，制定移风易俗三年攻坚计划，全面开展卫生文明、勤俭创业、遵法守约"三大行动"，实施思想引导、基础设施建设、社会治理"三大工程"，强化组织、制度、经费"三个保障"；开展贫困户代表宣讲活动，多形式讲述脱贫致富成功经验，以说帮扶、说变化、说未来、说感恩为主要内容，逐步调动其他贫困户脱贫致富的积极性，消除其发展产业的顾虑。第二，建立"双高"（高聘金、高礼金）治理工作考核、约谈和管理运行"三个机制"，引导贫困户从简办理"红白事"，解决"因婚致贫""因丧返贫"问题；巩固深化"德古"调解制度，建立健全"德古"纠纷排查调处、督查督办等 7 项工作机制。第三，深入挖掘传统民俗，丰富贫困户精神世界。第四，创新宣传载体，提高贫困户脱贫致富精气神。

峨边在精神扶贫的实践探索中形成了多项扶贫措施，推动了贫困户形成良好行为习惯和积极精神风貌，增强了贫困户自强不息、自主脱贫意识，有效解决了扶贫"最后一公里"问题，为提升贫困户内生动力做出了积极贡献。

三、乡级案例

对于激发贫困户内生动力的乡级案例，本节选取内蒙古自治区通辽市扎鲁特旗"百姓议贫会"案例，以分享其在增进贫困户主体参与扶贫工作中的成功做法。

（一）背景

扶贫涉及政府、村级组织、帮扶责任人、贫困户、企业、社会组织等多个参与主体，在政策上传下达和具体落实方面容易出现沟通不畅等问题。帮扶责任人不了解贫困户实际需求，贫困户也不了解参与各项扶贫项目的方式，或是对帮扶干部工作有意见建议而无处表达。为了解决上述问题，扎鲁特旗创新性地提出了"百姓议贫会"群众工作机制，将"访、提、议、行、评"的五步工作法贯穿"议贫会"会前、会中、会后全过程。"百姓议贫会"能够更好地向贫困户宣传扶贫政策和措施，提供贫困户沟通的平台，为贫困户解决实际问题，最大限度激发他们的内生动力。

（二）主要做法

第一，"访"，把走访活动作为了解村情民意的长效抓手。驻村干部要走进贫困户家中、走进农家院、走进田间地头，与农户面对面沟通，通过谈心谈话、民主协商、宣传讲解等方式，收集访谈结果，总结提炼主要问题和矛盾。第二，"提"，筛选整理走访收集到的问题。围绕农户关切的热点、难点问题确定会议议题，制定初步解决方案，明确参会人员范围和会议议程，注重"议贫会"的针对性和可操作性。第三，"议"，根据实际工作开展情况，研究讨论会议议题。实行乡村、田间地头、贫困户家中非固定会议场所，通报上一次"议贫会"议题具体落实情况，研究讨论本次"议贫会"议题，收集整理参会人员提出的建议。以问题为导向，提出解决群众问题的对策，激发贫困户内生动力，提高其参与扶贫工作的热情和积极性。第四，"行"，及时跟进落实会议讨论结果和解决问题的对策。梳理"议贫会"提出的建议，对接村级议事机制、上级党委要求、扶贫政策、行业部门和社会力量，指定专人负责跟进解决，并在下次"议贫会"中通报会议议题落实情况。第五，"评"，将"议贫会"执行情况和落实成效纳入村级组织考核体系。制定"百姓议贫会"工作制度，对帮扶干部提出"五个不准、三个无论"要求。"五个不准"指不准无故推迟或取消召开"议贫会"、不准中途打断群众提出的尖锐问题或意见、不准直接顶撞群众的指责和抱怨、不准推托群众提出的疑难问题、不准用其他会议取代"议贫会"。"三个无论"指无论什么事群众均可以提出、无论话多难听干部都要耐心听完、无论问题多难解决都要认真研究解决方案并给出合理答复。通过考核体系，认真查找不足、弥补短板，不断改进完善"议贫会"运行机制。

（三）经验与启示

首先，"议贫会"具有群众性。讨论内容与农牧民和贫困群众切身利益密切相关，会议制度具有创新性，减少了传统会议的繁琐，在有限的时间和相对轻松的环境中得出具有价值的问题建议和解决方案。其次，"议贫会"还具有时效性和灵活性，只要农户在生产生活中遇到问题或困难，都可以随时随地召开"议贫会"，群策群力，从个体入手，化繁为简，真正解决贫困户之所需。

第三节　影响贫困户内生动力因素排序

一、贫困户内生动力分类

研究内生动力不足的深层次原因，需要划分贫困户的类型。贫困户内生动力可以分解为脱贫资源整合、需求识别、市场定位、协同合作、自我价值实现五项能力。在扶贫减贫工作中，可针对不同的贫困户类型采取不同层次的扶贫措施，实现精准施策。

（一）致贫原因的理论思考

扶贫要具体问题具体分析，针对不同致贫原因采取不同帮扶措施。结合国内外学者研究结论，本节将致贫原因分为两方面：资源贫乏和贫困户脱贫意愿弱。

资源贫乏方面。运用农村生计资本转化过程模型，可深入探究导致贫困问题的原因。如图7-2所示。农村生计资本转化过程涉及三个方面的交换，即与自然的交换、与市场的交换、与社会的交换，由此产生了生态系统、经济系统和社会系统三个系统，这三个系统也成为农村生活的内部系统。在与自然的交换中，从自然中获得土地等资源构成了自然资本和物质资本；与市场交换中，将所生产的物品和服务进行等价交换，构成了金融资本和人力资本；与社会交换中涉及人际关系、社会治理空间等，构成社会资本。在农村生计资本转化过程中，生产资料和劳动力起到了重要作用，因此在划分贫困户类型时，在物质层面可以用可用物质资源和劳动力进行判断。

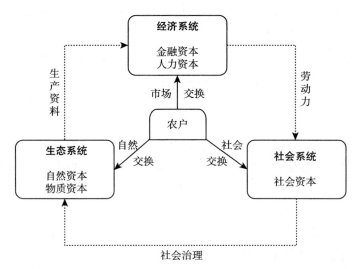

图 7-2　农村生计资本转化过程模型示意图

　　贫困户脱贫意愿弱方面。内生式发展理论强调内部力量，即依靠贫困户自身发展动力，内部力量具有根本性、决定性作用。能否激发贫困户主体意识，形成脱贫的内生动力是实现脱贫可持续的关键点。个体意识虽有异质性，但对于脱贫的意愿大体可以分为两个方面：想通过自身脱贫和不想通过自身脱贫，因此在划分贫困户类型时，在精神层面可以用想自主脱贫和不想自主脱贫进行判断。

（二）基于二维视角的贫困户分类

　　根据前文中的物质层面和精神层面两个维度对贫困户进行分类，再通过两个维度的交叉作用，可得到六种贫困户类型，分别为生产资料缺乏型、懒汉型、劳动力缺乏型、陷入型、摆脱型、多维型，具体如表 7-2 所示。

表 7-2　二维视角下的贫困户类型划分

物质层面/精神层面	想通过自身脱贫	不想通过自身脱贫
有劳动力、无生产资料	生产资料缺乏型	懒汉型
无劳动力、有生产资料	劳动力缺乏型	陷入型
无劳动力、无生产资料	摆脱型	多维型

在物质层面，通过物质资源和劳动力情况判断贫困户类型。贫困户家中无可供农业生产的工具、种子等生产资料但有可用劳动力，属于"有劳动力、无生产资料"类型；具有一定的生产工具、牲畜等但无可用劳动力，属于"无劳动力、有生产资料"类型；既无生产资料也无劳动力，这类群体多为身体残疾、无子女的兜底贫困户，属于"无劳动力、无生产资料"类型。

在精神层面，分为有自主脱贫意愿和无自主脱贫意愿的贫困户。通过和物质的作用发现影响其消极思想的客观因素；还可以判断贫困户是否存在"等、靠、要"消极思想、对外部帮扶的依赖心理和安于贫困的守旧思维。

（1）生产资料缺乏型。该类贫困户的特点是生产资料贫乏，有可用劳动力且对国家扶贫政策和依靠自身脱贫致富持积极态度。该类贫困户能自主识别脱贫需求，但缺少脱贫方法的指导，自我市场定位能力和协同合作脱贫意识欠缺。

（2）懒汉型。该类贫困户的特点是生产资料贫乏、有可用劳动力，但不愿通过自身摆脱贫困，主要依靠外部帮扶维持生活。该类贫困户无法整合自身所拥有的资源，不能自主识别脱贫需求，更没有实现脱贫致富的有效方法。

（3）劳动力缺乏型。该类贫困户的特点是有生产资料、劳动力短缺或水平较低，但具有自主脱贫意识。该类贫困户不能有效利用自身所拥有的物质资源，缺乏对自身的市场定位和协同合作意识。

（4）陷入型。该类贫困户的特点是有生产资料、无可用劳动力且无自主脱贫意识。该类贫困户与劳动力缺乏型贫困户的区别是主观上没有脱贫意愿，"等、靠、要"思想长期存在。这类贫困户是扶贫工作的重难点，也是最有必要激发其内生动力的群体。

（5）摆脱型。该类贫困户的特点是有较强的自主脱贫意识，但无可用劳动力和生产资料，属于直接接受国家救济的对象。该类贫困户虽然无可用生计资本，但其对国家的帮扶怀有感恩之心，大多数重视子女教育。

（6）多维型。该类贫困户的特点是既无脱贫能力也无脱贫意识，只能依靠国家救济维持现有生活，多为兜底扶贫对象。受客观条件制约，该类贫困户失去自主脱贫的热情和信心，守旧思想观念固化。

基于前文内容可以发现，影响贫困户内生动力不足的因素之一是系统能力。系统能力是一种脱贫综合能力，按照能力高低可以分为五个层次：第一层为整合自身资源能力，第二层为识别自身脱贫需求能力，第三层为通过简单的分析可以判断自身市场定位能力，第四层为具有脱贫协同合作能力，第五层为实现自我价值能力，具体如图7-3所示。

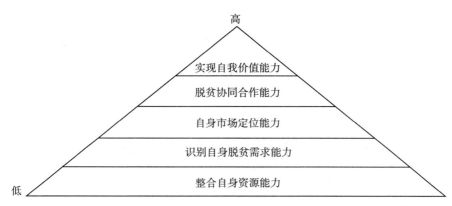

图7-3　贫困户内生动力层次结构图

对于生产资料缺乏型、劳动力缺乏型贫困户，需重点提升其协同合作能力；对于懒汉型、陷入型贫困户，需要从提高整合自身资源能力开始逐层激发内生动力；对于摆脱型、多维型贫困户，应帮助其树立对国家帮扶的感恩之心、阻断贫困代际传递、积极响应国家政策。

二、贫困户内生动力影响因素模糊综合评价模型构建

（一）模糊层次分析法理论基础

层次分析法（Analytic Hierarchy Process，AHP）是美国运筹学家T. L. Saaty教授于20世纪70年代提出的一种系统分析方法，是一种用于分析确定与不确定性、主观与客观的定性与定量相结合的多因素层次权重决策方法。应用此方法，决策者可以将复杂问题分解为若干层次和若干因素，通过数学模型将因素进行一对一的比较和运算，得出不同因素的权重，但由于受主观影响较大，使得权重的确定结果遭到诸多学者的质疑。模糊层次分析法针对事物认识的多样性和判断过程中存在的主观性、不确定性与模糊性，评估专家在构造判断矩阵时，不再要求比较的结果必须介于1/9与9之间的一个确定数字，而采用1个区间数来加以量化，这样就较好地解决了数值描述与实际情况不相符的问题。决策者在进行层次因素排序时，需要对每一个层次上的影响因素进行一对一比较，为了增加结果的可信度，产生了一套统一标准的AHP评价尺度，如表7-3所示。

表 7 - 3　　AHP 评价尺度

标度	含义
1	f_i、f_j 两元素同等重要
3	f_i 元素比 f_j 稍微重要
5	f_i 元素比 f_j 明显重要
7	f_i 元素比 f_j 强烈重要
9	f_i 元素比 f_j 极端重要
2，4，6，8	判断相邻中间情况
倒数	$f_{ij} = 1/f_{ji}$，若因素 f_i 与因素 f_j 的重要性之比为 f_{ij}，则因素 f_j 与因素 f_i 的重要性之比为 f_{ji}

根据 AHP 的 1~9 标度来定义区间数判断矩阵 $A = (a_{ij})_{n \times n}$，其中 $a_{ij} = [a^-, a^+]$ 为区间数，$a_{ji} = 1/a_{ij}$，且 $1/9 \leqslant a^- \leqslant a^+ \leqslant 9$。在整个评价过程中涉及的要素均采用区间数的形式，对每个因素的影响程度进行客观性评价。

（二）基准层影响因素

为确保评价结果的科学性和指导性，邀请 40 位学者、部门管理者和企业家参加问卷调研，结合中国扶贫实际情况，得到内生动力影响因素，如图 7 - 4 所示。

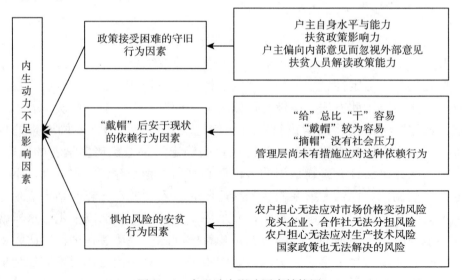

图 7 - 4　内生动力影响因素结构图

1. 政策接受困难的守旧行为因素

贫困人口长期处于贫困状态便形成了一种适应贫困的行为习惯，政府扶贫政策会对其行为习惯产生冲击，这种冲击会使贫困户难以理解扶贫政策的内容和经济效益，接受难度较大，主要表现为不参与、不合作的守旧行为。导致政策接受困难的守旧行为的因素包括户主自身水平与能力、户主偏向内部意见而忽视外部意见、扶贫政策影响力、扶贫人员解读政策能力。

2. "戴帽"后安于现状的依赖行为因素

中国扶贫政策虽然使一部分贫困户增强了自身发展能力并摆脱了贫困，但也使一部分贫困户产生了"等、靠、要"的依赖心理，内生动力不足，表现为农户之间因争当建档立卡贫困户产生矛盾，不愿脱贫、不想脱贫；一些建档立卡贫困户长期依赖政府救济，懒惰懈怠心理较为普遍，返贫风险较大。导致"戴帽"后安于现状的依赖行为的因素主要有"戴帽"较为容易、"摘帽"没有社会压力、"给"总比"干"容易、管理层尚未有措施应对这种依赖行为。

3. 惧怕风险的安贫行为因素

贫困户多处于地理位置偏僻、自然环境恶劣的地区，收入来源主要依靠农业。由于贫困户自身的风险管控能力不足，自然条件、市场价格、农业技术的变动引发的风险会削弱其内生动力，因此贫困户常因惧怕风险而产生抵触扶贫政策的安贫行为。导致惧怕风险的安贫行为的因素包括龙头企业、合作社实际上无法分担风险、农户担心无法应对市场价格变动风险、农户担心无法应对生产技术风险、国家政策也无法解决的风险。

（三）次级指标层影响因素

户主自身水平与能力指贫困户自身的文化水平和体能状况，文化水平多与教育相关，体能状况与贫困户生活环境、医疗卫生条件、先天身体素质等相关。

户主偏向内部意见而忽视外部意见表现为当外部意见与人们的内部意见相矛盾时，人们更愿意选择内部意见。贫困户的内部意见指贫困户根据其所处的环境和个人经历做出的对扶贫项目效果的预测；贫困户的外部意见指已经接受扶贫项目而获得收益的分布情况。

扶贫政策影响力指政府扶贫政策在具体实施过程中可能会因贫困地区地理位置极为偏僻而无法完全覆盖所有贫困人口。

扶贫人员解读政策能力指的是由于扶贫干部在向农户解读扶贫政策时缺乏有效的方法或渠道而降低了贫困户认识和接受政策的意愿。

"戴帽"较为容易指在精准识别贫困户过程中,一些贫困户贫富差距较小,在"戴帽"时更加难以精准识别,扶贫干部迫于农户施加的压力往往会在"戴帽"条件上适当放宽,这就会使农户"戴帽"更为容易。

"摘帽"没有社会压力指部分地方扶贫基层组织对于成功"戴帽"的贫困户缺少跟踪管理,对其退出贫困户行列期限无硬性规定,导致贫困户长期依赖政府帮扶,缺乏内生动力。

"给"总比"干"容易表现为当前仍有部分扶贫基层组织或干部采取直接给钱给物的扶贫模式,而且部分贫困户由于思想保守惧怕风险而更愿意接受直接的物质补助。

管理层尚未有措施应对"戴帽"后安于现状的依赖行为指我国对贫困户进入和退出管理还存在不完善的方面,在贫困户"戴帽"后缺乏激发其内生动力的激励措施。

农户担心无法应对市场价格变动风险指农户在生产经营过程中会依据经验预测未来的农作物价格,当作物价格波动时会对其生产生活产生较大影响。此外,受环境和观念限制,农户无法获取全面的市场价格信息,产生信息不对称风险。

龙头企业、合作社无法分担风险指的是龙头企业和农村合作社的建设尚不完善,应对贫困户返贫风险的能力还需提升。而且,一些农户认为合作社、扶贫带头人或龙头企业等推广的新型生产经营方式风险较大,收益成效不明显,遇到风险还可能造成收入损失。

农户担心无法应对生产技术风险指贫困地区农户大多依靠传统农业生产经营方式维持生活,相比先进的生产工具和技术,他们更愿意选择传统农业生产方式以规避不确定性。

国家政策也无法解决的风险指扶贫政策和措施中不可避免的风险,如自然灾害、贫困户所处地理位置极偏僻等造成的贫困风险,或贫困户因生产经营失败等重大变故导致返贫。

(四)影响因素体系的构建

本节基于侯志茹教授的行为经济学视角下贫困户内生动力不足的内在逻辑理论,结合当前我国扶贫工作特点及存在的问题,建立了内生动力不足影响因素体系,如表7-4所示。

表 7-4　内生动力不足影响因素体系

目标层	基准层	次级指标层
内生动力不足影响因素	政策接受困难的守旧行为因素 R_1	户主自身水平与能力 F_1 扶贫政策影响力 F_2 户主偏向内部意见而忽视外部意见 F_3 扶贫人员解读政策能力 F_4
	"戴帽"后安于现状的依赖行为因素 R_2	"给"总比"干"容易 F_5 "戴帽"较为容易 F_6 "摘帽"没有社会压力 F_7 管理层尚未有措施应对这种依赖行为 F_8
	惧怕风险的安贫行为因素 R_3	农户担心无法应对市场价格变动风险 F_9 龙头企业、合作社实际上无法分担风险 F_{10} 农户担心无法应对生产技术风险 F_{11} 国家政策也无法解决的风险 F_{12}

构建内生动力影响因素指标体系时，首先要依据相关的理论做深入系统的分析，从分析对象的结构、要素和各种因素的逻辑关系入手，得出可能影响内生动力的所有因素。在系统分析的基础上，按照各因素之间的因果、依存、主辅等逻辑关系进行分解，建立层次结构。

（五）贫困户内生动力影响因素模糊综合评价模型构建

1. 区间数单因素排序权重的确定

将区间数模糊判断矩阵 $A = (a_{ij})_{n \times n}$ 分解为两个简单的层次分析矩阵 $A^- = (a_{ij}^-)_{n \times n}$ 和 $A^+ = (a_{ij}^+)_{n \times n}$，然后运用特征根方法计算最大特征根所对应的特征向量 $w^- = (w_1^-, w_2^-, \cdots, w_n^-)$ 和 $w^+ = (w_1^+, w_2^+, \cdots, w_n^+)$，而区间数模糊判断矩阵 A 具有满意一致性的充要条件是存在区间 u_i，使得 $a_{ij} = u_i / u_j$，$i, j = 1, 2, \cdots, n$，考虑到修正系数的具体表达式权重向量的对称性，本节取单因素排序权重的修正系数 $k = \sqrt{\sum\limits_{j=1}^{n} \dfrac{1}{\sum\limits_{i=1}^{n} a_{ij}^+}}$ 和 $m =$

$\sqrt{\sum\limits_{j=1}^{n} \dfrac{1}{\sum\limits_{i=1}^{n} a_{ij}^-}}$，得出区间数模糊判断矩阵的单因素权重向量 $w = [kw^-, mw^+]$。

对于 $A = [A^-, A^+]$，如果 λ^-，λ^+ 分别是 A^-，A^+ 的最大特征值，则

$\lambda = [\lambda^-, \lambda^+]$ 为 A 的最大特征值；$w = [kw^-, mw^+] = (w_1, w_2, \cdots, w_n)^T$ 是 A 对应于 λ 的全体特征向量，也是区间数模糊判断矩阵的单因素权重。

2. 区间数综合评价排序权重的确定

层次分析法的综合权重就是因素层指标对目标层的综合权重。通过各层判断矩阵得到局部权重，通过 $w_i^{k+1} = \sum\limits_{j=1}^{n} w_j^k w_{ij}^k$，$i = 1, 2, \cdots, m$，计算上一层属性的权重（其中，$m$ 为方案个数，w_i^{k+1} 为方案 i 对层次结构中第 $k+1$ 层某属性的方案权重，m 为某属性的子属性的个数，w_j^k 为 A 在第 k 层的子属性 j 的权重，w_{ij}^k 为 i 方案对子属性 j 的方案权重）。

3. 区间数综合评价排序权重的修正

由于区间数模糊层次分析中综合排序权重的确定是经过区间数的乘法运算实现的，由此得到的综合排序权重也是区间数。为了防止评价结果区间数发散，首先对区间数的综合评价排序权重进行修正，再进行模糊综合评价。设 $a_i = [a_i^-, a_i^+]$ 为区间层次分析中的综合排序权重，对它们进行一对一比较，利用可能度公式 $p(a \geqslant b) = \min\left\{\max\left(\dfrac{a^+ - b^-}{L(a) + L(b)}, 0\right), 1\right\}$，其中 $a = [a^-, a^+]$，$b = [b^-, b^+]$，且 $L(a) = a^+ - a^-$，$L(b) = b^+ - b^-$。

利用排序公式 $w_i = \dfrac{1}{n(n-1)}\left(\sum\limits_{i=1}^{n} p_{ij} + \dfrac{n}{2} - 1\right)$，$i = 1, 2, \cdots, n$，得出可能度矩阵 p 的排序向量 $w = (w_1, w_2, \cdots, w_n)^T$，$w$ 即为区间数模糊判断矩阵综合排序权重的修正值。

三、贫困户内生动力影响因素排序

（一）次级指标层影响因素排序的确定

根据调查问卷专家给出的权重数据，得出政策接受困难的守旧行为因素 R_1 的次级指标层判断矩阵为 $A = \begin{pmatrix} [1,1] & [3,\frac{7}{2}] & [\frac{2}{7},\frac{1}{3}] & [\frac{3}{2},\frac{7}{4}] \\ [\frac{2}{7},\frac{1}{3}] & [1,1] & [\frac{1}{7},\frac{1}{6}] & [\frac{1}{2},\frac{2}{3}] \\ [3,\frac{7}{2}] & [6,7] & [1,1] & [\frac{9}{2},5] \\ [\frac{4}{7},\frac{2}{3}] & [\frac{3}{2},2] & [\frac{1}{5},\frac{2}{9}] & [1,1] \end{pmatrix}$，

将其分解为两个简单的 AHP 矩阵 $A^- = (a_{ij}^-)_{n \times n}$ 和 $A^+ = (a_{ij}^+)_{n \times n}$，

$$A^- = \begin{bmatrix} 1 & 3 & 2/7 & 3/2 \\ 2/7 & 1 & 1/7 & 1/2 \\ 3 & 6 & 1 & 9/2 \\ 4/7 & 3/2 & 1/5 & 1 \end{bmatrix}, A^+ = \begin{bmatrix} 1 & 7/2 & 1/3 & 7/4 \\ 1/3 & 1 & 1/6 & 2/3 \\ 7/2 & 7 & 1 & 5 \\ 2/3 & 2 & 2/9 & 1 \end{bmatrix},$$

由公式计算得到权重向量：

$w^- = (0.1915, 0.0680, 0.5395, 0.1157)^{\mathrm{T}}$

$w^+ = (0.1998, 0.0733, 0.5559, 0.1233)^{\mathrm{T}}$

$k = 0.9146$，$m = 0.9523$，

根据 $w = [kw^-, mw^+]$，最后计算得出政策接受困难的守旧行为因素 R_1 的单因素评价权重，如表 7-5 所示。

表 7-5　政策接受困难的守旧行为因素 R_1 的评价权重

R_1	F_1	F_2	F_3	F_4	k/m	单因素评价权重
F_1	[1, 1]	[3, 7/2]	[2/7, 1/3]	[3/2, 7/4]		[0.1915, 0.1998]
F_2	[2/7, 1/3]	[1, 1]	[1/7, 1/6]	[1/2, 2/3]	0.9146/	[0.0680, 0.0733]
F_3	[3, 7/2]	[6, 7]	[1, 1]	[9/2, 5]	0.9523	[0.5395, 0.5559]
F_4	[4/7, 2/3]	[3/2, 2]	[1/5, 2/9]	[1, 1]		[0.1157, 0.1233]

由表 7-5 中单因素评价权重区间数值大小可知，在政策接受困难的守旧行为因素 R_1 下的次级指标层影响因素中，户主偏向内部意见而忽视外部意见 F_3 的影响权重最高，为 [0.5395, 0.5559]。户主自身水平与能力 F_1、扶贫政策影响力 F_2、户主偏向内部意见而忽视外部意见 F_3、扶贫人员解读政策能力 F_4 的权重排序为：$F_3 > F_1 > F_4 > F_2$。

运用上述计算原理可依次得到"戴帽"后安于现状的依赖行为因素 R_2、惧怕风险的安贫行为因素 R_3 的单因素评价权重，如表 7-6、表 7-7 所示。

表 7-6　"戴帽"后安于现状的依赖行为因素 R_2 的评价权重

R_2	F_5	F_6	F_7	F_8	k/m	单因素评价权重
F_5	[1, 1]	[3/5, 3/4]	[3/2, 2]	[3, 7/2]		[0.2795, 0.3062]
F_6	[4/3, 5/3]	[1, 1]	[3, 7/2]	[9/2, 5]	0.966 4/	[0.4491, 0.4701]
F_7	[1/2, 2/3]	[2/7, 1/3]	[1, 1]	[4/3, 5/3]	1.032 3	[0.1440, 0.1578]
F_8	[2/7, 1/3]	[1/5, 2/9]	[3/5, 3/4]	[1, 1]		[0.0938, 0.0982]

表 7-7　惧怕风险的安贫行为因素 R_3 的评价权重

R_3	F_9	F_{10}	F_{11}	F_{12}	k/m	单因素评价权重
F_9	[1，1]	[5/8，2/3]	[5/4，3/2]	[2，5/2]		[0.2522，0.2671]
F_{10}	[3/2，8/5]	[1，1]	[3，7/2]	[7/2，4]	0.976 3/	[0.4494，0.4621]
F_{11}	[2/3，4/5]	[2/7，1/3]	[1，1]	[4/3，3/2]	1.019 7	[0.1601，0.1689]
F_{12}	[2/5，1/2]	[1/4，2/7]	[2/3，3/4]	[1，1]		[0.1146，0.1215]

由表可知，"戴帽"后安于现状的依赖行为因素 R_2 下的次级指标"给"总比"干"容易 F_5、"戴帽"较为容易 F_6、"摘帽"没有社会压力 F_7、管理层尚未有措施应对这种依赖行为 F_8 的权重排序为：$F_6 > F_5 > F_7 > F_8$，可见"戴帽"较为容易 F_6 是单因素指标 R_2 最重要的影响因素；惧怕风险的安贫行为因素 R_3 下的次级指标农户担心无法应对市场价格变动风险 F_9、龙头企业、合作社实际上无法分担风险 F_{10}、农户担心无法应对生产技术风险 F_{11}、国家政策也无法解决的风险 F_{12} 的权重排序为：$F_{10} > F_9 > F_{11} > F_{12}$，可见龙头企业、合作社实际上无法分担风险是指标 R_3 的重要影响因素。

（二）基准层影响因素排序的确定

依据确定次级指标层影响因素权重的计算原理，可得到基准层影响因素的评价权重，如表 7-8 所示。

表 7-8　基准层影响因素的评价权重

基准层	R_1	R_2	R_3	k/m	单因素评价权重
R_1	[1，1]	[2/5，1/2]	[4/3，5/3]		[0.2466，0.2660]
R_2	[2，5/2]	[1，1]	[3，7/2]	0.971 0/1.026 4	[0.5527，0.5824]
R_3	[3/5，3/4]	[2/7，1/3]	[1，1]		[0.1717，0.1780]

由基准层单因素评价权重的区间数大小可以看出，"戴帽"后安于现状的依赖行为因素对内生动力的影响权重为 [0.5527，0.5824]，可见该因素对内生动力不足的影响较政策接受困难的守旧行为因素 R_1 和惧怕风险的安贫行为因素 R_3 两个因素都大，因此是基准层的重要影响因素。

（三）影响因素的综合评价权重排序及修正值

根据上文所述模糊层次分析法计算过程和次级指标层、基准层的评价权重结果，可得出影响因素的综合评价权重排序及其修正值，如表7-9所示。

表7-9 综合评价权重排序及修正值

目标层	基准层		次级指标层		综合评价权重	
因素	因素	单因素评价权重	因素	单因素评价权重	综合评价权重	权重修正值
内生动力不足影响因素	R_1	[0.2466, 0.2660]	F_1	[0.1915, 0.1998]	[0.0472, 0.0531]	0.0839
			F_2	[0.0680, 0.0733]	[0.0168, 0.0195]	0.0455
			F_3	[0.5395, 0.5559]	[0.1331, 0.1479]	0.1136
			F_4	[0.1157, 0.1233]	[0.0285, 0.0328]	0.0665
	R_2	[0.5527, 0.5824]	F_5	[0.2795, 0.3062]	[0.1545, 0.1783]	0.1212
			F_6	[0.4491, 0.4701]	[0.2482, 0.2738]	0.1288
			F_7	[0.1440, 0.1578]	[0.0796, 0.0919]	0.1049
			F_8	[0.0938, 0.0982]	[0.0518, 0.0572]	0.0900
	R_3	[0.1717, 0.1780]	F_9	[0.2522, 0.2671]	[0.0433, 0.0476]	0.0760
			F_{10}	[0.4494, 0.4621]	[0.0772, 0.0823]	0.0997
			F_{11}	[0.1601, 0.1689]	[0.0275, 0.0301]	0.0623
			F_{12}	[0.1146, 0.1215]	[0.0197, 0.0216]	0.0530

由表7-9中12个次级指标层的权重修正值大小可以判断，多数关键影响因素来自于"戴帽"后安于现状的依赖行为因素，可见这些因素对内生动力不足的影响较大，其中次级指标"戴帽"较为容易是内生动力不足的关键影响因素。此外，政策接受困难的守旧行为因素的次级指标户主偏向内部意见而忽视外部意见是内生动力不足的关键影响因素。惧怕风险的安贫行为因素的次级指标龙头企业、合作社实际上无法分担风险是内生动力不足的关键影响因素。

四、结论与建议

(一) 结论

1. 贫困户"戴帽"后安于现状的依赖行为是内生动力不足的关键影响因素

建档立卡贫困户在获得政府帮扶的同时易产生懒惰懈怠的心理和行为，还会使其更多依靠外部帮扶，扶贫基层组织采取给钱给物同样不利于激发贫困户内生动力。同时，贫困户"摘帽"没有外界压力，没有完善的退出贫困户行列的期限要求，会使一些贫困户失去危机意识。此外，国家通过产业奖补、就业培训等方式鼓励贫困户依靠自身脱贫致富的经验仍无法普及到所有贫困地区，对依赖政府帮扶的问题尚未形成较完善的应对策略。

2. "戴帽"较为容易、"给"总比"干"容易及户主偏向内部意见而忽视外部意见是内生动力不足的关键影响因素

由表 7-9 可以看出，"戴帽"较为容易、"给"总比"干"容易、户主偏向内部意见而忽视外部意见 3 个影响因素在所有次级指标中居于前 3 位。一些贫困户由于"戴帽"较为容易而产生消极懈怠心理，长此以往就会削弱内生动力。同时，以物质帮扶为主的扶贫措施仍然较普遍，贫困户也在长期接受帮扶的过程中"等、靠、要"思想逐渐固化。此外，贫困户通常会比较内部和外部意见，其更愿意凭借自身经验简单判断，这就会使贫困户忽视或放弃采纳成功的脱贫经验。

(二) 建议

1. 规范贫困户"戴帽""摘帽"管理制度，抑制安于现状的依赖行为

首先，逐步完善对"戴帽"贫困户的识别和考核方案，多种方式提高贫困户主体责任，如"戴帽"贫困户要起到榜样带头作用，积极发展产业等。其次，完善对"戴帽""摘帽"贫困户的监督管理机制，对"摘帽"后由于等靠要现象而返贫的概率进行预测，并根据预测结果锚定具有依赖行为的贫困户。最后，邀请"戴帽"贫困户在设定情景下就自身返贫后可能产生的问题及如何预防返贫发言，以假设逆境情景和预测自身行为的方式引导贫困户提升危机意识。

2. 进一步转变政府帮扶方式，引导贫困户采用外部意见

首先，转变政府帮扶方式，引导贫困户通过自身劳动和参与当地产业脱贫致富。政府和地方扶贫干部可通过图片、视频等易被理解的方式向贫困户讲解扶贫政策，提高其接受意愿。其次应将扶贫项目与贫困户当下生产经营方式进行优劣综合对比，引导贫困户更多接受扶贫政策。最后应向贫困户说明扶贫项目的实施效果预测，使其了解项目成本和收益，规避不确定风险。此外，可优先帮助部分贫困户脱贫，加强宣传，发挥成功经验的辐射作用，进而帮助贫困群体脱贫。

3. 依据贫困户类型采取针对性的激发内生动力扶贫措施

贫困户内生动力具有异质性，前文中将贫困户划分为六种类型：生产资料缺乏型、懒汉型、劳动力缺乏型、陷入型、摆脱型、多维型，针对不同层次的贫困户应采取分类施策、分类指导，以达到精准帮扶、精准脱贫的效果。例如，懒汉型贫困户虽有可用劳动力但内生动力不足，对此类贫困户应重点通过激发其内生动力引导自主择业，通过劳动脱贫致富。未来扶贫工作中应聚焦贫困户主体差异性，满足不同类型贫困户需求，进一步提升扶贫效益。

第四节　贫困户减贫能力建设现状及存在的问题

一、贫困户减贫能力建设内涵

在研究贫困户减贫问题时，内生动力仅是其中的一个重要方面，内生动力是激励贫困户脱贫的内在动力，而贫困户能否实现脱贫致富还受到其自身知识水平、素质、能力等因素的影响，只有将激发贫困户内生动力与提高自身知识素养及发展能力充分结合，使之发挥协同作用，才能达到减贫效果，提高减贫的可持续性。贫困人口发展能力是一种内生的、持续发展变化的能力，在人的发展中占据根本地位。能力建设是提升发展能力的重要手段，加强贫困人口能力建设是减贫工作的核心。随着中国扶贫政策的日臻完善，提升贫困群体发展能力是今后扶贫工作需要应对的重点难点问题。

二、贫困户减贫能力建设理论

（一）马克思的能力理论

马克思认为，人能够通过能动的认识活动和改造活动充分利用自身潜能和人身之外的自然力量实现个人发展。在这个过程中，将影响人的发展过程的因素分为两个方面：一是包括个体的主观能动性的内部因素，二是包括个体之外的物质资源、社会资源等的外部因素。人的主观能动性是影响能力发展的重要内在条件，它将主体与客体、个体与社会、人的内部和外部联结起来，促使人的内在潜能转化为现实行动。同时，较高的生产水平和充足的物质资源是个体能力发展的基本前提，丰富全面的社会关系是个体能力发展的必要条件。

（二）阿玛蒂亚·森的可行能力理论

20世纪90年代，阿玛蒂亚·森提出了可行能力理论，他构建了一个新的基于能力的发展观，为研究贫困产生的问题提供了新的视角。阿玛蒂亚·森改变了以往将收入和资源占有的多寡作为衡量贫富的标准，他认为经济收入低只是贫困的表象，更深层次的原因是人们失去选择"自己有理由珍视的那种生活"的能力，即可行能力的缺失。他认为能力指一系列功能和能力的集合，这些能力包括健康长寿能力、获得技术和劳动能力等。该理论的贡献在于解决贫困问题的方式不是单纯依靠财政补助和社会救济，而是提升贫困个体的能力和素质。

三、贫困户减贫能力建设存在的问题

（一）科学知识与技能运用能力建设不足

科学知识与技能运用能力是衡量生产力水平的标准之一，体现了个体对自然、社会资源的控制能力。贫困人口科学知识与技能运用能力建设不足表现在：第一，地区经济发展水平可以反映其科学知识与技能运用能力平均水平。中国绝大部分贫困人口地处相对偏僻、封闭地区，经济发展水平落后，贫困人口科学知识与技能运用能力普遍偏弱。第二，三大产业从业人员的比例关系也可反映群体科学知识与技能运用能力的水平。例如中国某少数民族地区，从事第一产业劳动力人口占总人口的比重达82.6%，说明该地区群体科学知识与技能运用能力偏弱。第三，针对贫困劳动力的技能培训质量有待提高。如培训结束后学员仍无法满足岗位需求，无法从事较高技能的工作。

（二）社会资源获取能力建设不足

社会资源主要包括教育资源、就业资源、信息资源等。在教育资源获取方面，贫困人口获取高层次教育资源的能力较为薄弱；在就业资源获取方面，贫困人口虽然就业意识积极，但获取就业资源的能力有限。此外，部分地区开展的就业培训与当地市场岗位需求不匹配，导致贫困人口在接受培训后仍不能满足岗位需要；在信息资源获取方面，目前中国大部分贫困地区仍采用传统会议、宣讲、印发宣传册等方式开展扶贫工作，扶贫干部运用大数据和新媒体支持扶贫工作的能力较低，贫困地区有效信息供给不足、平台承载力较差、整体规划和信息采集机制规范化建设仍需不断完善。

（三）社会适应能力建设不足

社会适应能力指个体为满足生存需要而与外部环境发生作用的能力，即个体对复杂多变社会环境做出适合生存的反应能力。大部分贫困人口开始时都难以适应城市社会环境，表现为以下几点：第一，部分贫困人口开始会出现不适应城市工作节奏的问题，主要是因为农村的慢节奏生活与城市快节奏生活产生冲突。此外，部分贫困人口可能会不适应公司个别管理措施。第二，部分少数民族地区贫困人口法律意识较欠缺，不习惯城市的一些法律制度。而且，由于他们缺乏维权意识，不熟悉法律援助、依法维权渠道，易发生维权风险。第三，由于贫困地区和城市社会文化环境有较大差异，贫困人口需要一段时间接受并适应市场竞争文化、消费文化等城市文化。

（四）市场适应能力建设不足

首先，贫困劳动力由于生长环境的影响，知识水平仍较低，加之多数贫困劳动力从事简单工作，其应用互联网解决问题的能力较弱，因此在适应市场环境方面处于弱势。其次，贫困劳动力在获取和处理市场信息时存在滞后性、盲目性问题，由于缺乏科学引导，他们获取信息的渠道、方法以及分析和处理信息的能力明显不足。最后，一些贫困劳动力参加就业技能培训后仍然不能满足企业用工条件而面临失业的风险。

（五）贫困户识别自身脱贫需求能力建设不足

在中国的扶贫实践中已经明确了对贫困户的识别和退出管理，但对于贫困户识别自身脱贫需求的问题同样需要重视。贫困户仅限于接受外部帮扶或发展产业或到县城打工，而对其识别自身脱贫需求、结合自身实际选择科学合理的脱贫致富方法缺乏精准指导。此外，在开展扶贫工作过程中缺少对贫困户脱贫需求的识别和监测，扶贫干部运用大数据技术分析和处理信息的能力需进一步提升。

第五节　激发内生动力与能力建设大扶贫经验

一、瞄准贫困户类型及需求精准帮扶

一是瞄准扶贫工作的需求端，针对不同层次和类型的贫困户采取分类施策、分类指导，更多满足贫困户实际需求，提升扶贫效益。二是转变政府帮扶方式，引导贫困户通过自身劳动和参与当地产业脱贫致富。向贫困户讲清扶贫产业和成功经验的具体内容以及对在当地应用效果的预测，注重保障性政策的宣传和落实，减少贫困户的不确定性风险。

二、拓宽贫困户参与扶贫的渠道和方式

首先，整合扶贫项目和优惠政策，制作"政策项目菜单"，贫困户自主选择、申报产业项目，有关部门和帮扶责任人跟踪指导、服务，尊重贫困户需求，确保产业项目到户到人。其次，引导贫困户参与项目监督。选拔贫困户担任项目监督组成员，全程监督项目进程；引导贫困户参与项目验收，提升其价值感和参与感。最后，完善"戴帽""摘帽"贫困户监督管理机制，通过监测预警和邀请贫困户讨论诸如防止返贫风险等情景假设方式抑制其安于现状的依赖行为。

三、提升贫困户资源获取能力和环境适应能力

进一步提升贫困劳动力获取资源的能力，贫困农村和城市应双向联动，进一步完善针对贫困劳动力的子女教育、就业技能培训、市场就业、社会保障等政策，通过就业宣讲、农村产业合作社、贫困户介绍等方式帮助贫困户获取市场和社会资源。此外，加大对贫困劳动力合法权益的法律和制度保障，提高其法律意识，引导其维护自身合法权益；企业应营造相互尊重、互助和谐的工作氛围，尊重和保护贫困劳动力正当需求，帮助其提高环境适应力。

四、提高劳动技能培训的精准性

开展针对性的职业技能培训。围绕发展富民产业，形成定向培训、订

单培训、实用技能培训、电商业务培训与就业创业相结合的培训模式，使有脱贫能力和意愿的贫困户每人至少掌握一门劳动技能或种养殖技术，实现就业一人，脱贫一人。此外，建立"扶上马、送一程"的三年脱贫后续扶持机制，及时减少贫困户脱贫发展顾虑，跟踪解决实际问题，让贫困户成长为有本领、懂技术、会经营、肯实干的劳动者，全面提高自我发展能力和素质。

五、推动贫困地区移风易俗和文化建设

一是建立村规民约，通过开展文明乡村建设、文明贫困户评选和榜样宣讲等活动引导贫困户树立文明意识，改变陈规陋习，提升脱贫精气神。二是合理简化贫困地区文化习俗，引导贫困户从简办理"红白事"，避免"因婚致贫""因丧返贫"等问题。同时应设立纠纷调解机构，解决贫困户纠纷和矛盾，建设和谐农村。三是努力挖掘本地特色文化，开展文化教育宣传，推动建立文化品牌，增强贫困户文化自信，进而激发其内生动力。

六、发挥基层党组织建设作用

一是选优配强村领导班子及村组干部，充分利用"第一书记"和驻村工作队，抓好村领导班子建设，加强党员干部宗旨意识、责任意识教育。二是激发贫困户从"要我脱贫"的被动脱贫观念向"我要脱贫"的自主脱贫观念转变。充分利用"村规民约"，形成以争当贫困户为耻、懒惰为耻的风气。三是对贫困劳动力进行技能培训，坚定脱贫信心，发展好教育，确保贫困家庭子女接受基础教育，阻断贫困代际传递。

七、提升基层干部扶贫能力

组织乡（镇）贫困村的村支两委班子和扶贫专干开展轮训和外出参观学习，提升素质，增长才干，使他们成为脱贫致富"带头人""领头雁"，发挥脱贫攻坚示范引领作用。提高扶贫干部基层治理能力，团结贫困户助力脱贫致富。同时，开展干部走亲结对活动，各级干部和驻村工作队深入群众家中、深入田间地头，向贫困户讲政策、讲成果，切实解决贫困户实际困难和问题。建设一支懂农村、懂经营、有公心的基层两委干部队伍。

主要参考文献

[1] 阿玛蒂亚·森. 以自由看待发展 [M]. 北京：中国人民大学出版社，2013：85.

[2] 方珂，蒋卓余. 生计风险、可行能力与贫困群体的能力建设——基于农业扶贫的三个案例 [J]. 社会保障研究，2019（1）：86-95.

[3] 龚毓烨. 新时代下大扶贫格局的构建 [J]. 社会学，2018（9）：61-69.

[4] 侯志茹，郭玉鑫，吴本健. 行为经济学视角下贫困户内生动力不足的内在逻辑 [J]. 东北师大学报（哲学社会科学版），2019（3）：170-176.

[5] 黄承伟. 激发内生脱贫动力的理论与实践 [J]. 广西民族大学学报（哲学社会科学版），2019，41（1）：44-50.

[6] 李莹莹，赵艳霞，尹景瑞. 贫困户内生动力的深度挖掘与持续作用研究 [J]. 华北理工大学学报（社会科学版），2018，18（6）：53-59.

[7] 梁伟军，谢若扬. 能力贫困视阈下的扶贫移民可持续脱贫能力建设研究 [J]. 华中农业大学学报（社会科学版），2019（4）：105-114.

[8] 刘昕华. 精准脱贫方略下革命老区贫困人口自我发展能力研究 [D]. 成都：西南民族大学，2017.

[9] 马克思，恩格斯. 马克思恩格斯文集（第五卷）[M]. 北京：人民出版社，2009：208.

[10] 马克思，恩格斯. 马克思恩格斯选集（第二卷）[M]. 北京：人民出版社，2012：169.

[11] 曲海燕. 激发贫困人口内生动力的现实困境与实现路径 [J]. 农林经济管理学报，2019，18（2）：216-223.

[12] 张伟. 全面建成小康社会视域下贫困人口自我发展能力建设途径研究 [D]. 成都：西南石油大学，2017.

[13] 中共扎鲁特旗委员会，扎鲁特旗人民政府. 利用"议贫会"扩大贫困人口参与——扎鲁特旗"百姓议贫会"案例 [DB/OL]. http：//south. iprcc. org/#/casestudies/caselist？id＝244，2019-10-28.

>>> 第八章 国际扶贫减贫经验比较

绝对贫困主要发生在发展中国家，相对贫困主要发生在发达国家。虽然全球贫困已大大减少，但它仍然是造成健康不良和健康不平等的根本原因。本章从国际视角，选择印度、墨西哥探索发展中国家如何消除绝对贫困问题；选择俄罗斯、巴西探索中等收入国家如何同时解决绝对贫困和相对贫困两类贫困问题；选择美国、英国和日本探索发达国家如何解决相对贫困问题。不同类型的国家经济发展水平、社会制度等背景存在差异，但在解决贫困问题做法和经验等方面具有共性，如增加社会保障及福利项目，重视教育问题，组合式减贫政策解决区域性贫困，保障基本医疗救助，制定科学的贫困线，不断完善社会保障体系，注重基础教育及职业培训，重视农业技术知识及管理经验的分享和注重收入分配制度的公平性等。这些比较研究，对中国或全球持续解决贫困问题是有所启示和帮助的。

第一节 绝对贫困与相对贫困

贫困可以分为绝对贫困和相对贫困，并表现出各自特征。不同国家由于经济发展水平不同，不同阶层享用经济发展成果不同，绝对贫困和相对贫困存在比例和表现形式也不同。

一、绝对贫困及其特征

绝对贫困是指停留在物质层面上的贫困，可以理解为物质上的匮乏，缺乏维持身体健康的基本生活需求，如食物、衣物和住所。绝对贫困的特征主要表现在：①必需品的缺乏而导致生存受到威胁，这些必需品通常是指维持生存的物质，如食品、住房及衣服等。②由于收入极低，难以满足人类在衣食住行等方面的基本消费。③由于生产资料的缺乏，难以维持简单再生产，更难以扩大再生产，从而陷入"贫困循环"之中。

二、相对贫困及其特征

相对贫困是相比较而言的贫困，是建立在与其他一般性的个体或家庭的生活情况相比较的基础上的，指的是依靠个人或家庭所得虽然能维持其基本生活保障，但无法满足在当地条件下被认为是最基本的其他生活需求的状态。相对贫困是一个发展性的贫困概念，目前被发达国家广泛采用，用来描述在某一收入水平线状态下的居民实际生活状态与其所处社会环境中平均生活水平之间差别的量化，描述的是不同社会成员的收入差距和分配上的不均等，如英国的贫困标准为"收入中位数的60％"，而美国则为"纯食品支出超过总支出1/3"。相对贫困的主要特征表现在：①相对贫困是一种主观判断，是社会上多数人对于较低生活水平的一定确认。有的国家以全国人均收入的一定比例作为贫困标准，而有的国家则以中位收入水平的一定比例作为贫困标准。②相对贫困具有历史动态性。随着不同时期的社会生产力和生活方式的变化，贫困标准也有很大差别。③相对贫困具有长期性。相对贫困实质是不平等，只要社会存在不平等，就存在相对贫困。在现实上，不平等是常态，因而相对贫困也将普遍存在。

第二节　发展中国家消除绝对贫困经验

通过对尚未解决绝对贫困的印度和墨西哥的扶贫减贫实践进行比较，来对发展中国家的绝对贫困问题进行更加深入的了解，从而总结更加有效的扶贫减贫经验，更有效地避免返贫和其他形式贫困的出现。

一、发展中国家贫困标准设定及贫困现状

（一）印度贫困标准设定及贫困现状

2014年5月，纳伦德拉·莫迪执政后，印度政府对其贫困标准进行了调整，把农村贫困线上调至一天的生活费为32卢比（53美分）、城市贫困线定为47卢比（78美分）。按照该标准，印度2013—2014年度贫困人口为3.63亿，占印度总人口的29.5％，比按照原标准计算的贫困人口

上升近 35%。

印度是南亚次大陆最大的国家，国土面积 298 万平方千米，截至 2019 年，印度人口达到 13.24 亿人，仅次于中国，是世界第二人口大国。2014 年，印度贫困人口为 3.63 亿，贫困发生率为 29.5%。印度 2010 年财政扶贫投入总额为 286 亿美元，占财政支出的 9.8%，占 GDP 的 2%。据联合国开发计划署公布的 2019 年全球多维贫困指数（MPI）发现，印度约有 6.45 亿（55.4%）处于贫困线以下，即使不以经济收入来解析印度的贫困，从婴儿和产妇死亡率、识字水平、性别不平等等方面研究，印度仍表现出"极度贫困"。

（二）墨西哥贫困标准设定及贫困现状

墨西哥是第一个采用官方多维贫困衡量标准的国家。除考虑缺乏经济资源外，该指数还包括社会政策必须解决的其他方面。墨西哥采用多维度衡量贫困，通过以下 8 个指标识别和衡量贫困：家庭人均收入、教育差距、获得卫生服务、获得社会保障、住宅的质量和空间、获得基本住宅服务、获得食物和社会网络关系。

作为一个新兴国家，墨西哥近年来发展迅速，但仍在经济发展中存在着现代化与贫困并存的两极分化现象。2008—2018 年间，在经济长期停滞的情况下，墨西哥政府的努力使国内贫困人口减少了 2.5%，贫困率从 44.4% 下降到 41.9%。其中极端贫困人口也减少了 3.6%，即减少了约 300 万人。然而在一篇题为《新冠肺炎疫情背景下的社会政策》的报告中，墨西哥国家社会发展政策评估委员会提出，新冠肺炎疫情很有可能造成两种情况：一是墨西哥平均收入减少 5%；二是城市贫困人口加速增长。墨西哥国内的贫困率可能由 2018 年的 48.8% 上升至 56%，甚至 56.7%，即墨西哥将有 7 000 万左右的人口基本生活需求难以得到满足。

二、发展中国家贫困特点

（一）印度贫困特点

根据联合国开发计划署 2018 年发布的《可持续发展目标报告》，印度取得了重大进展，在 2005/2006—2015/2016 年度间，印度的多维贫困发生率几乎减半，降至 27.5%。根据 2018 年全球多维贫困指数报告，该比率为 54.7%。十年之内，印度的贫困人口减少了超过 2.71 亿（从 6.35 亿降至 3.64 亿），但其贫困问题仍然突出。

（1）高人口增长率是印度贫困的主要原因之一。马尔萨斯在其"人口贫困论"中认为，一个社会的人口繁殖速度超过粮食增长速度就会自然而然地产生贫困问题。印度是仅次于中国的第二人口大国，高人口增长率也进一步导致了较高的文盲率，较差的卫生保健设施以及无法获得财务资源的情况下，人口的高速增长严重影响了人均收入，并使人均收入更低。预计到 2026 年印度人口将达到 15 亿，届时印度将成为世界上人口最多的国家。

（2）区域性贫困明显。在印度约 60％的穷人仍然居住在比哈尔邦、贾坎德邦、奥里萨邦、中央邦、查蒂斯加尔邦、北方邦和北阿坎德邦。这些州被列为最贫穷州的原因是因为 85％的部落居民居住在那里。这些地区大多容易发生自然灾害，在很大程度上阻碍了农业发展，造成许多农村地区非常贫穷，甚至缺乏卫生、通讯和教育等基础设施，贫困现象普遍严重。

（3）儿童贫困严重。据世界银行（World Bank）估计，印度是儿童营养不良人数排名最高的国家之一。在国际食品研究所发布的《2018 年全球饥饿指数报告》，印度在全球饥饿指数（GHI）中排名第 103 位。尽管印度的粮食生产并不短缺，但印度体重过轻的人仍然是 35.8％的 5 岁以下儿童。

（二）墨西哥贫困特点

尽管许多拉丁美洲国家已设法大大减少了本国的贫困水平，但墨西哥仍是为解决这一社会问题而奋斗的少数国家之一。其主要贫困特点包括：

（1）财富的分配不均问题。包括社会援助和经济机会的不平等现象严重。墨西哥贫困阶级之间的经济不平等、失业以及许多工作中的低收入都和人口增长有一定的关系。

（2）创业的困难问题。创业所需时间周期长，企业注册的行政管理及税收制度的复杂性，雇佣和解雇工人的繁琐规则，这些都是创业困难的最大原因。这些都是人为的障碍，增加了墨西哥贫困，助长了更多的剥削和非法活动。

（3）不良投资的问题。单靠社会支出是不够的，墨西哥政府没有重视投资于那些刺激经济竞争力、促进教育和技术准备（即技术采用的成熟度）的项目。

三、发展中国家主要减贫措施

(一) 印度主要减贫措施

印度扶贫战略经历了几次转变。20 世纪中期强调经济增长对减轻贫困、改善生活质量的重要意义；70 年代则将战略重点转向直接为贫困人口提供医疗、卫生、营养和教育服务；90 年代后则侧重于强调"发展与公正"并重。印度的减贫措施主要涉及农业、教育医疗。

1. 农村综合发展和就业计划

印度政府通过开展和实施一些具体的计划和政策，扶助少部分小农、边际农和无地农，提供生产资料和其他生产投入物，达到消除贫困的目的。一是 1979 年实施的"农村综合发展计划"（IRDP）于 1980 年启动，其目标是全面推动农村贫困人口发展。通过 IRDP 强调了自营职业（即中央和邦政府各提供 50％资金，向贫困人口提供补助或贷款，供应种子、化肥、农药等相关技术服务，投资兴修水利设施、开办职业培训，并成立小型农村工业，以增加就业机会）。二是 1989 年实施的"贾瓦哈尔就业计划"（即中央和邦政府各出资 80％和 20％，为贫困群体创造修建住房以及挖掘水井等就业机会）。2019 年印度投入约 157 亿美元用于支持农村基础设施建设和贫困家庭，提高稻米和其他农作物的价格。

2. 加大对社会安全网的投入

社会安全网包括社会保障计划，基本生活必需品补贴计划，免费的义务教育和医疗计划等。印度中央政府从 1997 年开始实施了一种最大的国家安全网计划，以补贴价格向消费者提供必需的日用品，如大米和小麦，以及食糖、食用油和粗粮等产品。各邦政府以低于印度食品公司（FCI）经济成本的中央发行价格向 FCI 购买粮食，这些购买来的粮食通过大约 47.5 万个私人零售商店（也叫做平价商店）网络出售给全国的消费者。

3. 振兴经济计划

2014 年 5 月，印度政府出台了振兴经济的五年施政计划。一是加强基础设施建设。印度政府承诺通过加强公共部门和私人领域的合作，大幅整改印度的基础设施、建立民用核电项目、创建 100 个有现代化通讯设施的智慧城市、建造高速铁路网络。二是改善民生。政府承诺建立一个全民可负担的医疗保健体系，改善公共卫生状况，让厕所普及到每一个家庭；改善教育设施，让每所学校都能使用互联网。三是开展"印度创业"计划。印度政府将在未来 4 年内设立一项总额达 1 000 亿卢比（1 美元约合 68 卢比）的基金，用于支持制造业、农业、卫生和教育等领域的创业项目，同时还将设立一个信贷保障机制，协助创业公司从金融机构获得信贷。

（二）墨西哥主要减贫措施

为了消除贫困，不断缩小贫富差距，保证和提高人民的基本生活水平，墨西哥政府实施了多项减贫措施。

1. 机会计划

为了使贫困人口获得经济上的支持和帮助，墨西哥政府于 2002 年设立"机会计划"，2003 年开始实施，旨在通过有条件现金转移支付为贫困家庭提供食品、健康和教育等支持。在食品支持方面给予每个家庭 19 美元，还包括一个辅助的营养项目，即向所有 5 岁以下的儿童、孕妇以及哺乳期的妇女提供辅助营养补助；在健康方面，提供一种持续的、预防性的医疗服务，根据不同的年龄和性别，要求受资助人必须定期进行体检，仅这项措施就使农村人口发病人数减少 18%，城市人口发病人数减少 25%；在教育方面，向小学三年级到高中三年级的学生，每人每月提供从十几美元至七十几美元不等的奖学金帮助，但是，要求每个月上课的出勤率不低于 85%。青年人机会均等项目则是向年轻人提供一些激励，促使他们在 21 岁之前完成高中教育。2007 年，机会计划成为墨西哥财政预算的最大项目，年度预算从 2000 年 8.2 亿美元增加到 2007 年的 36 亿美元。2008 年世界经济危机以后，机会计划的投入逐年增长。2010 年，机会计划总投入高达 630 亿比索（约 50 亿美元），占当年财政支出的比例为 1.7%，显著改善了全国约 3 000 万人口的生存状况。2016 年机会计划投入约为 822 亿比索，占当年财政支出的 1.5%，占 GDP 的 0.4%。

2. 社会救助方面

一是牛奶计划，为了控制边远农村贫困地区人口因营养不良造成贫血，联邦政府确定了享受牛奶计划的范围：1～3 岁的小孩、12 岁以上身体虚弱的年轻人、45～59 岁的妇女及 60 岁以上的老年人。免费为符合条件的人口提供脱脂奶粉和鲜奶。这项计划的实施，使农村贫困地区贫血率减少 36%。二是食品补助计划，在没有集市的农村，为贫困群众提供食品、药品、生活用品等，使 3 600 万农村贫困人口受益。三是老年计划，为 70 岁以上的老人建立一个账户，实行社会救助，每月发 25 美元补贴。

四是人民医疗保险计划。对贫困人口吃药看病体检全部免费。

3. 居住计划

这项计划的主要内容是墨西哥政府统一划地、统一设计、统一解决水电设施，通过个人自筹一小部分资金、政府补助大部分资金，每户建40平方米的住房。目前，墨西哥有一半的农村贫困户通过居住计划搬迁转移到了城市。类似于中国的易地搬迁项目，通过政府的住房建设，解决贫困人口的居住问题。

第三节　中等收入国家解决两类贫困经验比较

在中等收入国家中，选择俄罗斯和巴西作为参照国家的主要原因：一是俄罗斯和巴西的人均 GDP 与中国更相近，在 2019 年人均 GDP 世界排名中，俄罗斯、巴西、中国分别排名第 67、第 68 和第 72 位；二是都属于人口大国，在 2019 年世界人口排名中国、巴西、俄罗斯分别排名第 1、第 5 和第 9 位；三是减贫境遇相同，俄罗斯在 2015 年消除绝对贫困，巴西于 2016 年消除绝对贫困，而中国即将在 2020 年消除绝对贫困，减贫境遇相同，目前都面临进入解决相对贫困的情况。

一、中等收入国家贫困标准设定及贫困现状

（一）俄罗斯贫困标准及贫困现状

俄罗斯贫困程度的地域差异显著，其贫困问题主要集中在东北和南部地区。据世界银行测算，最贫困地区的贫困发生率是最发达地区的 45 倍。2015 年俄官方的贫困线标准是月人均收入 9 662 卢布，约合人民币 1 046 元。根据俄罗斯国家统计局的数据，2019 年 1—3 月，俄罗斯的贫困率总计14.3%，即 2 090 万人俄罗斯人的收入低于最低生活费，即 10 753 卢布（约合 170 美元）。

俄罗斯是由 22 个自治共和国、46 个州、9 个边疆区、4 个自治区、1 个自治州、3 个联邦直辖市组成的联邦共和立宪制国家，国土面积为1 709.82 万平方千米，是世界上面积最大的国家，也是一个由 194 个民族构成的统一多民族国家，主体民族为俄罗斯人，约占全国总人口的77.7%。2018 年俄罗斯总人口 1.46 亿，GDP 总量为 1.658 万亿美元，人均 GDP 11 289 美元。在 1990 年代后期，俄罗斯的贫困率上升到 29%。在

2000 年初期，贫困率一直保持在 10% 左右。不幸的是，近年来贫困率呈上升趋势，据俄罗斯联邦国家统计局宣布，2018 年共有 1 840 万俄罗斯人（占总人口的 12.6%）生活在贫困线以下，2019 年第一季度俄贫困人口同比增长 50 万，增至约 2 090 万，贫困率为 14.3%。

（二）巴西贫困标准及贫困现状

巴西贫困家庭的标准分为两类：一类是极端贫困家庭，人均月收入低于 70 雷亚尔（约合 123 元人民币），约有 1 600 万人；一类是贫困家庭，人均月收入介于 70～140 雷亚尔，约有 3 400 万人。

巴西是南美洲最大的国家，享有"足球王国"的美誉，国土总面积 851.49 万平方千米，居世界第五，2017 年巴西总人口 2.086 亿，GDP 总量为 2.05 万亿美元，人均 GDP 9 821 美元。尽管巴西拥有强大的经济体，但贫富之间的收入差距仍然很大，3.7% 的人口生活在贫困中。巴西的大部分贫困人口集中在北部农村地区，尤其年轻人受到贫困影响最大。在巴西北部，5 岁以下儿童中约 25% 患有慢性营养不良，收入差距大的部分原因是土地分配不均，高土地价格使小农户难以参与市场竞争。近年来，政府已采取措施纠正这种不平衡，包括减少农业税收，开始改善农村贫困人口的福利。

二、中等收入国家贫困特点

（一）俄罗斯贫困特点

1. 农村地区受贫困影响最大

据调查显示，俄罗斯 60% 的贫困人口生活在农村。穷人中有孩子的家庭比例很高，有 1 个或 2 个孩子的双亲家庭中有一半以上是穷人，有 3 个或 3 个以上孩子的双亲家庭中有四分之三是穷人。双亲不足和子女 3 个或 3 个以上的家庭的贫困率为 85%。三分之二的人暂时失业，一半以上的人由于工作能力不足而没有工作，这些人都是贫困家庭的成员。总体而言，俄罗斯农村贫困群体的社会人口较多。

2. 儿童陷入贫困风险较高

俄罗斯 16 岁以下的儿童贫困率为 26.7%，大大高于全国平均水平，表明年轻的儿童比年龄较大的儿童更容易陷入贫困。当前未成年子女的抚养负担也使家庭的致贫风险明显增高，尤为突出的是多子女家庭和单亲妈妈家庭的抚养负担极其沉重，这表明俄罗斯现行的妇幼公共政策还有待健全和完善。

3. 因病致贫是导致俄罗斯长期贫困的重要因素

调查显示，由于身体健康状况欠佳，慢性病人家庭占长期性贫困人口的比例相对较高。因其需要的医疗支出过高，疾病和残疾致贫成为俄罗斯贫困的主要成因，同时也反映出社保津贴和救济金的不足，不良的健康状况也对人们的生活带来负面影响。据统计，2008 年健康状况较差者占贫困人口的一半，2013 年健康状况较差者占剥夺式贫困人口的一半。

(二) 巴西贫困特点

巴西是世界上收入分配不平等最严重的国家之一，基尼系数长期在 0.6 之上，进入 21 世纪后略有下降，但仍保持在 0.55 之上；同时巴西又是世界上贫困发生率较高的国家，2003 年以前近 40% 的人口生活在贫困线以下。巴西的贫困、收入不平等与其奴隶社会遗留下来的大地产制和社会排斥有很大关系，其主要贫困特点如下：

1. 农村贫困问题严重

据巴西杂志《EXAME》2017 年数据显示，巴西是金砖国家中城市化程度最高的，巴西的城市化率高达 86%，中国为 56%，而印度仅为 33%。巴西城市化的典型特征是人口高度城市化但缺乏城市就业的支撑，造成一种"虚假城市化"的弊病，其中在巴西的城市化过程中农业问题最为突出，导致无地、失业和无住房的贫困农民成为城市不稳定因素。

2. 教育资源过度集中

2000 年巴西收入最低的 20% 家庭中适龄人口进入公立小学的不足 70%，进入公立中学的只有 5%，几乎没有人进入公立的高等学府学习。相反，收入最高的 20% 家庭中这三个比例分别是 41.5%、22.4% 和 13.6%。高等教育的公共资源严重倾向高收入者，造成穷人的孩子在低水平人力资本上徘徊，无法提高自我脱贫的能力。

3. 福利集中

到 20 世纪 70 年代末，巴西的社会保障已经覆盖全部正规就业部门，但非正规就业和灵活就业者却一直被排斥在制度之外。巴西公共社会支出中社会保障占 70%，向富人倾斜严重。1998 年，巴西社会保障公共支出的 65% 流向高收入者，其中最富 10% 人口就拿走了 50%。

三、中等收入国家主要减贫措施

（一）俄罗斯主要减贫措施

2000 年以后，俄罗斯围绕减贫和社会保障制定了一系列中长期纲要，出台了一些政策措施，可以归结为 3 类：

1. 加大财政支持力度，增加福利性收入

一是通过扩大退休金拨款规模，提高基础劳动退休工资每月最低支付标准；二是根据新的通货膨胀预测水平，实现国家补助金、社会支付和社会服务成本指数化；三是维持预算机构工作人员工资支出规模，确保不减少；四是对强制性医疗保险给予额外的财政补助；五是建立了专门的残疾人学校、工厂及医疗服务机构等，为他们提供方便，以保护其合法权益。从俄罗斯社会救助的人口比例来说，残疾人占绝大部分，占享受货币支付总人数的 70.1%；其次是遭受辐射影响的人，所占比例为 8.9%；再次是老战士和老战士家庭；最后是残疾儿童。具体如图 8-1 所示。

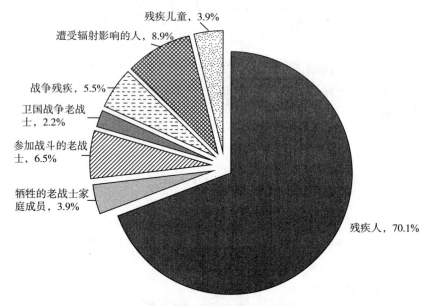

图 8-1　俄罗斯每月享受货币支付的主要人员构成

2. 改善就业环境，增加居民工资性收入

一是通过立法手段将俄联邦 2009 年引进外国劳动力的数量配额削减

1/2；二是加强国家在促进就业、抑制失业增长和实施岗位再培训方面的工作力度；三是向劳资双方提供就业信息服务，在联邦各主体内设立用工咨询点，开通热线电话，开通俄罗斯就业信息网站；四是提高失业补助金，自 2009 年年初开始，失业补助最高额度提高 1.5 倍；五是俄联邦实行最低工资制，不断提高最低工资，2000—2013 年俄罗斯最低工资由 132 卢布增至 5 205 卢布，增长了 160 多倍；六是增加专业培训，设立专门的职业培训学校，培养技术类人才，鼓励居民自主择业，开发新的工作岗位等。

3. 提高医疗教育水平，降低致贫返贫风险

一是俄罗斯政府在 2011—2020 年间，投入约 300 亿卢布（约合 35 亿元人民币）用于建设残疾人全面康复体系。二是从 2016 年开始，计划投入 33 亿卢布（约合 3.88 亿元人民币）建立医疗航空队，解决国土广袤带来的边远地区医疗难的问题。三是进一步完善中小学基础设施，在 2016—2019 年设立 18.8 万个中小学师资岗位。四是面向全体大学生提供低息教育贷款，国家以现金方式支付全公费大学生在读期间教育费用。

（二）巴西主要减贫措施

1. "Bolsa Familia" 计划

巴西在减轻其自身的贫困方面非常成功，特别是通过一项名为 "Bolsa Familia"（简称 BFP）的政府计划，即家庭补助金计划。"Bolsa Familia" 计划于 2003 年启动，旨在刺激增长和社会进步。该计划是对四个改革前的安全网项目：Bolsa Escola（教育部）、Bolsa Alimentacao（卫生部）、Cartao Alimentacao（Fome Zero）和 Auxilio Gas（矿产部/能源部）进行整合而成的一个单一的有条件现金转移项目，是迄今为止发展中国家规模最大的有条件现金转移社会福利计划。BFP 涵盖了极端脆弱的家庭（每月收入低于 21 美元）和贫困家庭（收入在 21~43 美元），这些家庭的弱势群体包括孕妇、新母亲、儿童或青少年。每月现金转移额从 18 美元到 175 美元不等，具体取决于家庭贫困状况和弱势群体的数量。在 BFP 中，必须满足的条件包括儿童的入学率、儿童的疫苗接种和定期健康检查，以及准妈妈和新妈妈的产前和产后就诊率。

"Bolsa Familia" 计划分为三个部分：首先通过与受益人签订的 "社会契约" 直接向贫困家庭提供资金援助，促进立即减贫；其次通过恢复当地委员会、开发质量指标监测和评价系统提供公民监督程序，加强公民社会监督，并为公民报告违规行为设立热线，加强公民基本社会权利的行使；最后通过法律规定，援助资金优先支付给家庭母亲（因为大量研究表明，女性更有可能优先投资于儿童教育、健康和营养），激励家庭投资教育、营养和健康，形成人力资本，促进家庭发展。"Bolsa Familia"计划自2003年启动以来迅速扩展。2016年，该计划覆盖了1 360万个家庭（约占巴西人口的25%），预算为88亿美元，这是世界上最大的有条件现金转移计划之一。并有证据表明，BFP在改进儿童营养和降低儿童死亡率方面效果显著，减少5岁以下儿童死亡率达17%以上。

2. 巴西家庭健康战略（Estratégia Saúde da Família in Brazil）

巴西家庭健康战略简称"ESF"，是基于社区的主要医疗保健模式，由医生、护士、护士助理以及为当地人口提供医疗保健的社区医疗人员组成的家庭医疗团队。每个团队大约注册了3 500个会员，会员可以获得广泛的初级保健服务，包括基本治疗，健康促进，健康教育，妇女和儿童健康，HIV/AIDS，传染病和心血管健康的特定针对性计划。越来越多的证据证明了ESF的影响，包括对儿童健康的影响。在2004—2009年，较高的市政ESF覆盖率使5岁以下儿童死亡率（U5MR）降低了12%。图8-2显示了经济危机，财政紧缩或维持社会保障情景，有条件现金转移支付，基本医疗保障和儿童健康结果之间的路径。

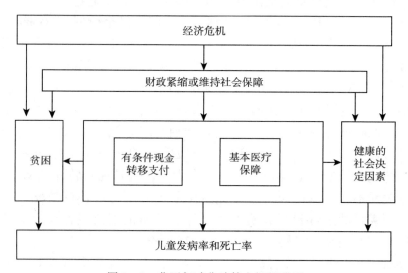

图8-2　贫困与减贫政策之间的联系

3. 无贫困计划

巴西罗塞夫政府于 2011 年 6 月推出了巴西"无贫困计划"（Plano Brasil Sem Miséria，简称 PBSM），主要由联邦政府资助，目的是减少贫困，旨在通过改善现金转移政策，为生活在极端贫困中的人们磨练技能，扩大就业机会，增加获得社会保护服务的机会并提高其质量，并针对不同的弱势群体（如非正式城市工人、家庭农民、可回收材料收集者、无家可归者、传统社区和原住民）实施生产性包容倡议。巴西"无贫困计划"的工作分为三个阶段：获得公共援助、改善教育和健康以及生产性包容，其重点是增加工作机会和创造收入。在 2015 年，该计划帮助了约 2 200 万巴西公民摆脱了极端贫困。

4. 零饥饿计划

巴西 2003 年实施的"零饥饿计划"旨在为农民提供财政支持，同时还为学龄儿童提供食物。在农村开展了技术援助和生产性资产的现金转移项目，为所有人修建家庭储水池项目、生产用水项目及农村小额信贷项目等。"零饥饿计划"的一个分支是"联邦食品采购计划"，通过向小型家庭农场购买食物来帮助小农场建立库存，同时促进健康饮食。开展"全国学校供餐计划"，要求学校包括幼儿园所采购的粮食，至少有 30% 的食物必须来自 PAA 计划（联邦食品采购计划），确保儿童在学校接受营养健康膳食的同时，为小企业主和农民提供商业发展的机会。"联邦食品采购计划"投入 35 亿美元用于从 16 万农户手中采购食物，每年有 1 400 万人从这个计划中受益。

5. 促进就业和增收的项目

迪尔玛·罗塞夫（Dilma Rousseff）总统于 2011 年批准了第 12.513 号法律，该法律制定了一项全国计划，以确保巴西人民获得技术教育机会。该计划允许年轻人获得资格，以获得更好的就业机会。据此，罗塞夫总统还实施了教育部下的巴西网络电子技术，以提供免费的公共教育。这将拓宽巴西儿童的受教育机会，为他们带来一种新的生活方式和学习方式。2013 年，推出全国技术教育和就业计划，为中学毕业后的学生提供职业教育和培训，以帮助其就业，脱离对"家庭补助金计划"的依赖。此外，还向在系统中注册的 290 万个体商户提供了 76 万笔小额贷款，增强其脱贫致富能力。

第四节 发达国家解决相对贫困经验比较

一、发达国家贫困标准设定与贫困现状

本部分基于国家的代表性、减贫经验的可借鉴性及资料可得性标准，最终选取美国、英国和日本三个国家进行比较。

(一) 贫困标准设定比较

1. 美国贫困标准

美国联邦政府有两个版本的官方贫困标准：即贫困线（poverty threshold）和贫困指南（the poverty guidelines）。

（1）贫困线。贫困线由美国人口统计局（US Census Bureau）发布，主要用于统计美国贫困状况，这一贫困标准根据满足家庭基本生活需要的食品、穿着、住房、耐用品等消费水平确定，在家庭人口数量、年龄和家庭中儿童数量三个基础条件下，设置了48个贫困档位，按照每个家庭的实际情况选定相应的贫困标准。贫困线标准每年根据消费价格指数（CPI）进行调整。除阿拉斯加州和夏威夷州外，贫困线是全国统一的，不考虑地区和消费水平差异。

（2）贫困指南。贫困指南是由美国健康与人类服务部（Department of Health and Human Services）根据贫困线计算得出，是对贫困线设置的简化版，通过对贫困线中48个贫困标准按照不同家庭人口数进行加权平均计算，最终形成按照家庭人口数来确定的8个档位，主要用来确定各类联邦福利项目的适用标准，如老年医疗保险（Medicare）和儿童健康保险（CHIP）等。

2. 英国贫困标准

英国的绝对贫困标准是指生活在收入低于某些基准年（通常是2010/2011年度）的家庭收入中位数60%的家庭。英国的相对贫困标准是指去除缴纳税款和住房成本后，生活收入低于当年60%的家庭的中位数，并按照不同的家庭结构（0~13岁子女数量、14~17岁子女数量和是否为单亲家庭）来确定具体的贫困线。

3. 日本贫困标准

日本厚生劳动省等中央部委报告中所提到的贫困率是"相对贫困率"，而不是绝对贫困率。日本厚生劳动省根据经合组织的贫困设定标

准来衡量相对贫困。经合组织认为相对贫困的衡量标准是指从家庭收入中扣除税金和社会保障金，得出的可支配收入从低到高排列，以中间值为相对贫困标准，收入低于这个值的比例则为相对贫困率。即日本官方和权威机构所使用的相对贫困率指的是"社会上生活水准不如标准收入一半的人的比例"。

（二）贫困现状比较

1. 美国贫困现状

贫困在美国指的是缺乏足够的收入或物质财富的人。虽然按照国际标准，美国是一个相对富裕的国家，但贫困一贯地存在于整个美国。根据美国人口普查局 2018 年的评估，生活在贫困中的美国人比例已降至 2008 年经济衰退以来的最低水平，2018 年美国贫困人口 3 810 万，比上年减少140 万人，贫困发生率为 11.8%，比上年下降 0.5 个百分点，这是自 2014年（14.8%）以来连续 4 年下降，如图 8 - 3 所示。

图 8 - 3　2007—2018 年美国贫困人口及贫困发生率

数据来源：U. S. Census Bureau。

2. 英国贫困现状

截至 2018 年末，英国总人口达 6 657 万人，GDP 总量为 2.825 万亿美元，位列世界第 5 位，仅次于美国、中国、日本和德国；人均 GDP 为42 491 美元，位列世界第 30 位。英国自 2018 年以来一直在发布估算数据，在 2018/2019 年度：相对低收入的 BHC[①] 人口为 1 100 万人（占总人口的 17%），与前一年的水平相似；相对低收入的 AHC[②] 达到 1 450 万（占总人口的 22%），也与上一年相似。

---

① BHC 的数据是根据扣除住房成本前的家庭收入计算贫困人口的数量。

② AHC 的数字是根据扣除住房成本后的家庭收入计算贫困人口的数量。

3. 日本贫困现状

2018 年日本全国人口达到 1.265 亿，国内生产总值（GDP）比上年增长 0.7%，达到 4.971 万亿美元，继续保持世界第三大经济强国的地位。日本虽是个生活富裕的发达国家，但也存在着高贫困率问题。有数据显示，日本平均每七人中就有一人面临贫困问题，单亲家庭中更是有半数以上的人面临贫困问题。根据日本厚生劳动省发布的"国民生活基础调查"显示，自 20 世纪 90 年代后期，日本的相对贫困率、低保率开始显著上升。据 2015 贫困数据显示，日本的贫困率为 15.6%，单亲家庭的贫困率更是达到了 50.8%，在发达国家中几乎属于最差水平。

二、发达国家贫困特点比较

（一）美国贫困特点

从贫困群体的角度来看，妇女、老人和儿童已经成为美国贫困人口中最受关注的群体。美国的贫困人口分布主要集中于儿童、老人和单亲父母家庭。其贫困特点如下：

（1）儿童贫困率高居不下。根据 OECD 的统计，2017 年美国 0～17 岁的儿童的贫困率高达 20.9%，在 35 个 OECD 国家中排名第 5 位。2018 年，美国有 1 300 万儿童贫困，即 18.0%，贫困儿童占总人口的 22.4%，占贫困人口的 31.06%。

（2）种族间贫困差异明显。美国所有人的贫困率掩盖了其种族之间的巨大差异。黑人是生活在贫困中最多的族裔群体，黑人贫困率大大超过了全国平均水平。2018 年，有 22.5% 的黑人和 18.8% 的西班牙裔人贫穷，相比之下，非西班牙裔白人和亚洲人的贫穷率分别为 9.5% 和 10.8%。

（3）贫困多发生于教育水平低的人群。在美国，约有 4 060 万人生活在贫困中，其主要原因是工资不平等、教育水平低下。2007 年，以低于 9 年级教育的个人为户主的家庭的平均收入为 20 805 美元，而以高中毕业生为户主的家庭的收入为 40 456 美元，以本科学历的人为户主的家庭的收入为 77 605 美元，以专业学位的人为户主的家庭的收入为 100 000 美元。有研究表明，高质量的教育更有可能获得更高的收入，贫困发生率也较小。

（二）英国贫困特点

英国贫困特点主要为：

（1）儿童贫困问题突出。英国儿童贫困标准是以儿童生活的家庭的贫困情况来衡量的。2018 年，英国儿童贫困发生率接近 30%，其中，处于绝对贫困状态的儿童多达 370 万（英国 2018 年仅有 6 657 万人），处于相对贫困状态的儿童则多达 410 万，在这些贫困儿童中有 70% 来自工薪家庭。

（2）老年贫困严重。英国约有 200 万的养老金领取者为相对贫困人口，160 万养老金领取者为绝对贫困人口。相对贫困发生率为 16%，绝对贫困发生率为 14%。自 2010 年以来，相对低收入的养老金领取者有所增加，绝对低收入的养老金领取者大致相同。

（3）区域性贫困差异相对较小。尽管英国也存在一些重点贫困地区，但相比较美国和其他发达国家，英国贫困率的地区差异相对较小，而且近年来差距有进一步缩小的趋势。除了贫困发生率最高的伦敦地区（2013—2015 年贫困率为 25% 左右）和相对较低的东英格兰和东南地区（2013—2015 年为 17% 左右）差异较为明显外，其他地区的贫困发生率集中于 20% 上下，差距相对不大。

（三）日本贫困特点

日本虽为世界第三经济强国，但是国内的贫困问题也不容忽视，一旦处理不好将会引起严重的社会问题，且日本的贫困问题也具有其自身的一系列特点。

（1）贫困人口在群体分布上呈现明显特点。从年龄结构上来看，相对贫困人口主要集中于儿童、青少年和老年人。从性别结构上来看，相对贫困人口主要集中于女性，2012 年处于贫困状态的女性就超过了 350 万，且女性合同工的平均工资仅为男性的 80% 左右。从婚姻结构上来看，相对贫困人口主要集中于单身人口（包括单亲妈妈），有研究显示，20 岁单亲妈妈的贫困率约为 80%。

（2）基尼系数不断上升，社会不公平程度愈演愈烈。日本的基尼系数或社会公平程度在亚洲和全世界都是处于比较低的水平。基尼系数一度从 2007 年的 0.24 上升到 0.38。尽管这一数值依然在安全线以内，但从某种程度上也表明了日本的社会公平状况有所恶化，财富分配出现了两极分化，需要政府在开展再分配的过程中发挥重要的调节作用。

（3）贫困地区性差异大。日本存在区域性贫困问题，日本农村的贫困问题要远远严重于城市。2018年，生活在东京都的人口大约为1378.4万人，占全日本人口总数的近11%。从这一数据可以看出，日本人口大量聚居于城市，尤其是发达的都市圈，农村劳动力外流现象尤为严重，且由于日本国内的丘陵和山地占国土总面积的71%，这些地区一方面多火山和地震，地理条件极为恶劣，交通闭塞、资源匮乏等，造成当地经济发展缓慢，无法和发达地区相提并论。

（4）人口老龄化严重，老年人深受贫困影响。2017年厚生劳动省调查显示，65岁以上日本国民收入依赖公共年金的比例，男子为76%，女子为87%，表明多数老人靠养老金生活，且女性老人依赖性更强。据日本厚生劳动省最新数据显示，日本65岁以上老年人的贫困率1970年为7%，1994年上升至14%，2018年翻倍至28%，预计2040年将达到35%。

三、发达国家主要减贫措施比较

（一）美国主要减贫措施

美国政府在处理国内贫困问题上具备独特经验，其大部分的减贫是围绕福利项目来展开的。在2018财年，13个项目共计支出7400亿美元。尤其是医疗救助（Medicaid）、劳动所得退税补贴（EITC）与儿童税收抵免（CTC）、补充营养补助计划（SNAP）和补充保障收入（SSI）这四个最大的项目，2018财年即支出近5828亿美元。如表8-1所示。

表8-1 美国开支额度最大的10个低收入群体福利项目

单位：10亿美元

福利项目	2017年	2018年
TANF	16	16.4
Medicaid	374.7	389.2
EITC & CTC	79.1	77.2
SNAP	70.2	68.5
SSI	58.8	55.1
Housing Assistance	49.1	47.9
Pell Grants	28.5	30
Child Nutrition	22.5	22.9

（续）

福利项目	2017 年	2018 年
Head Start	10.6	11.1
Employment & Training	7.6	7.1
WIC	5.7	5.4
Child Care	5.7	5.9
LIHEAP	3.4	3.2

数据来源：Government Accountability Office，USGovernmentSpending.com。

1. 贫困家庭临时补助

贫困家庭临时补助（Temporary Assistance for Needy Families，TANF），是联邦政府向各州政府一次性拨款的救济金（各州也有配套资金），由各州自行设计、运作及管理项目的具体内容，由美国健康与人类服务部（DHHS）负责。2015 年 TANF 项目联邦拨款 153 亿美元，配套资金 140 亿美元，共有 161 万个家庭接受了救助。TANF 项目具体内容如图 8-4 所示。

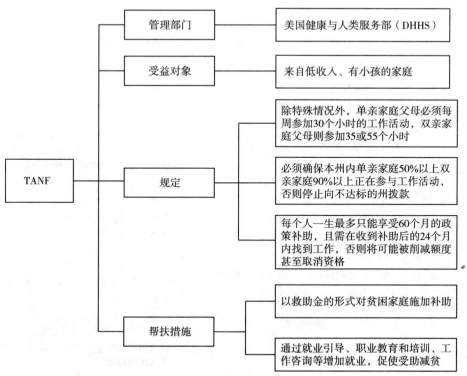

图 8-4　TANF 项目

2. 医疗救助

美国的医疗救助（Medicaid）最早建立于 1965 年，是美国最主要的免费医疗援助计划，旨在为脆弱人群建立医疗保障制度，通过公共转移支付为联邦与州政府法律认可的低收入个人和家庭提供医疗救助服务。美国医疗救助覆盖对象由联邦与州政府联合确定，具体由联邦政府制定最低标准，具体各州负责执行并确定相应的申请资格、服务类型和支付比例等。Medicaid 主要面向绝对贫困（Categorically needy）、医疗贫困（Medically needy）及其他特殊困难群体（Special groups），各类人员的准入标准见表 8 - 2。

表 8 - 2　美国医疗救助对象

绝对贫困人口	医疗贫困人口	特殊群体
有资格获得政府救助、需要抚养儿童的家庭	怀孕妇女产后 60 天的照顾	符合条件的 Medicare 受益人（收入低于或等于联邦贫困线以及个人财产等于或低于 SSI 标准的 2 倍）
家庭收入低于或等于联邦贫困线 133％的怀孕妇女与 6 岁以下儿童	18 岁以下儿童	合格的在职残疾人
照顾 18 岁以下儿童的亲戚或者监护人	特定新生儿一年的照顾	16～65 岁残疾人口
补充保障收入（SSI, supplemental security income）领取者	特定需要照顾的盲人	特殊疾病相关群体，两种特殊疾病相关的适格体（乳癌和子宫颈癌患者；无医疗保险的结核病患者）
		符合 1115 条款医疗救助豁免权者：主要是参加管理医疗计划的群体
月收入不足 SSI 收入标准 300％，依靠医疗服务机构提供服务生活的个人和夫妇（联邦支付标准）	各州自行规定的其他情况	需要长期照顾者：符合 M medicaid 条款并有资格接受获得疗养院服务的个人
		州儿童健康保险计划受益人：部分州独立实施该计划，部分州将其并入医疗救助

资料来源：美国健康与公共事业部：《医疗救助制度概览》。

联邦政府基于各州的人均收入，决定给予各州具体的拨款比率，由各州卫生部门管理运营，每个州都可以自行制定具体的医疗补助标准。但联邦政府规定了一些 Medicaid 必须报销的医疗服务项目（Mandatory Benefits），包括：住院服务、门诊服务、早期和定期筛查、诊断和治疗服务及养老院服务等。Medicaid 是美国开支数额最大的福利项目，2017 财政年度共计花费 3 747 亿美元，2018 年度则达到 3 892 亿美元。2017 年，Medicaid 为 7 400 万美国低收入和残疾人提供医疗补贴，占美国总人口的 23%。近半的受益者为儿童及其父母，此外，老年人和残疾人士是 Medicaid 重要受益群体。

3. 补充营养补助计划

补充营养补助计划（Supplemental Nutrition Assistance Programs，SNAP）由美国农业部食品与营养服务局（FNS）进行管理，具体由各州实施，旨在为美国贫困家庭提供资金补助以购买日常食物。SNAP 主要内容包括食品安全、营养教育及相关的项目和服务。SNAP 的资助额与家庭人数、收入与消费额度相关。申请 SNAP 的家庭，总收入不能超过当年联邦贫困线的 130%，扣除必要的生活费后，家庭净收入则不能超过贫困线的 100%。此外，现金、债券、存款、股票等家庭资金也不能超过 2 000 美元。SNAP 项目涉及全美各州及相邻的岛屿，整合了之前的 FSP 和 WIC 等营养补助项目，并根据各州的实际情况，制定目标和措施，从而避免了"大计划""大项目"中常见的笼统、可操作性不强的弊病。在 2017 年，SNAP 项目支出达到了 702 亿美元，约有 9.2% 的美国家庭和约 16.7% 的儿童曾享受 SNAP 项目。

4. 补充保障收入

补充保障收入（Supplemental Security Income，SSI）项目由美国联邦社会保障署（SSA）负责实施，资金来源于美国财政部，旨在为年龄在 65 岁以上的贫穷老人以及所有贫困盲人和残疾人提供救济金，以满足他们的基本生活需求。SSI 采用每月第一天直接支付，按照 2019 年的标准，每个人平均可以获得 771 美元/月的补助，而每对夫妇则平均可获得 1 157 美元/月的收入。有些州还给予 SSI 受享者额外的资助，而 SSI 受享者还可以继续申请其他福利项目。为了激励受享者外出工作，SSI 项目规定了两种特殊情况：一是劳动收入排除条款（earned income exclusion），即对个人的每笔额外收入超过 65 美元时每超过 2 美元则减少 1 美元 SSI 补助。二是学生劳动所得排除（student earned income exclusion），即若 SSI 的申请人是 22 岁以下的学生，则在计算申请人收入时（收入与 SSI 补助额挂钩）每个月减去 1 870 美元，但每个自然年度扣减额度不超过 7 550 美元。2013 年 SSI 项目支出 540 亿美元，受助者达 840 万人；2015 年老年人的补助每月最高达到 1 145 美元，平均为 913 美元。

（二）英国主要减贫措施

英国的扶贫政策主要涉及三大领域，包括福利补偿扶贫、完善儿童减贫战略以及促进就业扶贫。

1. 福利补偿扶贫

英国福利补偿扶贫通过建立覆盖贫困人口的社会福利制度来减少社会贫困。英国的福利制度已涵盖国民保险、国民保健、个人社会福利、住房和教育五方面，并以国民保险和国民保健为主导。国民保险主要由多种津贴和补助构成，覆盖母婴、儿童、患病者、伤残者、退休者以及有特殊困难的群体，几乎囊括了英国的全部贫困人口，通过福利补偿，他们都能维持基本物质生活。而国民保健则保证了贫困人口的免费医疗。

2. 完善儿童减贫战略

英国政府的儿童减贫战略主要从稳定家庭关系、鼓励就业、提高家庭收入、帮助父母平衡工作和养育子女、加强儿童教育五个方面开展。英国政府承诺在 2020 年底结束儿童贫困问题。2011 年，英国公布了第一个全国性的儿童减贫战略，制定了 2011—2014 年的行动计划。2014 年，英国公布了第二个国家儿童减贫战略（2014—2017 年），主要内容包括：一是创造就业机会，支持贫困家庭就业增加收入；二是提高贫困家庭生活水平，对于无工作能力的家庭，政府提供社会福利项目；三是提高贫困儿童的受教育程度；四是与社区和志愿者机构合作，共同努力改变贫困儿童的生活。

3. 促进就业减贫

英国政府采用多种方式激励人们的工作热情和脱贫信念，包括鼓励 16～24 岁的青年人多参与就业和职业培训。为鼓励就业，英国实施"普遍信用计划"，简化工作期间人们申请各种福利的手续。英国主要利用三种方式促进贫困人口就业。一是制定颁布专门的就业培训法案。如 1948 年颁布的《就业与职业培训法》和 1964 年出台的《产业培训法》，要求专门部门及时发布就业信息，并负责组织岗前职业培训及就业跟踪观察。二是成立就业培训指导机构及协会，负责援助贫困人群。如 1973 年设立的人力服务委员会，下设就业服务处和培训服务处，专门针对就业人群提供就业信息，培训职业技能。三是工党执政后制定了专门就业计划，将职业培训纳入了青少年初等和中等教育，在全国范围内实施职业资格证书制度，帮助提高就业能力。针对贫困人口持续就业，政府将与具备工作能力的贫困劳动者签订契约，按照条件领取奖金并对违规者惩罚，以促进持续灵活就业，激发贫困者就业潜力，实现扩大就业的目标。

（三）日本主要减贫措施

1. 促进农村地区发展，减少区域贫困差异

日本通过农业开发政策，实现农村地区的产业发展。日本农村地区自我培育出了"一村一品"项目，促进本地产业发展，帮助贫困户实现脱贫。如大分县立足于开发本地资源的"一村一品"项目，成功帮助当地村民实现脱贫，走向可持续发展的致富路。截至 2002 年，大分县共开发出特产品、设施、文化产品、地区优化改造、环境保护等共 810 件。为防止自然灾害对农业的影响，推出农业扶贫保险，有效分散了农业风险，稳定了农民收入，促进了农业产业和农村经济的快速发展。日本的基层农协基本覆盖了所有农业经营者，为他们提供包括保险服务在内的诸多服务。农险的覆盖范围也随着农民需求不断完善，详见表 8-3。

表 8-3 日本农作物保险的业务种类和保障对象

种类	保障对象
农作物方面	水稻、小麦、旱稻等因自然灾害、病虫害所引起的损失（强制保险）
家畜方面	对牛、猪、马等家畜因灾害引起的损失由国家再保险负责赔偿
水果、果树方面	对常见水果以及果树因自然灾害或者病虫害等引起的产量减少造成的损失给予保障
经济作物方面	对大豆、油菜等经济作物因自然灾害、病害等引起的产量减少造成的损失给予保障
园艺设施方面	对温室大棚、农业设备、园艺设施等因自然灾害产生的损失给予保障

资料来源：日本农业共济协会官网。

2. 促进教育公平政策

日本促进教育公平政策主要体现在两个层面。首先是日本各级政府增加教育投入，推进义务教育工作，保障弱势群体和贫困人口的受教育权；其次是采取多种措施，推进教育资源的合理配置，保障农村、边远地区的

学子接受平等质量的教育。其中主要政策有：一是以义务教育和法律的形式保障贫困人口的受教育权。二是通过针对中小学生的资助修学政策，让广大中小学生走出课堂，增加社会实践，拓展视野。三是以助学贷款（贷学金资助）的模式，帮助接受高等教育的学生完成学业。其中贫困学生可以通过直接申请和预约申请两种形式申请大学的助学贷款。"直接申请"是指已经入学的大学生，由学校综合其个人情况和家庭情况进行考核，符合条件者则批准其贷款申请；"预约申请"是指即将成为高中毕业生的贫困学生，结合个人情况和即将入学的高校的情况向政府和银行提出资助申请。四是采用教师和校长轮岗形式，促进教育公平。日本通过法律规定，一位教师在同一个学校执教的时间最长不得超过七年，中小学校长在一个学校工作满五年后要进行轮换，且不能在同一个学校连任校长，从而避免教育资源过度集中于城市，使得发达地区和落后地区的核心师资配置得以合理化，让广大贫困地区的适龄儿童也能领略优质师资的风采，引导教育资源在城市和农村之间实现优化配置。

3. 社会保障福利项目

日本的社会保障福利项目很多，例如儿童津贴制度、失业保险制度、养老保险制度和医疗保险制度。一是儿童津贴制度。按照 1991 年的《儿童津贴法》规定，其保险对象是日本低收入家庭的儿童，在职职工的保险费由雇主、地方政府和中央政府三方共同出资，公务员家庭儿童的保险费则由地方政府或者中央政府承担。二是失业保险制度，于 1947 年 2 月建立，促进就业保险金包括基本津贴、学习技能津贴、寄宿津贴、伤病津贴等，费用由雇主、参保人和政府共同承担。三是养老保险制度（年金制度），针对的是因年迈、残废或死亡而失去保障的体力劳动者支付年金，以保障其个人或遗属的生活。年金制度主要由国民年金、厚生年金和其他共济年金组成。四是医疗保险制度，是日本最早建立的保险制度，主要由健康保险、国民健康保险、老人保险制度和若干个共济年金组成。

第五节　国际扶贫减贫经验比较与启示

一、国际扶贫减贫共性分析

比较三类不同国家的减贫做法及经验，其共性主要是：

1. 增加社会保障及福利项目

针对贫困问题，各个国家都通过增加福利项目和就业机会达到减贫目的。减贫福利项目的覆盖区域和人口较广，形成了重点突出、精细化、差异化的减贫项目管理，针对不同人群提出相应的减贫项目，致力于消除贫困。例如针对儿童及老人的贫困问题所提出的社会保障措施，从而保障老人及儿童的基本生活。

2. 重视教育问题

因为农村的经济发展落后，农村的教育资源、基础设施建设等都与城市有着不小的差距，所以在如何解决儿童的基础教育问题方面都较重视；在教育领域的减贫措施都有针对不同阶段学生的现金补助、覆盖各年龄段及各层次学校的教育扶贫体系，扎实的技能培训和就业减贫，尽可能实现教育公平化。

3. 组合式扶贫政策解决重点贫困地区的区域性贫困

在解决重点贫困地区的贫困时，往往采取的扶贫措施都是以政府"直接＋间接"手段主导，社会组织和企业组合式参与重点地区开发式扶贫政策体系，立足当地资源优势走差异化产业发展之路。

4. 保障基本医疗救助

在医疗救助方面，针对贫困地区及贫困人口有相应的医疗补助金或免费的基本健康检查和医疗救治，贫困人员的健康问题都得到了相应的重视。

二、国际扶贫减贫差异性分析

比较三类不同国家，减贫做法及经验，其差异性主要是：

1. 设定贫困标准的差异性

在发达国家中，美国设定了统一的贫困标准，英国将贫困标准设定为绝对贫困标准和相对贫困标准，而日本则没有发布官方的贫困标准。在中等收入国家中，俄罗斯采用统一的贫困标准，而巴西将贫困标准分为两类，一是极端贫困家庭，二是贫困家庭；在发展中国家中，印度以设定具体的贫困线为贫困标准，而墨西哥采用多维贫困衡量标准，除考虑缺乏经济资源外，该多维贫困指数还包括社会政策必须解决的其他方面，如教育、健康等。

2. 贫困特点的差异性

在发达国家中，美国贫困特点主要集中于种族贫困，黑人贫困率远高于平均贫困水平，而英国主要存在于老人和儿童贫困，日本则主要表现在社会两极分化严重，贫困人口主要集中于单身女性妈妈。在中等收入国家中，俄罗斯的贫困特点主要表现在儿童贫困和因病致贫，而巴西贫困特点主要集中于农村贫困问题和教育资源不平等，由两个国家的贫困特点可以看出其减贫弱点，因此，两个国家应按照其国家贫困特点，增强减贫薄弱环节；在发展中国家，印度主要表现在高人口出生率和农村贫困是较明显的贫困成因，并引起后续的儿童的营养、健康、教育及就业都给国家造成很大的影响，而墨西哥的贫困特点主要表现在社会的不公平上。

3. 减贫政策及项目上的差异性

国家之间在减贫政策及项目方面差异性较强，具体如表 8-4 所示。

表 8-4　减贫项目的覆盖面和导向性差异

国别	减贫导向性	技能培训	教育领域	就业领域
美国	以就业激励为目标	多样的培训和就业扶助计划	更重视培育创新创业精神	采取补助金激励方式促进就业
英国	以全民保障为目标	技能培训主体丰富，形式多样	更强调教育公平	以"就业政策＋就业培训＋就业计划"促进就业减贫
日本	以尊严生活为目标	技能培训融入义务教育	强调个体和地区间公平	以就业保险金的形式促进就业，实现减贫
俄罗斯	以提高内生动力为目标	对在职岗位进行针对性培训	对在职岗位进行针对性培训	注重提供就业岗位和就业信息
巴西	以零饥饿、无贫困为目标	主要提供职业技术培训，提供小额贷款	主要提供职业技术培训，提供小额贷款	针对不同弱势群体提供生产性包容倡议
印度	以振兴经济带动减贫为目标	主要以农业技术培训为主，辅助其他多样的培训	更重视职业技术培训	重视解决就业援助和创业计划
墨西哥	以保障基本生活及社会公平为目标	提供就业扶助和职业技术培训	更强调基础教育的重要性，并以奖学金的形式鼓励上学	着力解决贫困人口的就业问题

三、国际扶贫减贫经验启示

2020 年是中国全面建成小康社会目标实现之年，也是脱贫攻坚收官之年，从消除绝对贫困进入减缓相对贫困之年。经分析国际上具有代表性的国家扶贫减贫经验表明，只有通过政府科学的规划、以资源均衡配置的方式，辅以教育体系的良好配套，才是解决贫困的有效措施。纵观国际上的减贫措施，我们可以得到以下启示：

1. 制定科学的贫困线，力求精准识别扶贫对象及其帮扶需求

打赢脱贫攻坚战，前提是要精准识别帮扶对象。只有解决好"扶持谁"的问题，找准"穷根"，明确"靶向"，把真正的贫困人口、贫困程度、致贫原因等搞清楚，才能做到扶真贫、真扶贫。因此制定国家贫困线时，多维度考虑家庭人口规模和家庭结构等因素，并辅以监测和设计评估部门，以防止贫困线制定不合理或谎报收入，以更加清晰的角度识别贫困户及其贫困原因，后续才能做到因户施策、因人施策。

2. 不断完善社会保障体系，防止返贫现象的出现

一是完善社会保障制度，以渐进的方式改进社会保障的支出结构。不断加大对贫困儿童的营养、残疾人及退休人员的保障力度及医疗救助体系，提高全民生活水平的同时提升身体素质。二是在解决绝对贫困问题后，一段时期内要继续保持原有项目和资金投入力度，并持续开展评估督导工作，防止重点贫困地区的贫困人口的大规模返贫。三是分类设计福利保障性扶贫项目，不断完善福利制度，实行扶贫项目分类管理。建立基于家庭调查的更加精细化的福利项目，强化对有劳动能力贫困人口的技能培训和工作激励以及无劳动能力者的生活保障，对贫困者进行"有选择性"的区别对待，可以更科学、更合理、更高效地帮助贫困人口摆脱贫困。

3. 注重基础教育及职业培训，完善贫困人口就业和失业保障制度

农村农民问题是一个长远问题。因此对于无劳动能力的老人，政府扶贫措施非常重要，但要想彻底解决中青年贫困问题，归根结底，提高农民及其后代的受教育程度是重中之重。一是注重教育的平等性和教育资源的合理配置，重视教育在阻断贫困代际中的作用，应重点提高农村基础教育水平，合理配置城镇和乡村的教育资源（如日本的老师和校长的轮岗制度，将优秀的人才资源最大化地平等分配，让贫困地区的学生也可享受好的资源，提高学生受教水平）。二是积极开展职业技术培训，实施更加积极的就业政策，对于提升贫困人口脱贫效果更加显著，是实现脱贫的有效途径（如俄罗斯通过促进就业、抑制失业增长和实施岗位再培训解决就业问题，并为失业人员提供就业信息；再如巴西通过推出全国技术教育和就业计划，为中学毕业后的学生提供职业教育和培训，以帮助脱离对"家庭补助金计划"的依赖等，都取得良好的效果）。

4. 重视农业技术知识及管理经验的分享及普及

重视农业技术专业性知识在农村的普及，应给予重点贫困地区人才引进、财税、行业准入、土地等方面的特殊优惠政策倾斜，使其优先吸纳优秀人才和企业流入，提升重点贫困地区经济实力的同时，为农村地区引进农业技术人才，提供专业指导，开展多渠道、多形式、多层次培训活动，鼓励农民学习先进的农业管理经验，提高农产品产量和质量，实现在贫困的农村地区培养出一批觉悟高、懂科技、善经营的新型农民。

5. 提高扶贫对象参与发展的能力和扶贫项目参与度

内因是起决定作用的因素。打赢脱贫攻坚战，必须充分调动贫困人口脱贫的积极性主动性，让他们的心热起来、手动起来，摒弃"等人送小康"的心态。印度和墨西哥都通过各种资金投入和减贫计划为贫困人口提供就业机会，但未重视提升贫困对象的自主创造性和自我发展能力，从而扶贫效果不显著。这启示我们在今后的精准扶贫实践中要重视培养对象的自我发展能力，充分调动和利用其内生动力，提高贫困人口的扶贫项目参与度，形成外部多元化扶贫与内部自我脱贫的互动机制，确保实现脱贫攻坚目标。

6. 注重收入分配制度的公平性

收入公平分配是促进生产发展达到理想社会秩序的手段，解决收入分配不均的问题直接关系到国家宏观经济的治理，也关系到和谐社会的建立。印度在反贫困的实践中，收入分配制度因种姓制度的存在而极其不公平，这使得贫富差距大，财富被集中在少数富人手中，这启示我们在精准扶贫实践中必须注重收入分配制度优化，以避免贫富差距逐渐拉大，加剧贫困产生的社会问题。

主要参考文献

［1］Amy Joyce. The Bias Breakdown ［N］. The Washington Post，2005 - 12 - 9.

［2］Adams，R H. Economic growth，inequality，and poverty：Estimating the growth elasticity of poverty ［J］. World Development，2004，32（12）：1989 - 2014.

［3］Altay Mussurov and Paul Mosley. The Politics of Anti - Poverty Policy in Russia 1998—2007

[OL]. https：// www. kimep. kz/files/CSS/economics/The _ politics _ of _ anti － poverty _ policy _ in _ Russia － Swansea2008. pdf.

[4] Brazil to eliminate extreme poverty by 2016 [OL]. Xinhua，Río de Janeiro. http：// www. derechos. org/nizkor/econ/bra30. html.

[5] Buttle UK. Child Poverty in UK in 2019 [OL]. https：// www. buttleuk. org/news/child － poverty － in － uk － in － 2019.

[6] Census. gov. Income and Poverty in the United States：2016 [OL]. https：// www. census. gov/content/dam/Census/library/publications/2017/demo/P60 － 259.

[7] Davide Rasella. Child morbidity and mortality associated with alternative policy responses to the economic crisis in Brazil：A nationwide microsimulation study [OL]. May 22，2018. https：// doi. org/10. 1371/journal. pmed. 1002570.

[8] Five Strategies for Poverty Reduction in Brazil [OL]. on February 23，2018，The Good News，https：// www. borgenmagazine. com/poverty － reduction － in － brazil/.

[9] Gabe，Thomas. Poverty in the United States：2013 [R]. Congressional Research Service，2015 － 01 － 29.

[10] The Word Bank. How to Reduce Poverty：A New Lesson from Brazil for the World? [OL]. https：// www. worldbank. org/en/news/feature/2014/03/22/mundo － sin － pobreza － leccion － brasil － mundo － bolsa － familia.

[11] Jayashree，R. GopinathB. Beyond food rations：Six ways India can ensure nutrition security for its most vulnerable people [R]. 24 July 2020.

[12] 刘春怡. 俄罗斯贫困阶层的成因及启示 [N]. 中国社会报，2019 － 05 － 20 (07).

[13] 联邦公报 2020 年贫困准则 [OL]. https：// aspe. hhs. gov/poverty － guidelines Poverty in the UK：statisticshttps：// commonslibrary. parliament. uk/research － briefings/sn07096/.

[14] 李新. 中俄社会保障制度问题：比较分析 [M]. 北京：北京交通大学出版社，2010.

[15] Martins AP，Monteiro CA. Impact of the Bolsa Família program on food availability of low － income Brazilian families：a quasi experimental study [J]. BMC Public Health，2016，16 (1)：827.

[16] Malnutrition in India [OL]. https：// en. wikipedia. org/wiki/Malnutrition _ in _ India♯Midday _ meal _ scheme _ in _ Indian _ schools.

[17] NHK 特别节目录制组. 《女性贫困》 [M]. 李颖，译. 上海：上海译文出版社，2017.

[18] Poverty in the UK：statistics [OL]. http：file：// /Users/zhenghuiyan/Downloads/ SN07096％20 (2). pdf，2020.

[19] Poverty in Mexico：Economic Crises&·21st Century Welfare [OL]. https：// favies－ saywritings. com/poverty － in － mexico － economic － crises － 21st － century － welfare/.

［20］The Word Bank. Poverty in Mexico：an assessment of conditions，trends and govern-ment strategy ［OL］. https：//openknowledge. worldbank. org/handle/10986/14586.

［21］Poverty in India ［OL］. https：//en. wikiquote. org/w/index. php? title＝Poverty _ in _ India&·oldid＝2799156％20Indian％20association％20blog.

［22］The Word Bank. Reducing Poverty through Growth and Social Policy Reform in Rus-sia ［OL］. https：// openknowledge. worldbank. org/bitstream/handle/10986/6955/ 355190RU0Reducing0poverty01OFFICIAL0USE1. pdf? S.

［23］Russia in 2015：Development goals and policy priorities ［OL］. Human Development Report 2005 Russian Federation. http：// hdr. undp. org/sites/default/files/russian _ federation _ 2005 _ en. pdf.

［24］宋静 . 21 世纪俄罗斯贫困问题及对策研究 ［D］. 上海：上海师范大学，2016.

［25］Three Ways To Help Alleviate PovertyIN Brazil ［OL］. The Borgen Project. https： // borgenproject. org/three - ways - help - poverty - in - brazil/.

［26］Tara Watson. SNAP Benefits and the Government Shutdown ［OL］. https：// econofact. org/snap - benefits - and - the - government - shutdown，2019.

［27］U. S. Census. Income，Expenditures，Poverty and Wealth （PDF）［R］. March 20，2010.

［28］Use our poverty line calculator to track poverty levels since 2000，The Children 's Society ［OL］. https：//www. childrenssociety. org. uk/what - we - do/policy - and - lobbying/child - poverty/poverty - line - calculator.

［29］World Bank Report. Source：The World Bank （2009）［R］. Retrieved 13 March 2009. World Bank Report on Malnutrition in India。

［30］杨玲，刘远立 . 美国医疗救助制度及其启示 ［J］. 武汉大学学报（哲学社会科学版），2010，63（5）：698－704.

［31］郑军、王新悦. 日本农险扶贫的政策机制与成功经验 ［J］. 成都大学学报（社会科学版），2018（1）：25－34.

［32］张文凤 . 印度的贫困问题：源与流 ［D］. 昆明：云南大学，2019.

第九章　中国大扶贫减贫经验
国际分享

　　本章首先介绍了中国大扶贫减贫的经验及特点，总结了一般性和特殊性经验，并着重分析了经验国际分享的平台、路径、应注意问题和未来展望。在进行经验分享时应从村、户，从行业、区域开始推广，邀请国外官员、技术人员等实地参观以及推动扶贫项目、产业合作帮助贫困人口脱贫致富。经验分享应注意的问题有：扶贫经验的提炼和创新，对外话语体系的构建，经验分享原则和中国故事选取，经验分享的平等性、双向性、适应性和可持续性，以及信息反馈与合作交流。面向未来，在经验分享时要提升中国在参与全球治理中的话语权和影响力，在国际秩序的规则制定中扮演主动塑造者的角色，让国际社会真切感受到中国贡献与智慧，让大数据和人工智能为中国经验分享赋能。

第一节　中国大扶贫减贫经验与特点

一、中国大扶贫减贫经验

（一）坚持不断创新，逐步完善的大扶贫减贫思想

　　新中国成立之初，面对贫穷与落后的基本国情，中国政府提出通过工业化和合作化实现反贫困的战略构想，形成了对贫困及缓解贫困的基本认识。1978 年开始，全面启动农村改革，实行家庭联产承包责任制，极大地激发了农民积极性。从 1978 年到 1993 年，邓小平在毛泽东共同富裕思想基础上，首次提出了制度性贫困和中国反贫困的总体战略，中国的扶贫思想体系初步形成。

　　1994 年，国家颁布《国家八七扶贫攻坚计划（1994—2000 年）》，突出特点是扶贫开发与国家发展战略相结合。21 世纪后，中国扶贫开发战

略重点转入巩固温饱成果，提高发展能力，加快脱贫致富和缩小发展差距的新阶段。在此背景下，新一代领导人立足全球视角及中国实际，对扶贫开发提出了更高要求。这一阶段中国扶贫思想特点是：以人为本，赋予反贫困新内涵；和谐社会，开拓反贫困新路径；全面小康，描绘反贫困新目标；科学发展，彰显反贫困新战略。

中国减贫虽取得了辉煌成就，但仍存在"谁是贫困户""贫困原因是什么""怎么针对性帮扶""帮扶效果又怎样"等不确定、不精准的问题。在此背景下，习近平主席于2013年提出精准扶贫，他认为精准扶贫包括对象精准、项目安排精准、资金使用精准、措施到户精准、因村派人精准、脱贫成效精准。通过发展生产、转移就业、易地搬迁、社会保障兜底、教育扶贫等途径脱贫致富。精准扶贫思想逐渐形成与完善，其深刻揭示了中国扶贫基本特征和规律，明确了全面建成小康社会底线目标，为推动中国减贫事业提供科学指南和根本遵循。

（二）坚持党对大扶贫减贫工作领导的制度优势

坚持中国共产党领导，在大扶贫减贫理论成果上能够凝聚中国智慧，创新减贫顶层设计机制，在减贫实践中能够发挥强大的政治动员作用，整合社会资源，更好开展扶贫工作。在减贫工作机制上，坚持党的领导，实行中央统筹，省负总责，市县抓落实的工作机制，明确各方责任。国务院扶贫开发领导小组统揽全局、协调各方。各地方扶贫工作实行分级负责，责任到人，在中央统一领导下制定本地区扶贫工作实施计划。农村减贫工作实行第一书记制度，负责指导本村扶贫工作落实。强化省市县乡村五级领导责任制，层层签订脱贫攻坚责任书，驻村工作队全覆盖贫困村，每个贫困户落实帮扶责任人。

（三）与时俱进，适时分阶段确定扶贫减贫标准和目标任务

国家根据全社会经济发展实力、贫困人口特征、地区发展差异，先后三次确定扶贫标准。现行的"两不愁、三保障"贫困标准在保障基本生存需求外，还考虑了教育、卫生、住房等发展需要。国家根据发展不平衡状况，制定了"各省（自治区、直辖市）可根据当地实际制定高于国家扶贫标准的地区扶贫标准"的政策。每一次标准调整都是在逐步减少该标准下的贫困人口。与时俱进，分阶段、留有余地地确定扶贫标准和目标任务，不仅有效地提高了减贫质量，巩固减贫成果，而且激发了贫困户脱贫内生

动力，让贫困户更多依靠自身努力奋斗脱贫致富。

（四）将扶贫减贫工作纳入经济社会发展总体布局的顶层设计

扶贫工作是一项综合系统性工程，涉及层面多，应当从全局的角度，各方面、各层次、各要素统筹规划，以集中有效资源，高效实现目标。中国始终把促进区域协调发展、缩小居民收入差距作为重要目标，将扶贫减贫工作纳入经济社会发展总体布局的顶层设计，如"十三五"国民经济社会发展规划单独编制了脱贫攻坚子规划。20世纪90年代中期以来，连续制定《国家八七扶贫攻坚计划（1994—2000年）》《中国农村扶贫开发纲要（2001—2010年）》《中国农村扶贫开发纲要（2011—2020年）》中长期扶贫规划，涉及扶贫对象总目标、组织保证、扶贫模式、资金来源、帮扶措施、退出机制和监督考评等各方面。

（五）构建政府有为、市场有效、社会有助、对象有应、人人有责的大扶贫体系

中国已逐步构建起了政府主导、社会参与的社会扶贫体系，主要包括：形成跨地区、跨部门、跨领域的社会扶贫体系；组织实施东西部扶贫协作，形成对口帮扶工作格局；动员全国支援西藏、新疆南疆四地州和四川、云南、甘肃、青海四省藏区；组织开展党政机关定点帮扶贫困县；鼓励支持各类企业、社会组织、个人参与大扶贫减贫。政府主导扶贫能有效调动各类社会资源，防止扶贫成为"一盘散沙"。社会组织参与减贫能够发挥比较优势，改变政府作为减贫公共产品单一供给主体，形成减贫合力。同时，社会组织、个体参与减贫可以有效监督和约束政府权力。这个大扶贫体系逐步体现了多方主体的配合，并表现出政府有为、市场有效、社会有助、对象有应、人人有责的大扶贫局面。

（六）创新可供选择的形式多样的减贫方式

现行的一些减贫方式是基于精准扶贫思想并在实际工作中衍生出来的，是具有创新性的减贫方式。精准扶贫是指对贫困户的精准识别和精准帮扶，对其进行动态管理和精准考核扶贫效果。精准扶贫作为创新的扶贫思想，成为这些减贫方式的基石。主要包括：第一，产业扶贫方式。引导贫困户依法自愿流转土地，成立合作农场、专业合作社和龙头企业，获取租金、分红和劳务收入。第二，就业扶贫方式。对有条件的

贫困户开展技能培训，用好各类优惠政策，支持贫困户创业。第三，社会保障政策兜底。指对五保户和低保贫困户，需要社会保障政策进行兜底。第四，移民搬迁方式。移民搬迁是指对目前极少数居住在生存条件恶劣、自然资源贫乏地区的贫困人口，实行自愿移民，以满足其生存和发展需要。

（七）将激发贫困群体内生动力贯穿于整个扶贫减贫过程

中国坚持扶贫与扶智、扶志相结合，重视提升贫困人口自我发展能力和内生动力。贫困户有扶贫产业、有工作，才能有持续稳定的收益。开展技能培训，夯实发展基础，支撑贫困户"能脱贫"。此外，通过改善贫困地区交通、水利、电力、通信等基础设施，为贫困群众脱贫致富创造条件；发展贫困地区教育、卫生、社保等社会事业，为贫困群众发展筑牢安全网；将新民风建设与扶贫扶智相结合，通过模范及先进事迹，改善贫困人口精神面貌。坚持扶贫与扶志、扶智、扶德相结合，坚持精神扶贫与物质扶贫同步进行，外部帮扶与激发内生动力同频共振。

（八）分层、分类编织与逐步完善的社会减贫保障体系

社会保障是通过经济手段解决社会问题，实现政治目的的一种制度，是治国理政的有力武器和重要支柱，其包括物质补偿性经济保障、生活照护性服务保障和心理慰藉性精神保障，是一个层次有序、体系完备的国民生活保障系统，在缓解贫困、救灾救难、保障基本生活上发挥着重要作用。

在社会保障兜底一批工程中，发挥核心作用的三大制度是社会救助、社会保险和社会福利。目前，农村贫困地区社会保障制度发挥着最基础的兜底扶贫作用，其中社会救助在扶贫减贫中发挥最直接的兜底作用，社会保险制度发挥的作用不断扩大，而社会福利制度的兜底扶贫作用相对较弱。

社会救助作为社会保障体系中最后一道"安全网"，主要依靠政府财政保障贫困人口基本生存和缓解贫困程度。贫困地区的社会救助体系主要包括农村最低生活保障制度、特困人员救助供养制度、临时救助制度及医疗救助、教育救助、住房救助等专项社会救助项目。

社会保险处于社会保障体系的中间层次，具有责任分担、互助共济特点，其资金来源主要是政府补助和个人缴费。实行权利与义务对等原则，

在承担相应缴费义务的基础上享受一定的保险待遇。贫困地区的社会保险主要包括新型农村合作医疗制度和新型农村养老保险制度。

社会福利指政府和社会向老年人、残疾人、妇女儿童等人群提供福利津贴、实物供给和社会服务，以满足生活需求并提高生活质量。社会福利主要资金来源是政府拨款和社会捐助。贫困地区社会福利制度主要包括老年人福利、残疾人福利和妇女儿童福利制度。

（九）构建合理有效的大扶贫减贫考核激励机制

对扶贫主体的考核与激励是实现大扶贫减贫目标的重要手段，是保证扶贫成果长效性的有力措施。中国政府出台《关于加强和改进贫困县考核工作指导意见》《创新扶贫开发社会参与机制实施方案》等文件，均是对扶贫主体考评与激励思想的具体落实。

各省区市也结合自身实际出台了考核制度，并针对扶贫减贫实际要求构建了多层次考核体系，考核的主要内容包括经济发展、贫困人口脱贫率、生态环境保护、生活水平等指标。建立评估机制，采取第三方评估，以"两不愁、三保障"为核心，将贫困人口数量和生活水平作为主要指标，对村、镇、县、省进行考核。同时，建立贫困退出机制，以贫困县、贫困村退出为主要指标，对各级领导进行考核。省市两级原则上每年对县的考核不超过 2 次，加强对县委书记工作考核。强化贫困地区农村基层党建工作责任落实，对落实不力的单位及个人要及时约谈提醒，严重的要追责问责。

加强对扶贫一线干部的关爱激励，注重考察识别干部，对如期完成任务且表现突出的贫困县党政正职予以重用；提拔使用工作出色、表现优秀的扶贫干部、基层干部；对扶贫一线县乡干部实行津补贴、周转房等政策；对因公牺牲干部和党员家属给予抚恤；落实贫困村干部报酬和正常离任村干部生活补贴。对扶贫成效明显、贡献特别突出的企业、社会组织和个人，可在尊重其意愿下给项目冠名。鼓励有条件的单位设立扶贫基金，拓展扶贫筹资渠道。加大财政对扶贫公益事业的支持，对符合条件的社会组织给予公益性捐赠税前扣除资格。

（十）逐步形成的阳光扶贫理念与氛围

"阳光扶贫"关键在于过程的公开和透明，让群众看得见，也能摸得着，不偏不倚，以公平公正为导引，让扶贫起于精准，终于精准。

建立"阳光扶贫"监管系统，整合扶贫对象、资金、项目、力量4个数据库，按季采集、动态更新。扶贫资金是国家为帮助贫困地区贫困群众摆脱贫困而安排的特殊投入，不仅要用在贫困地区贫困群众身上，还要用好、用出成效。因此，需要完善扶贫资金使用管理机制，完善扶贫资金项目公告公示制度，建立健全贫困群众参与扶贫资金使用管理、项目管理，发挥媒体监督、第三方评估作用，确保扶贫资金使用、扶贫项目实施过程公开透明，切实做到阳光化管理。

二、中国大扶贫减贫经验特点

（一）不同参与主体容易形成协同效应

积极构建政府有为、市场有效、社会有助、对象有应、人人有责的大扶贫体系。以政府为主导、社会广泛参与的扶贫体系关乎贫困人口切身利益，不仅是党和政府的事业，而且是全社会的共同责任，必须构建政府、社会、市场协同推进的大扶贫格局，发挥社会合力，实现协同效应。坚持专项扶贫、行业扶贫、社会扶贫等多方力量、多种举措有机结合和互为支撑的"三位一体"大扶贫格局，健全东西部协作、定点扶贫机制，广泛调动社会各界参与扶贫的积极性。

（二）可以获取扶贫减贫规模经济和大国效应

中国幅员辽阔，人口众多，拥有较大市场。减贫过程中形成的行业或产品由于消费市场大，在行业发展过程中容易形成扶贫减贫的规模经济和大国效应。

规模经济指通过扩大生产规模而引起经济效益增加的现象。规模经济的益处在于：随着产量增加，长期平均总成本下降，企业获得额外收益。但要注意控制最佳经济规模，否则边际效益就会下降，引发规模不经济。扶贫减贫规模经济就是描述扶贫减贫行业或产品获取额外收益或最佳经济的现象。

范围经济指企业由于生产设备、技术及管理具有多种功能，可用来生产不同产品，从而提高生产设备利用率，取得因规模经济而引起的范围经济。中国贫困地区内部存在差异的同时也存在诸多共性问题，不同地区的扶贫减贫顶层设计、方案和经验也可被其他地区所借鉴并推广应用，进而形成扶贫减贫的大国效应。

（三）扶贫减贫经验在不同区域、部门之间可借鉴与可激励

中国不同区域间发展有差别，但仍有许多资源禀赋、人文特色、自然条件相似的地区，这些地区的扶贫经验可相互借鉴。对于贫困村，扶贫模式可在不同的村庄复制。如某贫困村通过发展猕猴桃产业整村脱贫，那么该村扶贫管理经验可以复制到气候条件相似的其他贫困地区或农业带。对于贫困户，通过示范效应可复制其他贫困户成功经验，通过发展种植养殖、外出务工脱贫致富。

国家和地方各省市通过开展扶贫减贫工作评比表彰，落后地区才能针对不足改进扶贫工作。红黑榜、民主评议等方式可有效激励贫困户脱贫致富。

（四）具有中国特色的共同富裕、协同发展的文化背景

共同富裕是中国文化的一个显著特点。自新中国成立以来，就始终致力于实现共同富裕目标。邓小平指出：社会主义的本质是"解放生产力，发展生产力，消灭剥削，消除两极分化，最终达到共同富裕。"并在当时创造性地提出了要让一部分人先富起来，先富带后富，最终实现协同发展。习近平曾指出：消除贫困、改善民生、实现共同富裕，是社会主义的本质要求。要实施精准扶贫，改善民生、实现城乡和区域共同富裕。同时，要推动实现城乡一体化、公共服务均等化和东中西部协调发展。

三、中国大扶贫减贫经验的一般性与特殊性

（一）中国大扶贫减贫经验的一般性

1. 组织纲领对组织运行的统领作用

作为扶贫组织纲领的扶贫思想在不断创新和完善，目标任务也在根据国情适时调整，各扶贫主体在参与扶贫组织运行中逐渐形成共识。

扶贫思想的逐步完善与创新。中国的大扶贫减贫思想在继承过去开发式扶贫理念优点和吸收国外扶贫成功经验基础上进行了创新。大扶贫减贫思想的创新主要有：一是目标定位上的创新。党的十八大以来把扶贫阶段认定为冲刺期，解决过去扶贫留下的硬骨头，实现现有标准下贫困人口全部脱贫。二是扶贫战略上的创新。把贫困家庭作为主要扶贫对象，由区域转向个体，由直接"输血式"扶贫模式转向直接和间接相结合的"造血

式"扶贫模式。三是扶贫途径上的创新。中国在扶贫途径上进行的创新如教育扶贫、产业扶贫、金融扶贫、电商扶贫等。此外也保留了对口帮扶、定点扶贫等过去有效的扶贫方式。

2. 发挥政府主导作用，实现大扶贫体系的协同效应

全面小康一个都不能少。中国扶贫以不放弃、不抛弃任何一个贫困户为目标。

中国政府在扶贫减贫中发挥主导作用体现在四个方面：第一，将扶贫纳入国民经济和社会发展整体布局中，充分发挥制度优势，将减贫寓于国家改革和发展规划中。第二，设立各级扶贫组织领导机构。中国政府在各省份成立了地方扶贫开发领导小组，负责掌握全国贫困状态、协调中央扶贫、动员社会力量扶贫、扶贫开发宣传等工作。第三，定期召开全国扶贫开发工作会议，安排部署扶贫工作。通过经验总结和政策解读等方式，强调扶贫开发工作重要性，指导扶贫工作的开展。第四，加大对贫困地区的物质、人力等资源投入力度。中国政府安排扶贫专项资金，为扶贫工作投入人力、物力和财力。

此外，政府还广泛动员和引导企业、社会组织、个人参与扶贫减贫工作，发挥各扶贫主体比较优势，采取政策支持和其他激励方式提高各主体积极性，实现大扶贫减贫的协同效应。

3. 各种扶贫减贫政策的合理搭配，牢牢守住绝对贫困底线

中国扶贫减贫在理论和实践中积累了多种扶贫模式和成功经验，且注重政策间的相互匹配和搭配运用。如对有劳动能力但无技能的贫困人群采取技能培训、就业脱贫工程等方式帮助其就业，使其具备发展能力，提升内生动力。守住贫困底线，对贫困地区因病、因灾返贫的贫困户、低保贫困户、五保户采用社会保障兜底，满足他们的基本生活需求。再如发展扶贫产业，通过产业扶贫和金融扶贫等方式助力贫困户实现脱贫致富。

4. 针对不同类型的贫困群体，采取灵活的扶持工具

"五个一批"是指发展生产脱贫一批、易地搬迁脱贫一批、生态补偿脱贫一批、发展教育脱贫一批、社会保障兜底一批。中国实行的"五个一批"扶贫工程发挥了巨大作用，许多新扶贫模式也是在此基础下形成的，具有较强的适用性和灵活性。在长期的扶贫减贫工作中，通过对贫困户的精准识别，瞄准扶贫减贫需求，采取因地制宜、分类指导的扶贫方式，较快提升了扶贫减贫成效。

5. 将激发内生动力和提升能力建设始终作为扶贫减贫的核心

持续推动扶贫与扶智、扶志相结合，以激发贫困人口内生动力和提升能力建设为重点，改变了从前依靠政府单向度的扶贫行为，将扶贫的重心放在满足贫困户脱贫需求，整合优化扶贫资源，提升贫困户主体地位，推动有效减贫和长效脱贫上。在中国提出大扶贫格局下，更将激发和提升贫困地区和贫困人口内生动力和能力建设作为重中之重，作为衡量可持续脱贫的重要参考。

（二）中国大扶贫减贫经验的特殊性

中国大扶贫减贫经验的特殊性体现在中国共产党对扶贫工作的全面领导。

第一，在扶贫减贫政策背景下，农村基层党组织在宣传和执行、吸纳和培育、发展和服务、组织和领导四个方面确保了中国扶贫工作落到实处。

第二，宣传和执行。向党员干部和贫困户解读国家扶贫政策规定，提升政策宣传能力和质量；贯彻落实党的各项政策，并与贫困户实际需求相结合。

第三，吸纳和培育。广泛吸纳社会优秀人才，坚持正确用人标准，注重选好第一书记和带头人；加强扶贫干部教育培训，提高他们的担当意识和能力素质。

第四，发展和服务。在掌握本地区客观发展状况和需求背景下，优化发展目标制定、发展项目引进、产业结构调整、执行方案选择等各环节，增强农村产业发展活力。

第五，组织和领导。协调好与同级各类扶贫组织团体间的利益关系，充分发挥各扶贫主体的作用。

第二节　中国大扶贫减贫经验
国际分享平台与路径

消除贫困、实现可持续发展在今后较长一段时间内仍然是国际社会尤其是广大发展中国家面临的重要历史任务，是国际合作的重要领域。在全球一体化、人类命运共同体及共享理念背景下，有必要借助社会学、传播学、政治学等相关学科，探索更适合中国大扶贫减贫经验国际分享与推广的模式、平台及路径。

一、厘清大扶贫减贫经验分享思路

（一）制定大扶贫减贫经验分享战略

1. 理念引导，提高主动性

这里的"理念"主要指中国特色的以精准扶贫为核心的中国特色扶贫理念和经验。从改革开放到 20 世纪末，中国参与全球反贫困治理主要基于受援国实际需求开展，方式以扶贫援助为主。到 21 世纪，中国开始有意识将自身扶贫经验与受援国国情结合，从而达到传播中国扶贫和发展理念，进而提升中国软实力的战略目标。中国特色扶贫理念和扶贫智慧使中国在参与全球贫困治理时更具主动性和鲜明特点。

2. 软硬结合，突出"软"字

软硬结合指把侧重"硬性"的扶贫援助和侧重"软性"的扶贫经验相结合。以往，中国扶贫援助较注重"硬"的援助，如成套设备交钥匙工程。近年来，中国越来越重视理念、能力援助等"软"的援助。而中国扶贫减贫经验的国际分享是"软"的交流。中国扶贫减贫经验分享的目的就是通过扶贫援助或理念传播等方式，传播中国治国理政方法，是中国道路、中国制度、中国文化的延伸和拓展。因此，未来在中国扶贫减贫经验分享过程中要更突出"软"字。

3. 各方参与，互相配合，形成合力

当前，关于中国扶贫减贫经验分享的研究和实施仍处于起步阶段，因此需要各类主体共同参与，相互配合，形成经验分享研究和实施的合力。中资企业、民间组织、智库等应借助自身优势，推动经验的国际分享。企业优势在于通过市场和商业行为参与扶贫援助，扩大市场的同时也树立了企业形象。民间组织利用自身专业知识和人才队伍，灵活参与扶贫援助或经验传播。智库通过生产和传播扶贫知识，进一步增强了中国扶贫的理论特色，引领国际扶贫与发展潮流。

（二）明确大扶贫减贫经验分享目标任务

1. 短期目标：消除疑虑误解，提升认同感

随着中国经济不断发展，综合国力提升，各种议论声也不绝于耳。其中，既有肯定"中国模式"的赞扬声，也有"中国威胁论"。"中国威胁论"一定程度上恶化了中国发展环境，也给中国国际形象带来诸多负面影

响。因此，中国扶贫经验分享的首要目标和任务就是向国际社会介绍中国国情，让国际社会对中国发展有较客观的认知，消除疑虑误解。同时，表明中国扶贫经验分享就是要向全球贫困治理提供可借鉴的中国方案，实现共同发展，体现大国担当。

2. 中期目标：推动各国互联互通，夯实社会民意基础

做好中国扶贫经验的国际分享，重点在打通民心。由于各国在政治、经济、文化、社会、外交战略和地缘利益等方面存在诸多差异，公众思想观念也不尽相同，在和国际社会交流沟通过程中这些差异容易产生激发效应，引发公众间的隔阂以及国家间的猜疑与对抗。因此，中国扶贫经验分享须通过两国文化交流和政治对话，夯实民意基础。可通过搭建国际扶贫合作交流平台，开展扶贫研修班、论坛或研讨会，深化互信，加深了解，为扶贫合作夯实民心基础。

3. 长期目标：促进人类命运共同体的建设

习近平主席在 2015 年减贫与发展高层论坛上明确提出，要"推动建立以合作共赢为核心的新型国际减贫交流合作关系"，共建"一个没有贫困、共同发展的人类命运共同体"。2020 年 12 月，习近平同志向人类减贫经验国际论坛致贺信，强调中国愿同世界各国一道，携手推进国际减贫进程，推动构建人类命运共同体。深化减贫经验交流，积极开展中国扶贫经验分享就是要同各方一道，加强合作，优化全球发展伙伴关系，推进南北合作、南南合作、一带一路建设。同时，发挥好中国国际扶贫中心等国际扶贫交流平台作用，继续举办减贫与发展高层论坛、中非合作论坛减贫与发展会议、全球减贫伙伴研讨会、中国—东盟社会发展与减贫论坛等国际会议，开展减贫项目合作，提出中国方案，贡献中国智慧，更加有效地促进发展中国家交流分享扶贫经验，共同促进国际减贫事业发展，为构建新型国际扶贫交流合作关系，促进人类命运共同体建设贡献智慧和力量。

（三）科学划分大扶贫减贫经验分享阶段

随着互联网技术的飞速发展和区域间合作的加强，经验分享和应用成为当代经济社会发展的重要组成部分，推动各国在相互借鉴中共同提高、共同发展。一般来说，经验的分享和应用历经四个阶段：突破阶段、紧要阶段、跟随阶段和从众阶段。中国扶贫经验的分享和应用同样要经过这四个阶段，如图 9-1 所示。

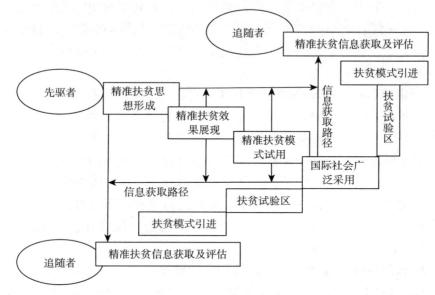

图 9-1　中国扶贫经验分享和应用示意图

1. 突破阶段

突破阶段是经验分享与推广的首要环节，中国扶贫经验分享与应用的突破阶段即中国扶贫思想与理论的形成阶段。中国贫困地区大多集中在基础条件差、开发成本高的深度贫困地区，过去的大水漫灌式扶贫很难奏效。在此背景下，国家创造性地提出大扶贫减贫基本方略，为开展扶贫工作提供了正确方向。

2. 紧要阶段

紧要阶段是经验能否进一步分享与扩散的关键，是由先驱者向早期采用者进行分享和应用的过程。随着中国大扶贫减贫工作成效的逐渐显露，国际社会也开始热切关注中国发展模式和发展路径的选择。

3. 跟随阶段

跟随阶段是自我推动阶段，是中国扶贫经验的具体应用过程。在这一阶段，乐于尝试新鲜事物的早期采用者通过全面比较、评价，结合自身需求，先小规模运用中国经验，观察是否适合自身发展，随后逐步扩大实施范围。

4. 从众阶段

随着时间的推移，早期采用者开始对周围的其他潜在采用者产生影响，成为中国扶贫经验的推广者和传播者，加速中国经验的分享与传播。在这一阶段初期，中国扶贫经验的采用者会出现爆发式增长。

二、中国大扶贫减贫经验的国际分享平台

（一）通过参加或举办国际会议，分享中国经验

出席国际会议可为中国提供良好的学习和交流平台。2007 年以来，中国国际扶贫中心连续承办 10·17 减贫与发展高层论坛，以展示成就、分享经验、促进发展为目标，为中国及来自国外扶贫机构的官员介绍本国扶贫经验提供了机会。

在经验交流时要注意：一是将扶贫实践与中国外交活动相结合。二是把中国经验与中国崛起相结合。三是明确中国扶贫经验分享目标、路径、保障措施、评价体系等。四是兼顾中国与他国在经济、政治、文化、社会等方面的差异。

（二）借助"一带一路"倡议，推动中国经验的国际化

2013 年，习近平主席提出建设"新丝绸之路经济带"和"21 世纪海上丝绸之路"的合作倡议。"一带一路"作为世界上跨度最大的经济走廊，横贯欧亚非地区，涵盖 60 多个国家。产业帮扶为"一带一路"沿线国家开启了经验共享、消除贫困的新机遇，也给中国经验的国际化提供了新路径。

第一，做好产业帮扶的顶层设计。"一带一路"建设是国家重大战略决策，涉及多个部门、多项政策。为了提高工作效率，需要优化决策结构，设立产业帮扶机制，加强部门间沟通、协作，确保扶贫产业落实。

第二，推动中国企业"走出去"。对外援助让中国企业更多参与国际竞争与合作，进而充分利用市场，优化资源配置，拓宽发展空间。中国企业也将给当地带来新技术和产品，推动其经济发展。

第三，培育内生性人才。产业项目计划、落实都需要人才支撑。中国可在沿线支点国家与其合作创办大学、职业学校等，培养专业人才，传播中国经验。海外孔子学院、华人华侨、商会需要发挥相应作用。

第四，突出受援国的主动性和主导性。在对外援助中，本地政府的作为是实现产业扶贫、达到扶贫目的的关键。对于具备能力的受援方，可把项目的组织实施责任转交给受援国政府，发挥其主观能动性。

（三）借助国际性扶贫组织，分享中国经验

借助国际组织有助于将中国经验以国际化视角及分享形式传递到全

球。中国扶贫工作受到了世界银行、联合国开发计划署、国际行动援助组织等国际组织肯定，这是中国分享扶贫经验、提升国际形象的重要途径。目前，中国需加强与国际扶贫组织的合作。第一，为中国人进入国际组织创造条件。第二，充分利用国际扶贫组织积极"发声"，增强话语权。第三，积极倡导并参与国际扶贫组织与合作机制创建，为国际扶贫组织及其机构落户中国创造条件。

（四）借助国际留学生计划，培养国际扶贫减贫人才

国际留学生是宣传中国扶贫经验的特殊群体。在培养国际留学生时应注重采用理论和实践相结合的教育模式。一是加快建立中国扶贫学科教育体系，梳理归纳国内外成功扶贫经验和做法，注重理论和方法遵循；二是将中国国情、扶贫经验形成过程和内容、蕴含的文化特性等传递给留学生；三是组织留学生参与中国基层扶贫实践，加深他们对扶贫政策制定和实施效果的认识；四是加强经验的双向沟通与交流，在分享中国经验时也学习国外优秀经验。

（五）通过大众媒体和互联网平台，推动中国经验传播

提升中国媒体宣传的国际性至关重要。首先可以依托中国国际扶贫中心、国内著名高校及国际研究机构建立对外宣传话语体系，保持对外宣传口径的统一；其次可通过与外国媒体交流、合作，引导其报道中国扶贫经验。同时，利用互联网平台技术优势和传播能力，通过门户网站和知识共享平台提升中国扶贫信息透明度和开放度，满足各国受众需求，增强其参与传播中国扶贫经验的积极性。

（六）借助民间组织、企业交流之际，推介中国经验

在中国，就民间组织与政府的关系而言，将民间组织分为官办民间组织、半官办民间组织和民办民间组织。官办民间组织很大程度上代表中国政府在国际社会中的形象和地位，其经验分享影响广泛；半官办民间组织具有"半官方、半民间性"和较强灵活性，社会力量雄厚，能广泛获取官方和民间信息，推动国家间扶贫经验交流和扶贫项目合作；民办民间组织灵活性优于前两类组织，外交渠道最多，能够协助构建中国经验分享体系。

"走出去"的中国企业是宣传中国经验的窗口。政府应积极推动企业

"走出去"。一是发挥企业优势，建立国内企业参与对外扶贫援助机制，出台政策鼓励企业参与和承接各类对外扶贫援助项目；二是支持企业参与扶贫交流合作。企业通过参与扶贫交流合作可获得受援国政府和群众支持，为拓展业务奠定社会基础。同时，政府可设立种子基金支持海外民营企业承担扶贫项目，如中非发展基金、丝路基金、亚洲基础设施投资银行等。

（七）推动中国智库总结中国扶贫减贫经验，丰富传播载体

中国智库是国家"软实力"和"话语权"的重要组成部分，对政府决策、企业发展、社会舆论与公共知识传播具有深刻影响。中国智库积极发挥传播载体作用，推动中国扶贫减贫的国际化。一方面，积极引进国际扶贫智库资源，如邀请国际反贫困专家参与中国扶贫调研，制定扶贫方案；另一方面，积极向国际推广中国经验，如组织开展智库培训宣传中国经验。此外，举办"减贫与发展高层论坛""中非减贫发展高端对话会暨智库论坛"，推动国家间交流分享扶贫经验。

三、中国大扶贫减贫经验分享路径

中国扶贫经验国际分享路径应坚持由小到大、由点及面的原则，从一村、一户开始推广，从一个行业、一个区域开始帮扶，通过邀请国外官员、技术人才、专家参观学习，传播中国扶贫经验。在中国大扶贫格局背景下，政府应着重从宏观层面分享中国扶贫经验，如扶贫政策制度、模式、体系等，而市场和社会组织应更多从微观层面分享中国扶贫经验，如由贫困村到行业或区域的案例分享，对外扶贫项目合作等。中国扶贫减贫经验国际分享路径如图 9-2 所示。

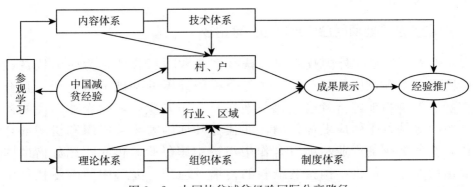

图 9-2　中国扶贫减贫经验国际分享路径

（一）从一村、一户开始的分享路径

贫困人口思想观念普遍落后，很难快速了解接受中国经验，因此按照试点先行、重点突破的思路，从一村、一户开始推广中国扶贫案例及经验，可迅速梳理、总结扶贫规律，吸引其他国家学习、了解中国经验。如对发展特色产业、职业技能培训、易地扶贫搬迁、电商扶贫、生态扶贫等成功案例的宣传及推广。在分享经验时注重激发贫困村、贫困人口积极性、主动性，杜绝中国包办包揽式扶贫。

（二）从一个行业、一个区域开始的分享路径

贫困人口发展与行业、区域发展情况息息相关，脱离产业和地区很难实现可持续脱贫。因此，分享中国扶贫减贫经验不能仅停留在治穷上，还要通过行业发展、区域改革改变贫困人口生产生活环境，达到持续脱贫致富目的。在经验分享时，可对国家重点贫困省、"三区三州"等特殊贫困地区扶贫经验进行介绍。以地区资源禀赋作为推广中国经验的切入点，做到因地制宜，因人施策，分类指导。

（三）从官员、技术人才、专家参观学习开始的分享路径

邀请周边国家和其他发展中国家的官员、技术人才、专家到中国参观学习，开展实地考察和理论培训，特别是对中国具有代表性省区的扶贫项目开展考察。此外，根据来访者的不同制定不同参观学习路线，对于官员要侧重阐释中国扶贫思想理念、顶层设计等；对于技术人才应侧重阐释中国扶贫技术、方法、产业项目等；对于专家学者则应综合阐释中国扶贫理论和实践内容。

（四）从产业项目合作开始的分享路径

首先，加强与外国政府间的扶贫产业和项目合作，为中国扶贫经验国际分享提供内外部环境。如与受援国开展的基础设施建设项目合作能够促进当地经济社会发展，改善民生。其次，民营企业、民间社会组织等扶贫主体应发挥作用，加强与其他国家相关组织和机构的合作，在各类扶贫产业和项目合作中渗透中国经验。再次，充分借助国际组织的平台促进中国扶贫经验的传播及应用。完善中国国际扶贫中心、南南合作网站、中国扶贫在线信息平台建设，展示更多中国扶贫

案例。最后，加强与国外主流媒体的交流与合作，借助主流媒体讲述中国经验。

第三节　中国大扶贫减贫经验国际分享展望

一、中国大扶贫减贫经验分享应注意的问题

（一）要注意经验的提炼、创新和对外话语体系的构建

应做好扶贫经验的提炼和创新，增强宣传内容的准确性和易理解性，构建中国扶贫经验对外话语体系，及时、有效回应外界疑虑和关切。需注意的问题是：第一，中国尚未形成具有中国特色的扶贫减贫概念范畴表述体系和学术理论体系，缺乏具有原创性、概括性的研究成果。第二，对于中国扶贫经验的翻译工作存在较多问题，如误译语、不统一的翻译，这可能会降低国际社会对中国经验的正确理解。

（二）要注意经验分享原则和中国故事选取

中国过去的扶贫经验分享采取"内外有别"原则。比如，在对外介绍中国经验时，往往不含失败案例。未来，在进行中国扶贫经验分享时要注重中国故事的选取，不仅要分享成功案例，也要客观讲述失败案例，从而增加中国扶贫经验的吸引力和真实性。此外，在中国扶贫经验的内向化和本土化转变中，需下沉视角，将内容重心从宏大叙事和整体框架向生动案例转化，提高其易理解性。

（三）要注意经验分享的平等性、双向性和适应性

第一，平等性和双向性要求在分享中国经验时还应汲取国外扶贫经验并应用于本国扶贫工作；需具有问题意识和内省意识，对中国经验的局限性不掩盖、不回避。第二，中国经验分享的适应性强调中国经验与受援国实际情况的契合度和产生的实际效益。在应用中国经验前，必须立足于受援国国情，在符合当地发展背景和满足实际需求的条件下稳步推进中国扶贫模式的落地实施。

（四）要注意经验分享的可持续性，减贫短期效果与长期效果的结合

当前，中国扶贫应坚持可持续性，继续巩固脱贫成果，防止贫困地区

贫困人口返贫。中国扶贫经验分享也需要长期坚持下去，才能使中国经验和模式融入受援国家土壤，贯穿于当地贫困人口日常生产生活之中。对其他国家实施援助时要注意将扶贫产业或项目的短期效果和长期效果相结合，合理配置短期项目和长期项目，让贫困人口既能短期内较快脱贫又能长期致富。

（五）要注意信息反馈与合作，动态调整经验分享方法和路径

建立信息反馈机制可以更好地了解中国扶贫经验在其他国家的实施情况和效果，改进中国经验分享模式。要扩大数据收集范围，向国外政府、国际性扶贫组织、企业、贫困群体征求对中国经验的建议等信息。对相关信息数据进行处理，为制定科学完善的中国扶贫经验国际分享战略提供参考。同时，应建立预警和快速反应机制，及时解决中国扶贫经验分享过程中出现的问题。

二、中国大扶贫减贫经验国际分享展望

（一）提升中国在参与全球治理中的话语权和影响力

随着综合国力提升，中国成为世界第二大经济体，国际社会希望中国承担国际责任的呼声也越来越多，如何在维护国家利益的基础上，有效回应国际社会尤其是发展中国家的期待，是一个重要问题。此外，中国在全球治理格局中的地位和作用还需提升，这就需要融入国际社会，提升自身软实力。中国特色的扶贫经验为中国参与全球治理赢得了充分的话语权，可为中国社会经济发展创造良好的国际环境，但需思考如何增强对外话语模式和传播方式，包括准确的对外翻译、创新性的研究成果以及有利的传播渠道等。

（二）在国际秩序的机制制定中扮演主动塑造者的角色

国际秩序指在一定世界格局基础上形成的且参与国际活动的主体需要遵循的规则和保障规则实施的机制，以及国际行为主体间的关系。随着中国综合实力提升，中国日益走近世界舞台中央，也必将扮演现有国际秩序、规则的完善与建构者的角色。习近平总书记着眼世界和平发展大局，顺应各国相互依存大势，与时俱进提出"人类命运共同体"理念。消除贫困是构建人类命运共同体的重要议题。中国扶贫经验分享重点在于把中国

与广大发展中国家的共同发展相结合，进而实现互利共赢，展示了中国积极参与全球贫困治理的决心。

（三）让国际社会真切感受到中国贡献与中国智慧

消除贫困、实现可持续发展是国际社会特别是广大发展中国家面临的历史任务，是国际发展合作的重要领域。通过加强扶贫领域国际合作和经验分享，不仅可以互学互鉴，还可以传播中国扶贫理念和经验，让其他国家认识并接受中国经验与智慧。当前，让国际社会切实感受到中国贡献与中国智慧进而推动中国经验应用成为经验分享的关键问题。首先，要加快培养一批国际传播业务人才。其次，扩大中国媒介的全球覆盖面，利用新媒体增强信息的共享性与互动性，增强中国扶贫经验对国外公众的吸引力。再次，创新表达方式，在中国经验分享和应用中，更加注重传播小人物小故事，让各国真切感受到中国经验的具体优势。

（四）让大数据和人工智能为中国经验分享赋能

新冠肺炎疫情的蔓延造成世界经济深度衰退，给一些国家的扶贫工作带来巨大挑战。尽管疫情影响较大，但中国继续做好扶贫经验国际分享工作的脚步从未停歇。中国应逐步探索利用大数据、云计算、人工智能等新型信息技术加快推动中国经验分享的渠道和效果，使受众国从数据和图像中更为直观地感受中国扶贫成效和经验，推动中国经验的国际应用。但在新型技术应用过程中也应考虑受众国国情，根据其经济发展水平采取适合的宣传方式，高效运用新型信息技术。

主要参考文献

[1] 国务院 . 中共中央国务院印发《中国农村扶贫开发纲要（2011—2020 年)》[EB/OL].
　　http：//www. gov. cn/gongbao/content/2011/content_2020905. htm，2011 - 12 - 01.
[2] 黄承伟 . 深化精准扶贫的路径选择——学习贯彻习近平总书记近期关于脱贫攻坚的
　　重要论述 [J]. 南京农业大学学报（社会科学版），2017，17（4）：2 - 8.
[3] 姬德强 . 中国扶贫对外传播的话语、媒介与策略 [J]. 对外传播，2020（3）：8 - 1.
[4] 覃志敏 . 连片特困地区农村贫困治理转型：内源性扶贫——以滇西北波多罗村为例
　　[J]. 中国农业大学学报（社会科学版），2015，32（6）：5 - 11.
　　[EB/OL]. http：// www. gov. cn/zhengce/2020 - 05/17/content_5512456. htm，

　　　2020-05-17.

[5] 汪三贵，曾小溪．后 2020 贫困问题初探 [J]．河海大学学报（哲学社会科学版），
　　　2018，20（2）：7-13，89.

[6] 吴国宝．改革开放 40 年中国农村扶贫开发的成就及经验 [J]．南京农业大学学报
　　　（社会科学版），2018，18（6）：17-30.

[7] 习近平论扶贫工作——十八大以来重要论述摘编 [J]．党建，2015（12）：5-7，13.